臺灣歷史與文化 研究輯刊

二三編

第 10 冊

東臺灣的噶瑪蘭人和撒奇萊雅人
——歷史變遷中的族群建構

鄭 偉 斌 著

花木蘭文化事業有限公司

國家圖書館出版品預行編目資料

東臺灣的噶瑪蘭人和撒奇萊雅人——歷史變遷中的族群建構
／鄭偉斌 著 -- 初版 -- 新北市：花木蘭文化事業有限公司，
2023〔民112〕
序4+ 目 4+264 面；19×26 公分
（臺灣歷史與文化研究輯刊二三編；第10冊）
ISBN 978-626-344-202-3（精裝）
1.CST：臺灣原住民族 2.CST：族群 3.CST：民族研究
4.CST：臺灣史
733.08   111021718

ISBN-978-626-344-202-3

9 786263 442023

臺灣歷史與文化研究輯刊
二三編 第 十 冊   ISBN：978-626-344-202-3

東臺灣的噶瑪蘭人和撒奇萊雅人
——歷史變遷中的族群建構

作　　者　鄭偉斌
總 編 輯　杜潔祥
副總編輯　楊嘉樂
編輯主任　許郁翎
編　　輯　張雅淋、潘玟靜　美術編輯　陳逸婷
出　　版　花木蘭文化事業有限公司
發 行 人　高小娟
聯絡地址　235　新北市中和區中安街七二號十三樓
　　　　　電話：02-2923-1455／傳真：02-2923-1452
網　　址　http://www.huamulan.tw 信箱 service@huamulans.com
印　　刷　普羅文化出版廣告事業
初　　版　2023 年 3 月
定　　價　二三編 13 冊（精裝）新台幣 38,000 元　　　版權所有・請勿翻印

東臺灣的噶瑪蘭人和撒奇萊雅人
——歷史變遷中的族群建構

鄭偉斌 著

作者簡介

鄭偉斌，男，福建省詔安縣人。2018年畢業於廈門大學，獲人類學博士學位。2015年曾在加拿大阿爾伯塔大學人類學系訪學。現為閩南師範大學文學院講師、碩士生導師，主要從事文化人類學研究、文化與文學批評等，重點關注族群認同、文化變遷、文化政治等問題。曾在浙南溫州、閩南惠東、臺灣花蓮等地開展民俗與民間信仰、少數民族文化田野調查，並有多篇研究論文及譯作發表在《中央民族大學學報》、《廈門大學學報》、《民族學刊》、《閩臺文化研究》等刊物。

提　　要

　　本書在歷史人類學視野中考察兩個「臺灣原住民族」──噶瑪蘭族和撒奇萊雅族生成的過程，展現了噶瑪蘭人和撒奇萊雅人自清代以來一個多世紀的歷史變遷。在脈絡性的建構論（contextual constructionism）視角下，本書檢視當代噶瑪蘭人和撒奇萊雅人的「族群化」（ethnicitization）過程，並對此一過程中文化的傳承與「發明」，歷史敘事的再造，文化政治的運作以及族群性的形塑與維繫等一系列社會實踐進行分析和討論。在內容上，本書圍繞噶瑪蘭人和撒奇萊雅人的歷史變遷與族群建構兩條主線展開論述，呈現了文化、社會、政治等多重力量參與建構「噶瑪蘭族」和「撒奇萊雅族」的歷史過程。作者指出，近20年來臺灣原住民社會所出現的族群再分類現象，本質上是臺灣內部政治秩序調整的產物，它與臺灣社會歷史發展的總體過程以及民進黨為代表的「臺獨」勢力企圖在當代國際秩序中尋求「國家」身份認同的理念與實踐有著密不可分的聯繫。無論「噶瑪蘭族」、「撒奇萊雅族」還是其他「臺灣原住民族（群）」，其名稱本質上都是歷史過程中關於人群命名、分類的權力政治協商的產物。臺灣原住民的「族群化」建構在歷史過程中產生，同時也是再創造歷史的過程。

獻給我的母親鄭麗娟女士

序

董建輝

　　從日本殖民臺灣時期起，臺灣原住民族就有占主流的所謂「九族」之說。如今在南投縣的日月湖畔還有「九族文化村」，展示泰雅族、賽夏族、鄒族、布農族、卑南族、魯凱族、雅美族、阿美族及排灣族等九族的傳統文化（爾後又加入了邵族），特別是他們的民居建築。從 2000 年始直到 2014 年 6 月底，原民會已將原住民族擴展為 16 族，除已述及的邵族外，還包括從泰雅族中分化出來的太魯閣族和賽德克族，原先被稱作「南鄒」的拉阿魯哇族和卡那卡那富族，長期「隱匿」於阿美族中的撒奇萊雅族以及屬於「平埔族群」之一的噶瑪蘭族。但從歷史的角度看，臺灣原住民族還應該包括那些尚未獲得官方認定的「平埔人」，據研究，這些人至少包括西拉雅、馬卡道、凱達格蘭、道卡斯、巴則海、巴布拉、巴布薩、安雅等諸族群。

　　臺灣原住民族屬南島語族。考古資料顯示，他們從新石器時期晚期開始，就陸續移住於臺灣這個只有約 3.6 萬平方公里的島嶼上。其空間分布遍及中央山脈、平原丘地及蘭嶼島，且以山地為主。雖同屬南島語族，但其內部多樣複雜，各族群的起源、語言、社會制度、風俗習慣乃至民族性格等都存在廣泛的異質性，甚至同一族群不同支系間也存在一定差別。僅以傳統社會制度論，原住民族就分為兩大類型，一種是具有階級性分層的首領（Chief）制社會，另一種則是強調平權及個人能力的大人物（Big man）制社會。前者以排灣族、魯凱族最為典型，它們有明顯而制度化的領袖，領袖地位多為世襲制；內部分貴族與平民，貴族享有土地所有權、蕃租徵收權等特權，平民狩獵、耕作所得均要繳交一部分給貴族階層。後者則以泰雅族、雅美族為典型，這類社會或根本

沒有正式的領袖，如雅美族；或雖有正式領袖，但通常由推舉產生，其地位也是榮譽和象徵性的，並無實際特權，如泰雅族。即使同為平權社會，各族群的社會組織亦不盡相同。如李亦園先生所指，阿美族社會存在基於年齡級組成的社會活動的基本單位，在親族組織、部落組織、年齡級組織、宗教信仰等方面都反映出某種程度的階序觀念。而泰雅族的社會組織則極為鬆懈，基於血族集團組成社會活動的基本單位，不存在階序的觀念。

造成這種多元異質的原因主要有兩個：其一，原住民各族群移民臺灣的時間先後不一，來源地也各不相同，因而帶來了多樣的原生型文化；其二，由於高山峽谷和深澗激流的阻隔，各族群間的互動有限，特別是在 17 世紀荷蘭殖民者到來之前，其社會生活長期局限在各自相對固定的空間範圍內，因此他們的異質文化得以長期保留。即便發生變遷，也基本遵循各自的文化邏輯運行，受外來影響的程度較小。由此而觀之，地理空間是形塑臺灣原住民族早期社會文化的最主要因素。臺灣特殊的地質條件和地理環境，加上極端性氣候如颱風、豪雨的影響，使得人群的往來移動極為不便，在幫助保留其文化獨特性的同時，也形塑了族群之間關係的基本樣貌。地理位置臨近的人群，可能因分享共同的空間資源（主要是河流）而結盟，也可能因爭奪有限的空間資源如森林、土地而衝突。他們甚至圍繞這些衝突的解決，發展出一套完整的糾紛解決機制——「馘首審」。

臺灣進入歷史時期後，漢人移民日趨增多，清治時已占臺灣人口的多數。原住民族的生存空間被大幅壓縮，他們逐漸移往中東部多山地區，其間形成了多次波浪式的族群間擠壓效應。其中，原來居住在西部丘陵平原地帶的原住民大多被同化，自身的族群文化特徵逐漸趨於模糊或是隱而不彰，在劇烈的歷史與社會變遷進程中，僅有少數聚落和人群仍頑強地傳承著其族群的語言與文化傳統，如噶瑪蘭族就是這樣的例子。但對原住民族社會文化及族群關係影響最大的莫過於外來統治力量的介入。在近 400 年的歷史時期中，臺灣先後經歷了荷西殖民統治（1624～1662 年）、明鄭政權統治（1624～1683 年）、清朝統治（1683～1895 年）、日本殖民統治（1895～1945）及光復後的國民黨政府統治（1945～2000 年）。2000 年以後則進入兩黨輪替執政階段。各個階段的統治策略不盡相同，但都對原住民族的社會文化和族群關係產生了巨大影響，最突出地表現在：原住民族的社會文化被顛覆性地改變，特別是作為其精神內核的祖靈信仰，被各種基督信仰取而代之；他們的居住和分

佈格局均被強行改變，由此導致族群關係更趨複雜，其中又以日據時期的「集團移住」政策影響為最巨。

由此可見，空間、時間與人群三者是理解原住民族群關係必須考慮的三個維度。其中，空間是最穩定的結構性因素，而時間則是最不穩定的。空間維度體現為山川河流給人群原初的遷徙流動造成阻礙，很大程度上限制了人群的交流與互動。同時，作為一種生存資源與族群記憶的載體，空間又在根本上形塑了族群之間的聯盟與衝突。時間維度則不僅包含通過考古遺址發現史前時期族群關係的生成與原生態樣貌，更體現為外來統治政權的更替如何重塑族群關係，這也是影響原住民族群關係最大的因素。人群維度體現在多元異質的族群之間及族群內部各支系之間，除了必須不斷地適應自然環境的挑戰之外，也必須面對和其他人群接觸之後的合作或競爭關係，更要被迫融入到外來勢力所構建的所謂「文明」社會的框架裡，因而形成具有區域性與歷史性特徵的人群互動關係。當然，這三個維度之間並非完全孤立，而是彼此關聯、互相影響。例如人群並不是完全被動的，而是與統治者之間存在某種互動，統治者也借由各種手段對空間進行某種程度的改造，從而影響族群關係。

從 2014 年開始，因為承擔國家社科基金重大項目「臺灣原住民族群關係研究」的原因，我的幾個博士生都致力於不同時期不同區域臺灣原住民族群關係的生成、演變及其內外影響因素的研究，試圖揭示其運行機制和內在邏輯，在加深對臺灣原住民族全面系統瞭解的同時，也助力相關研究的拓展。如果條件許可，我們還希望將來有機會對臺灣原住民族豐富而多彩的非物質文化遺產開展研究。是所期待。

廈門大學歷史與文化遺產學院　董建輝

2022 年 10 月

第一章 緒 論

第一節 選題緣起與研究意義

一、選題緣起

作為一個土生土長的閩南人，對於海峽對岸的臺灣，我從小就有一種特別的情愫。在老家那邊，老一輩人常把臺灣稱作「fan-ben」〔註1〕。上世紀四十年代初，國共還未結束內戰的年代，老家的一些年輕男人被國民黨抓去當壯丁，之後又隨敗退的國民黨軍隊去了臺灣，從此留在了寶島。對於這樣的人，老家人稱他們是「去過番」或者「落番」，而那些在有生之年還能回大陸探親的人也就成了「番客」。那個時候返鄉探親的「番客」一般都是比較有錢的，因為當時的臺灣經濟比大陸要發達得多。

記得還在上小學的時候，家裏有個親戚住在我們縣城，因為他家有人「去過番」，所以是「番客戶」。印象中，家裏曾收到過幾次親戚從城裏捎來的舊衣服。母親說，那是「臺灣來的番衫番褲」。那些衣服，大人、小孩穿的都有，雖然是二手的，但其實都很新，款式也新潮，比起同時期大陸農村人的衣服要好看得多。那時候因為有機會穿到「番衫」而沾到幾分「洋氣」的我，心裏自然是美滋滋的。少年時代穿著「番衫」的特別體驗，如今回想起來，竟也成了令人難忘的回憶。

可以說，我對臺灣最初的認知和想像，就是從理解「過番」、「番客」、「番衫番褲」這些詞彙開始的。上世紀 80 年代開始，大陸實行改革開放，臺灣經

〔註 1〕漳州詔安地區的閩南話發音，意思是「番人住的那邊」。

濟也已經有了相當的發展,兩岸順應局勢的改變開放通信和人員往來,讓許多流落臺灣幾十年的年邁「番客」得以回到大陸的家鄉探親。當時閩南的許多地區流行著一種為回鄉番客「脫草鞋」〔註2〕的習俗。而農村裏的「番客戶」,也往往因為獲得僑匯的關係而擁有比一般人家更好的經濟條件。從這些有關臺灣的零碎信息和生活經驗中,我得出的結論是:「番旁」(fan-ben)是臺灣,『番客』是從臺灣回來的有錢人——似乎一切與『番』沾邊的事物都是好的。

　　然而,上面的結論後來很快就被推翻了。這要從我的小學同桌小川說起。小川家也是我們村裏的「番客戶」,他的父親不知道什麼原因,被村里人取了小名叫「番仔」〔註3〕——按照我的理解,「番」不是挺好的嗎?可是令人困惑的是,小川經常會因為被人叫作「番仔囝」(番人的兒子)而感到苦惱。〔註4〕我也留意到,那些喊他「番仔囝」的人,都是帶著譏笑的口氣和鄙夷的神情,分明可以感受到一股濃濃的歧視味道。這讓我心裏產生了很大的困惑,「番仔」到底是什麼樣的一種人呢?為什麼人們會歧視「番仔」?不過,當時的我並沒有太多興趣去深究這些問題,而此後的許多年,隨著年歲漸長,這個疑問也因為無關痛癢,便慢慢地被淡忘了。

　　我沒有想到的是,20多年後我會從事學術研究,更沒有料到我的博士論文要研究的便是「番仔」的問題。也許,這是冥冥之中早已注定的機緣,人生命運的一種巧合吧。2016年初,由於一些原因,我放棄了原定的研究方向,轉到「臺灣原住民」〔註5〕研究這個既陌生又新鮮的領域。在閱讀了一些文獻

〔註2〕「脫草鞋」,簡單說就是去迎接回鄉探親的「番客」,為他們接風洗塵的意思。作為回禮,「番客」往往會將攜帶的錢物贈與參加「脫草鞋」的親人朋友。

〔註3〕漳州詔安地區的閩南話對「番人」的叫法。

〔註4〕中國漢民族對於周邊少數民族歷來有一種基於文化中心主義的地位優越感,在這種漢族中心主義視角下,少數民族被視為次等族群,不能將其歸為「民」,只以「蠻」、「夷」、「番」等詞稱之,以示區隔,歧視性意味十分濃厚。明末清初的志書中,多稱臺灣土著民為「土番」、「野番」、「社番」,而「番仔」,則是移民臺灣的閩南漢人對臺灣土著民的叫法。「番仔」雖是閩南語的發音,但其作為綽號所表達的歧視並未改變。在漢人的社會語境下,若一個人被取了「番仔」的綽號,無疑就是一種明顯的社會歧視,所以被稱為「番仔」或「番仔囝」的人會感到惱怒。

〔註5〕「臺灣原住民」這一名稱,自上世紀80年代臺灣土著民借由族群平權運動和正名運動催生以來,迄今已逐漸獲得海內外學術界的認同並在學術研究中頻繁使用。出於對研究對象的尊重,我在本文中也使用「原住民」一詞。本文所使用的「臺灣原住民」或「臺灣原住民族」均屬於中性的學術用語,不涉及任何政治傾向和政治意涵。

之後，我很快就意識到，我從前所瞭解的關於臺灣、關於「番仔」的信息，都只是膚淺的皮毛，是非常不全面的，也明白了我們當地閩南話裏的「番仔」，指的是生活在臺灣的「原住民」，「番仔」是閩南人對原住民的歧視性稱呼，這種歧視的根源，則是在於原住民的體貌特徵和文化習俗與漢人有所差異，自古以來便在漢人心中留下「異類」的刻板印象。

臺灣原住民在種族歸屬上屬於南島語族，由於他們在臺灣居住的歷史早於從大陸移墾臺灣的漢人群體，因而他們認為自己享有最早的或原本的「臺灣住民」地位，並自稱為「臺灣原住民」。清代漢人根據地理分布的特點，將臺灣原住民簡單區分為「高山番」與「平埔番」兩種類型，這一分類方式沿襲至日據時代，隨著「族」這一概念的引入而演變為「高山族」與「平埔族」。高山族大部分居住在山地，也有在平地居住的，如阿美族。平埔族則主要分布在平原。據臺灣當局的官方統計數據，目前原住民人口約有 53 萬人，占總人口數的 2%。迄今為止，臺灣當局認定的原住民族共有 16 個，分別為：阿美族、泰雅族、排灣族、布農族、卑南族、魯凱族、鄒族、賽夏族、雅美族、邵族、噶瑪蘭族、太魯閣族、撒奇萊雅族、賽德克族、拉阿魯哇族、卡那卡那富族。〔註 6〕在這 16 個民族中，邵族、噶瑪蘭族、太魯閣族、撒奇萊雅族、賽德克族等七族是最近 20 年來通過「復名」或「正名」運動而取得「原住民族」身份。

在確定以原住民問題作為研究方向後，我在導師的建議下，決定將田野點定在臺灣東部的花東縱谷地區，研究分布在這個區域裏的原住民社群，並開始著手查閱相關的文獻資料。在這過程中，一本名為《撒奇萊雅族裔揉雜交錯的認同想像》的書引起了我的注意。通過這本書，我認識了「撒奇萊雅族（Sakizaya）」，對撒奇萊雅人充滿傳奇色彩的歷史際遇印象特別深刻。尤其是他們在清代「加禮宛事件」〔註7〕後隱姓埋名，隱藏在阿美族裏面，在當代又再次現身，通過「正名運動」獨立成為一族的曲折發展歷程，更激發了我進一步探索研究的興趣。

根據當代撒奇萊雅族裔的口述，他們的祖先稱自己為 Sakizaya，早在 17

〔註 6〕臺灣原住民委員會全球信息網：http://www.apc.gov.tw/portal/docList.html?CID=6726E5B80C8822F9，2016 年 5 月 9 日訪問。

〔註 7〕清光緒四年（1878），加禮宛人聯合撒奇萊雅人反抗清軍苛政，以失敗告終，清朝文獻將此次事件記載為「加禮宛事件」，而現今的噶瑪蘭族和撒奇萊雅族為顯示自身的歷史主體性，分別稱之為「加禮宛戰役」和「達固湖灣戰役」。

世紀荷蘭人來到臺灣之前，就已經在花蓮平原上生活，並建立了很大的部落。傳說中，這個部落名為 Dagubuwan（達固湖灣），在清朝光緒年間的官方文書中，被記錄為「巾老耶社」。在巾老耶社附近，則住著從宜蘭遷徙而來的噶瑪蘭人，他們建立了六個村社，其中最大的社沿襲宜蘭舊社的名字，稱為「加禮宛」。這些噶瑪蘭人對外均稱自己為「Kaliawan」（加禮宛人）。1878 年，加禮宛人因不堪「開山撫番」的清兵欺壓，聯合撒奇萊雅人共同對抗清廷，與清軍之間爆發了慘烈的戰爭，清廷文書記載此次原住民抗撫行動為「加禮宛事件」。戰火中，巾老耶和加禮宛兩社的屋舍俱毀，幸存者則流散遷徙於今花蓮市及花東海岸沿線。

2016 年 7 月，我第一次前往花蓮縣進行田野調查，原計劃是準備做撒奇萊雅人與周邊阿美族的「族群關係」研究。然而在田野過程中，隨著調查的展開，與撒奇萊雅及噶瑪蘭人的接觸增多，我的興趣逐漸轉移到當代撒奇萊雅人與噶瑪蘭人的「族群復振」運動中，並逐漸意識到，歷史上從清朝光緒以來，歷經日據時期殖民統治至今的撒奇萊雅人與噶瑪蘭人，之所以能夠在今天成為「撒奇萊雅族」與「噶瑪蘭族」，其實是經歷了一個長期的、曲折的演變過程。從歷史建構的角度看，這個演變過程實際上是一個「原住民人群」轉變為「原住民族（族群）」的過程。立足於這樣的思考，我因此而萌生想要結合歷史與當代，研究兩個族群如何被建構、如何「生成」的想法，並在此後的調查過程中不斷完善這一構想，最終將其確定為論文的研究主題。

二、研究意義

臺灣學者黃應貴指出，臺灣是一個涵納不同文明、考古文化、語言體系與經濟力量的多重交會點，其歷史發展動力涉及四種不同的發展力量：世界性資本主義經濟力量、傳統與現代國家統治力量、基督教化的力量以及地方社會互動及其內在的發展力量。在多重力量影響之下，臺灣地方文化變異性的特徵十分突顯。臺灣南島民族處在大陸文化、東亞文明、西方資本主義文化與南島文化的重要交會處，注定要經歷多族群、多文化乃至於多元政經力量競爭與連結的歷史過程。因此，自 16 世紀以來，在歷史錯綜複雜的發展過程中，文化與族群不斷地再創造成為臺灣南島民族社會文化上的一大特色。〔註 8〕

〔註 8〕黃應貴：《文明之路》（第一卷），「中央研究院」民族學研究所，2014，第 2～5 頁。

　　本研究將以建構論的視角，檢視兩個被臺灣當局認定為「原住民族」的「族群」如何在歷史過程中的政治社會結構脈絡下生成（becoming）。研究內容的一個主要方面，是考察不同歷史時期的政經及社會文化力量對族群意識的形塑作用，藉此探問當代臺灣原住民族群的再分類現象背後的動力與邏輯。在具體的討論中，本文將結合人類學族群理論對田野資料進行分析和探討，以深化人類學研究對於族群本質（ethnicity）的理解，從而對「族群」這一人類結群現象與分類概念提供一些新的認識和思考，這是本研究在學術探索方面可能體現出的主要價值和意義。

　　本研究所關注的另一個方面，是希望在臺灣社會歷史發展的總體進程中，考察原住民社群在不同歷史情境下接觸、競爭、群體組織、文化變遷等社會實踐過程，並對他們如何彰顯主體立場，如何在歷史過程中展開主體行動進行書寫和詮釋〔註9〕，從而展現「臺灣南島民族在歷史脈絡中，經由其文化實踐而建構及再建構其社會文化的過程」〔註10〕以及此一過程對於原住民自身的重要意義。這樣的研究取向，也符合當代人類學基於批判性視角關注權力結構中的邊緣社群和弱勢團體的學術關懷。

　　最後，在現實層面，原住民問題與臺灣整體的歷史、政治、經濟、文化發展格局同為一體，也是影響這一整體格局的重要變量之一。長久以來，在大陸學界有關臺灣的研究議題中，原住民以及原住民問題由於其自身在臺灣社會中的邊緣性，得不到大陸主要對臺研究機構的重視，原住民研究因而成為一門「邊緣之學」。然而，從上個世紀80年代以來臺灣內部政治生態的變化中已經可以明顯看到，原住民議題在臺灣政治舞臺上扮演的角色正變得越來越重要，尤其是隨著民進黨兩度「執政」以來實施的「去中國化」政策，原住民議題在「臺獨」勢力試圖彰顯「臺灣價值」的本土化「國族建構」實踐中，地位已越來越凸顯。本研究融合歷史、政治、社會與文化的視角考察臺灣原住民族群的建構問題，涉及臺灣社會歷史變遷、族群政策、族群政治、文化轉型等問題的討論，有助於大陸學界瞭解原住民視角下的臺灣歷史變遷過程以及當代臺灣族群政治的運作狀況，對於大陸政府瞭解臺灣社會的歷史變遷，研判其在當代

〔註 9〕康培德：《殖民接觸與帝國邊陲：花蓮地區原住民十七至十九世紀的歷史變遷》，稻香出版社，1999，導論第 3 頁。

〔註10〕黃應貴：《戰後臺灣人類學對於臺灣南島民族研究的回顧與展望》，載《人類學在臺灣的發展：回顧與展望篇》，「中央研究院」民族學研究所，1999，第 80頁。

的發展情勢，並針對現實情況制定更加科學化、合理化的對臺政策等，都具有重要的現實意義和參考價值。

第二節 文獻綜述與研究構想

一、噶瑪蘭人的相關研究

在一般大眾熟悉的「平埔族」「高山族」二分法中，「噶瑪蘭族」屬於平埔族的一支，因此長期以來其相關的學術研究一直被置於平埔族的研究[註11]之中。上世紀 60 年代初，人類學者阮昌銳在宜蘭、花蓮、臺東展開了一系列針對「噶瑪蘭族」歷史與社會文化的調查，並在 1966 年和 1969 年發表了兩篇論文介紹他的研究成果。[註12] 在論文中，阮昌銳綜合清代官方文獻、日據時期的資料以及自己的田野資料，對早期生活在宜蘭平原的噶瑪蘭人的社會文化及其變遷（漢化）的原因進行介紹。另外，他對當時生活在宜蘭及東臺灣（花蓮、臺東）地區的「噶瑪蘭族」人口，也做了大略的統計。這兩篇論文由於在噶瑪蘭人研究領域具有的開創性意義，因而被後來的研究者們頻繁引用。

阮昌銳的調查研究讓人們瞭解到，在臺灣東部的花蓮新城、豐濱兩鄉以及臺東長濱鄉仍存在著少數的噶瑪蘭人聚落，這些地方的噶瑪蘭後裔，雖然表面上看起來像講閩南話的漢人，其族群身份也被視為阿美族，但實際上有少數聚落仍然保存著鮮活的噶瑪蘭語以及噶瑪蘭人獨特的傳統祭儀文化。大約和阮昌銳在同一時期，日本學者土田滋[註13]、森口恒一[註14]、清水純

[註11] 有關平埔族研究與噶瑪蘭族的相關討論，見詹素娟：《族群、歷史與地域——噶瑪蘭人的歷史變遷（從史前到 1900 年）》，國立臺灣師範大學博士論文，1998，第 9～13 頁；陳逸君：《現代臺灣族群意識之建構——以噶瑪蘭族為例》，臺北：「行政院原住民委員會」，2002，第 45～48 頁。

[註12] 阮昌銳：《蘭陽平原上的噶瑪蘭族》，《臺灣文獻》，1966 年 1 期，第 22～43 頁；《宜蘭地區漢化的噶瑪蘭族初步調查》，《臺灣文獻》，1969 年第 1 期，第 1～7 頁。

[註13] 土田滋是二戰結束後對臺灣南島語言研究貢獻最突出的學者，他從 1962 年開始，持續幾十年對臺灣南島語言進行調查研究，涉及的族群包括賽夏、卑南、西部平埔族群、西拉雅、卡那卡那富、巴宰、噶瑪蘭等，其研究成果於 1988～1993 年間陸續在東京出版的《言語學大辭典》中刊出，噶瑪蘭語專著方面，2006 年曾與李壬癸合作出版《噶瑪蘭語詞典》。

[註14] 森口恒一：《クヴァラン族，その現在と歷史——臺灣の一漁村（新社）の調查より》，《季刊人類學》，1977 年第 2 期；Some Notes on Accent in Kabalan: A

以及臺灣本土學者李壬癸〔註15〕等人也分別來到花蓮縣新社村開展噶瑪蘭語言及社會文化的調查，並在之後發表相關的研究成果。這些成果中，最重要的一部作品當屬日本學者清水純於 1991 年出版的博士論文《クヴァラン族（變わりゆく臺灣平地の人々）》。〔註16〕清水純的這本書總結了她從 1984 年開始至 1990 年在新社研究噶瑪蘭社會文化的成果。通過專業、嚴謹、細緻的調查，清水純在書中系統呈現了有關新社噶瑪蘭人的社會、家庭、宗教及儀式的原創性知識，使得這部著作不僅成為日後有意探究噶瑪蘭社會文化的研究者無法略過的一本書，也是當代噶瑪蘭人認識自己文化的媒介之一。清水純這本著作的貢獻在於詳實記錄了新社噶瑪蘭人的社會文化及其變遷，不過，對於噶瑪蘭人在歷史變遷過程中身份認同的持續性問題，該書則沒有給予更多的關注。

　　總體而言，從 1960 至 1990 年，阮昌銳等學者開創的噶瑪蘭研究，讓學界和社會大眾重新「發現」了「噶瑪蘭族」的存在。尤其是土田滋、清水純等日本學者在新社的調查研究，對某些噶瑪蘭後裔起到族群意識的啟蒙作用，促使他們重新思考自己的文化傳統的重要性以及自己的「族群」身份。隨著噶瑪蘭後裔族群意識的覺醒以及積極地「現身」於各種場合，1990 年之後，有關噶瑪蘭研究的報導及學術作品也隨之增多，並在語言學、人類學、歷史學等不同學科學者的積極參與下，逐漸形成一個獨立的研究領域。

　　語言學作為較早研究噶瑪蘭人的學科，除了 1960 年代有土田滋、森口恒一、李壬癸等學者來到新社開展研究之外，從 1990 年代至 2000 年，又有黃宣衛、張宗智等多位臺灣本土學者加入並產出新的研究成果。〔註17〕上述噶瑪蘭語的研究成果出現的時間，與噶瑪蘭人族群意識的萌發以及之後「復名」運動

Minority Aboriginal Language in Formaosa, Journal of Asian and African Studies 24 (1982), pp.120-132.; "An Inquiry into Kabalan Phonology", Journal of Asian and African Studies 26 (1983), pp.202-219。

〔註15〕 李壬癸關於噶瑪蘭語的研究，均收錄於《宜蘭縣南島民族與語言》（1996）一書中，另外，與土田滋合編的《噶瑪蘭語詞典》於 2006 年出版。

〔註16〕 這部著作的中文版《噶瑪蘭族：變化中的一群人》由詹素娟主編、校閱後，2011 年由「中研院」民族研究所出版。

〔註17〕 參見黃宣衛、張宗智：《噶瑪蘭語：語言社會學的研究》，《宜蘭文獻雜誌》1995 年第 14 期；張宗智：《噶瑪蘭語的未來》，臺灣大學新聞研究所碩士論文，1994；李佩容：《噶瑪蘭語的格位與焦點系統》，臺灣清華大學語言學研究所碩士論文，1996；林主恩：《噶瑪蘭語的時、貌系統》，臺灣清華大學語言學系碩士論文，1995；張永利：《噶瑪蘭語參考語法》，遠流公司，2000。

的發展有著密切的關係，而相關的學術成果也為「證明」噶瑪蘭族的真實性
（authenticity）提供了權威的學術依據。

　　人類學者的研究主要圍繞噶瑪蘭族的社會文化展開，涉及宗教與祭儀、社
會組織（認同、性別）、遺產與技藝以及族群運動等議題。宗教與祭儀方面，
研究者們除了對儀式過程、儀式音樂進行記錄和研究之外〔註18〕，也深入探討
儀式與群體認同、性別、權力的之間的關係〔註19〕，對於外來宗教影響下噶瑪
蘭人傳統宗教的變遷也給予了關注〔註20〕。

　　新社耆老偕萬來於1990年代開始尋親之旅及發起「族群復名」運動後，
噶瑪蘭人的「復名」與文化復振運動開始受到學界關注，江孟芳〔註21〕、劉
文桂〔註22〕、徐大智〔註23〕、楊功明〔註24〕、程景琦〔註25〕、陳逸君〔註26〕

〔註18〕參見張振岳：《噶瑪蘭族的特殊祭儀與生活》，常民文化，1998；明立國：《噶
　　　　瑪蘭族 pakalavi 祭儀歌舞之研究》，《「宜蘭研究」第一屆學術研討會論文集》，
　　　　宜蘭縣立文化中心，1994；明立國、劉璧榛、林翠娟：《祭儀的序曲——噶瑪
　　　　蘭族的 Subuli》，載《宜蘭文獻雜誌》1995年第17期。

〔註19〕在祭儀研究方面，臺灣學者劉璧榛的成果相當豐富，其研究的主題涵蓋性別、
　　　　親屬、巫師信仰、療愈儀式、族群認同等，代表性論文包括《噶瑪蘭人 Patohokan
　　　　儀式的記錄整理與初步分析》，《宜蘭文獻》1997年第27期；《認同、性別與
　　　　聚落：噶瑪蘭人變遷中的儀式研究》，「國史館」臺灣文獻館，2008；《從祭儀
　　　　到劇場、文創與文化資產：國家轉變中的噶瑪蘭族與北部阿美之性別與巫信
　　　　仰》，《考古人類學刊》2014年第80期等。

〔註20〕陳志榮：《噶瑪蘭人的宗教變遷》，潘英海、詹素娟主編《平埔研究論文集》，
　　　　「中央研究院」臺灣歷史研究所，1994；《噶瑪蘭人的治病儀式及其變遷》，莊
　　　　英章、潘英海主編《臺灣與福建社會文化研究論文集（二）》，「中央研究院」
　　　　民族學研究所，1994；《噶瑪蘭的海祭》，《平埔研究工作會演講集》，1994；《大
　　　　峰峰的海祭——花東海岸噶瑪蘭族祭典》，《平埔研究通訊》1994年；《基督教
　　　　會與原住民文化——以花蓮新社為例》，東方宗教學術研討會論文，1995。

〔註21〕江孟芳：《族群運動與社會過程——當代「噶瑪蘭」認同現象的分析》，臺灣大
　　　　學人類研究所碩士論文，1997。

〔註22〕劉文桂：《偕萬來生命史與 Kavalan 文化復振》，花蓮師範學院多元文化研究所
　　　　碩士論文，2002。

〔註23〕徐大智：《戰後臺灣平埔研究與族群文化復振運動：以噶瑪蘭族、巴宰族、西
　　　　拉雅族為中心》，「國立中央大學」歷史研究所碩士論文，2004。

〔註24〕楊功明：《一人尋根，全族尋根》，臺灣東華大學族群關係與文化學系碩士論
　　　　文，2011。

〔註25〕程景琦：《噶瑪蘭族的認同與實踐》，臺灣清華大學人類學研究所碩士論文，
　　　　2001。

〔註26〕陳逸君：《現代臺灣族群意識之建構——以噶瑪蘭族為例》，「行政院原住民委
　　　　員會」，2002。

等學人的研究生論文都是以此為主題。江孟芳在討論武岱部落的噶瑪蘭後裔參與族群運動的社會過程時，對武岱噶瑪蘭人常續性認同的存在機制給予了關注，不過她對這種機制的解析僅侷限在武岱部落，無法涵攝作為「整體」的噶瑪蘭族；徐大智的研究從平埔研究與族群文化復振運動的關係入手，分析學術研究如何在噶瑪蘭等平埔族的族群文化重建及族群意識凝聚過程中扮演「推手」的角色；劉文桂、楊功明則是從個人生命史的角度，探討噶瑪蘭耆老偕萬來尋根與領導「族群復名」運動的生命歷程。楊功明雖然不是噶瑪蘭人，但作為偕萬來的女婿和助手，他在噶瑪蘭族復振運動中也扮演了積極的行動者角色，其論文《一人尋根，全族尋根》既是對偕萬來領導族群復振運動這段生命史的回顧，也是從局內人角度呈現自己參與噶瑪蘭「復名」運動的歷程。

程景琦的《噶瑪蘭族的認同與實踐》和陳逸君的《現代臺灣族群意識之建構——以噶瑪蘭族為例》分別從文化認同和族群意識建構的角度，研究當代噶瑪蘭人的文化實踐與族群認同意識的建構。程景琦主要從記憶和儀式表演兩個面向探討噶瑪蘭族的認同問題，分析當代噶瑪蘭後裔如何透過歷史、語言、宗教等文化記憶，再造新的、可變的「傳統文化」，並以文化展演作為展現族群認同和政治抗爭的形式。陳逸君的研究則聚焦於當代噶瑪蘭人認同意識的建構，試圖為理解族群認同與族群性（ethnicity）的概念提供新的理論視角，並由此引申出當代噶瑪蘭人的族群身份建構實踐在臺灣社會歷史發展中的意義。陳逸君以噶瑪蘭人為例，闡釋和論證族群性在歷史發展過程中的情境化與脈絡化特徵以及在「民族國家」社會裏對於理解社會關係的重要性。另外，陳逸君還提出一個獨特而重要的觀點，即把當代噶瑪蘭人通過文化復振獲得族群身份的合理性與合法性認證的「再生」策略，類比當代臺灣在國際社會中尋求獨立國家身份所採取的諸如民族自決、歷史真實性詮釋、民主權利與文化本土化等策略，以此說明臺灣在尋求國家身份過程中的困境。

歷史學者有關噶瑪蘭人歷史的研究，一方面是新近的研究者在考古學領域，延續早期盛清沂、黃士強、曾振名、劉益昌等人的考古調查與遺址資料進行研究取得的新成果，如陳有貝、邱水金等人對宜蘭縣礁溪鄉淇武蘭遺址的發

掘報告及相關論文；〔註 27〕另一方面則是一些新的學者繼根岸勉治〔註 28〕、
廖風德〔註 29〕、阮昌銳等人之後，在族群史、地方史〔註 30〕、文化史〔註 31〕
領域的延伸與開拓，其中以族群史方面的著述較為豐富，代表學者有李信成、
陳偉智、詹素娟、潘繼道等人。李信成的研究主要以清代噶瑪蘭族群的社會結
構、遷徙歷史為題材。〔註 32〕詹素娟在平埔族及噶瑪蘭族研究領域成就突出，
她的研究取向傾向於將族群史置於區域研究之中，在宏觀的視野下建構族群
的歷史圖像。詹素娟 1998 年寫就的博士論文《族群、歷史與地域——噶瑪蘭
人的歷史變遷（從史前到 1900 年）》是噶瑪蘭族群歷史研究領域的一部力作。
這篇論文以噶瑪蘭人從史前到 1900 年的歷史變遷作為研究範疇，從族群、歷
史、地域三個面向展現噶瑪蘭人從宜蘭平原舊村落往外遷徙並建立新居地的
擴散過程。在資料運用上，詹素娟綜合運用了歷史文獻、口頭傳說以及民族學、
語言學、考古學的研究成果，尤其是針對原住民族作為無文字族群缺乏文字歷
史的現實，採用口頭傳說來建構族群史或族群類緣關係的嘗試，開創了以歷史

〔註 27〕 盛清沂：《宜蘭平原邊緣史前遺址調查報告》，《臺灣文獻》1963 年第 2 期，第
117～138 頁。黃士強、曾振名等：《蘇澳火力發電計劃環境質量、文化及社會
經濟調查：第三篇·考古及文化篇》，臺灣大學人類學系，1987；劉益昌：《宜
蘭史前文化的類型》，《「宜蘭研究」第一屆學術研討會論文集》，宜蘭縣立文化
中心，1994，第 38～68 頁；陳有貝、邱水金、李貞瑩：《淇武蘭遺址搶救發掘
報告》(1～6 冊)，宜蘭縣立蘭陽博物館，2007、2008；陳有貝：《從淇武蘭遺
址出土資料探討噶瑪蘭族群早期飲食》，《中華飲食文化雜誌》（Journal of
Chinese Dietary Culture）2012 年第 1 期。

〔註 28〕 《噶瑪蘭に於ける熟蕃の移動と漢族の植民》《農林經濟論考》，養賢堂，1933
年第一輯，第 526～538 頁。

〔註 29〕 廖風德：《清代之噶瑪蘭》：臺北正中書局，1990。

〔註 30〕 如陳偉智：《疾病、氣候與噶瑪蘭人——建構十九世紀宜蘭人文化史的一個嘗
試》，《宜蘭文獻》1994 年第 9 期；《「龜」去來兮——龜山島與宜蘭文化史知
探》，《眺望海洋的蘭陽平原：「宜蘭研究」第四屆學術研討會論文集》，宜蘭縣
縣史館，2005。

〔註 31〕 陳偉智：《族群、宗教與歷史——馬偕（George L.Mackay）牧師的宜蘭傳教與噶
瑪蘭人的族群論述》，《宜蘭文獻》1998 年第 33 期；《由「茹毛飲血」到「烹調
飲食」——十九世紀上半期漢人眼中的噶瑪蘭人》，《宜蘭文獻》1993 年第 6 期。

〔註 32〕 李信成：《清治下噶瑪蘭族「番社」的組織及運作》，《宜蘭文獻雜誌》，2004 年
第 67/68 期；李信成：《清代臺灣中部平埔族遷徙噶瑪蘭之研究》，《臺灣文獻》
2005 年第 1 期；李信成：《清代噶瑪蘭土地所有形態及其權利轉移》，《馬偕學
報》2008 年第 5/6 期；李信成：《清代噶瑪蘭族名製初探》，《臺灣史研究》
2010 年第 3 期；李信成：《清代宜蘭猴猴人遷徙與社會文化的考察》，《臺灣史
研究》2012 年第 1 期。

人類學方式重建原住民族群史的研究範式，為族群史研究方法的創新做出了重要貢獻。

李信成、詹素娟的族群史研究重點關注的是早期宜蘭地區的噶瑪蘭人群，潘繼道、李宜憲等學者則主要從國家與族群互動的角度研究遷徙到花東地區的噶瑪蘭人。如潘繼道的《國家、區域與族群：臺灣後山奇萊地區原住民族群的歷史變遷（1874～1945）》一書，從國家權力與族群互動的角度探討花蓮平原（奇萊地區）原住民族群的歷史變遷。〔註33〕李宜憲的《加禮宛事件暨加禮宛意識之形塑》一文討論「加禮宛事件」後遷徙至花蓮新社的噶瑪蘭後裔（加禮宛人）族群意識的形塑過程。〔註34〕上述幾位學者從史前到近代史的研究，有助於我們對噶瑪蘭人的歷史變遷過程有整體的把握。

值得一提的是，在臺灣學術界，有不少原住民知識精英本身也參與自己族群的研究，如就職於花蓮慈濟大學的噶瑪蘭族領袖潘朝成〔註35〕就通過攝影、紀錄片、文字記述、專著等各種形式大力保存、傳播噶瑪蘭文化，其拍攝的個人尋根攝影集以及多部噶瑪蘭文化紀錄片，都是研究噶瑪蘭文化的重要資料。

二、撒奇萊雅人的相關研究

在日據時期以來的族群研究中，Sakizaya 一直被視為南勢阿美族的一支。〔註36〕上世紀 80 年代末至 90 年代初，隨著一些 Sakizaya 後裔對外發出「Sakizaya 不是阿美族」的聲音，以及 Sakizaya 與阿美族的語言差異被學術研

〔註33〕潘繼道：《國家、區域與族群：臺灣後山奇萊地區原住民族群的歷史變遷（1874～1945）》，東臺灣研究會，2008。

〔註34〕李宜憲：《加禮宛事件暨加禮宛意識之形塑》，載潘朝成、施政鋒主編《加禮宛事件》，臺灣東華大學原住民民族學院，2010。

〔註35〕潘朝成的噶瑪蘭族研究成果涵蓋攝影、紀錄片、著述等多種類型，如以自己家族尋根故事為題材的攝影集《噶瑪蘭族：永不磨滅的尊嚴與記憶》，原民文化，1999 年及紀錄片《鳥踏石的噶瑪蘭》；噶瑪蘭傳統文化紀錄片《噶瑪蘭族的傳統家屋》、《噶瑪蘭族的除瘟祭 Pagalavi》等；著述《噶瑪蘭族香蕉絲文化情》，花蓮縣噶瑪蘭族發展協會，2008 年；《夾縫裡挺出的噶瑪蘭族》，載劉還月主編《流浪的土地》，原民文化，1998；與施正鋒合編《加禮宛戰役》，臺灣東華大學原住民民族學院，2010 年。

〔註36〕移川子之藏等：《臺灣高砂族系統所述の研究》，臺北帝國大學土俗人種研究室，1935 年；李亦園：《南勢阿美族的部落組織》，《中央研究院民族學研究所集刊》1957 年第 4 期；李來旺等：《牽源》，交通部觀光局東部海岸風景特定區管理處，1992；許木柱等：《臺灣原住民史——阿美族史篇》，臺灣省文獻委員會，2001。

究所證實，〔註37〕研究者開始將強調自身血緣、語言與阿美族不同，自稱歷史以來即為後山族群一員的 Sakizaya 視為獨立的論述主體展開研究。〔註38〕回顧相關的學術成果，大致可以按研究主題分為以下幾類：歷史變遷與聚落形成的調查考證；〔註39〕源流探究與傳統文化；〔註40〕族群關係；〔註41〕民族認定與分類；〔註42〕族群認同與文化實踐分析〔註43〕；語言及體質研究（DNA

〔註37〕 李壬癸：《臺灣南島語言的語音符號系統》，「教育部教育研究委員會」，1992；
Tsukida Naomi（月田尚美），"A Brief Sketch of the Sakizaya Dialect of Amis", in
Tokyo University Linguistic Paper 13. Tokyo University, 1993.

〔註38〕 潘繼道：《被遺忘的「奇萊」民族與其故事》，《歷史月刊》1998 年第 127 期；
《清代後山平埔族移民之研究》，稻香出版社，2001；《國家、區域與族群：臺
灣後山奇萊地區原住民族群歷史變遷之研究（1874～1945）》，東臺灣研究會，
2008；詹素娟：《族群、歷史與地域——噶瑪蘭人的歷史變遷（從史前到 1900
年）》，臺灣師範大學歷史研究所博士論文，1998；康培德：《殖民接觸與帝國
邊陲：花蓮地區原住民十七至十九世紀的歷史變遷》，稻香出版社，1999；康
培德等：《原住民重大歷史事件：加禮宛事件研究》，「行政院原住民族委員會」，
2003。

〔註39〕 李來旺：《臺窩灣人與奇萊平原的撒基拉雅人》，臺灣政治大學林修澈「民族認
定」課程演講稿，1996 年 10 月 17 日；陳俊男：《奇萊族（Sakizaya 人）的研
究》，臺灣政治大學民族研究所碩士論文，1999；潘繼道：《清代後山平埔族移
民之研究》，稻香出版社，2001；《國家、區域與族群：臺灣後山奇萊地區原住
民族群歷史變遷之研究（1874～1945）》，東臺灣研究會，2008；蘇羿如：《撒
奇萊雅族（Sakizaya）的生成歷程——族群團體、歷史事件與族群性的再思考》，
臺灣東華大學多元文化教育研究所博士論文，2009。

〔註40〕 張宇欣：《傳統？再現？Sakizaya 信仰與祭儀之初探》，臺灣東華大學族群關係
與文化研究所碩士論文，2007 年；黃宣衛：《南來說？北來說？關於撒奇萊雅
源流的一些文獻考察》，《臺灣文獻》2008 年第 3 期；楊仁煌：《撒奇萊雅民族
無形文化建構之研究》，《臺灣原住民族研究季刊》2010 年第 4 期；黃嘉眉：
《花蓮地區撒奇萊雅族傳說故事研究》，臺灣東華大學民間文學研究所碩士學
位論文，2008。

〔註41〕 詹素娟：《族群、歷史與地域——噶瑪蘭人的歷史變遷（從史前到 1900 年）》，
臺灣師範大學歷史研究所博士論文，1998；康培德：《殖民接觸與帝國邊陲：花
蓮地區原住民十七至十九世紀的歷史變遷》，稻香出版社，1999；陳俊男：《從
歷史看撒奇萊雅族的民族關係》，《臺灣原住民族研究季刊》2009 年第 4 期。

〔註42〕 林修澈：《Sakizaya 族的民族認定期末報告》，「行政院原民會」委託研究計劃
報告，2006；陳俊男：《撒奇萊雅族的社會文化與民族認定》，臺灣政治大學民
族學系博士論文，2010。

〔註43〕 黃宣衛、蘇羿如：《文化建構視角下的 Sakizaya 正名運動》，《考古人類學刊》
2008 年第 68 期；王佳涵：《撒奇萊雅族裔揉雜交錯的認同想像》，東臺灣研究
會，2010；靳菱菱：《文化的發現與發明：撒奇萊雅族群建構的歷程與難題》，
《臺灣人類學刊》2010 年第 3 期；羅正心：《文化的過程與能力：以撒奇萊雅

分析及探討）等。〔註44〕在已有的研究成果中，王佳涵、撒韻・武荖、蘇羿如、靳菱菱幾位學者較為深入地探討了撒奇萊雅族的生成歷程以及撒奇萊雅人的認同建構等議題。

王佳涵的《撒奇萊雅族裔揉雜交錯的認同想像》以正名成功後撒奇萊雅族裔的認同想像為例，借由語言與血緣的客觀認定標準、撒奇萊雅族裔的歷史記憶、復振運動對族人認同變遷的影響，以及族人文化雜糅與多重實踐的深層意涵，對撒奇萊雅族裔模棱矛盾的擺蕩認同進行討論，詮釋了當代族群認同的流動性、開放性和交疊性特徵，顯示族群並非客觀文化特徵就可以完全定義的實體存在，而是一種與個體的主觀選擇、情感與經驗、生活環境等一系列複雜因素密切關聯的「流動的共同體」本質。〔註45〕王佳涵所描摹的撒奇萊雅人對族群身份存在的揉雜認同想像，豐富了我們對當代背景下族群本質多樣性的理解，驗證了王明珂關於民族（族群）的觀點：民族是人群主觀的認同範疇，而非一個特定語言、文化與體質特徵的綜合體。人群的主觀認同（族群範圍）是透過界定及維持族群邊界來完成，而族群邊界可以是多重的、可變的或可被利用的。〔註46〕

撒韻・武荖的《撒奇萊雅的精神：文化與實踐》一文通過回顧撒奇萊雅人的族群復振運動歷程，詮釋了撒奇萊雅文化復振實踐所遵循的邏輯。〔註47〕由於作者本身是領導「族群正名」運動的核心人物之一，因此其論述以行動者身份反映了「局內人」的觀點，為外界深入瞭解撒奇萊雅族裔推動「正名」運動的過程開啟了一個窗口。撒韻・武荖採用阿爾都塞的多重決定論觀點闡釋撒奇萊雅族在當代得以「生成」的原因，認為原住民運動的發展、族群正名風潮、多元文化主義思維、族群精英的行政交涉以及族人個體的能動性，都是形塑撒

族文化復振為例》，《2012WINHEC 國際學術研討會論文集》，臺灣東華大學原住民民族學院，2012；靳菱菱：《認同的路徑：撒奇萊雅族與太魯閣族的比較研究》，麗文文化，2013；撒韻・武荖：《撒奇萊雅的精神：族群認同與文化實踐》，臺灣東華大學族群關係與文化學系碩士論文，2014。

〔註44〕 林蒔慧：《撒奇萊雅族語初探：語言描述、參考語法》，「國科會」研究計劃報告，2007；蔡麗鳳：《從線粒體 DNA 之分析看花蓮地區沙奇萊雅人與阿美族之差異》，慈濟大學人類學研究所碩士論文，2002。

〔註45〕 王佳涵：《撒奇萊雅族裔揉雜交錯的認同想像》，東臺灣研究會，2010。

〔註46〕 王明珂：《華夏邊緣：歷史記憶與族群認同》，允晨文化出版公司，1997，第77頁。

〔註47〕 撒韻・武荖：《撒奇萊雅的精神：族群認同與文化實踐》，臺灣東華大學族群關係與文化學系碩士論文，2014。

奇萊雅人在百年之後得以振興文化並獲得法定「族群」身份的重要原因。她並以過程論而非本質論的觀點定義文化的意涵，回應外界對於撒奇萊雅人在「正名」運動過程中「發明傳統」的質疑，為當代撒奇萊雅族的「傳統文化」作真實性與合理性的辯護。

靳菱菱的《認同的路徑：撒奇萊雅族與太魯閣族的比較研究》探討新「正名」的兩個原住民族的認同建構問題。通過對撒奇萊雅和太魯閣兩個案例的比較，說明族群認同產生的過程以及族人對自我認識的轉折、認同游移及內在衝突。〔註48〕靳菱菱傾向於從工具論的角度看待撒奇萊雅建構族群認同的文化實踐，指出族群精英在原生論的邏輯下主導、操作族群認同的建構，並強調此一過程中精英透過知識、權力自上而下的推展而對普通族人形成的所謂知識馴服體系。其有關論述的確反映出撒奇萊雅族復振過程中的一部分現實問題，然而因其過於強調工具論的觀點，忽略了族群意識形成過程中部分族人的根基性情感及其追尋原生身份認同的動機，因而帶有主觀化片面闡釋的色彩。

蘇羿如《撒奇萊雅族（Sakizaya）的生成歷程——族群團體、歷史事件與族群性再思考》一文，從歷史演變過程和生成要件兩個角度，探究「撒奇萊雅族」的生成歷程。〔註49〕蘇翌如的主要觀點包括：族群（ethnic group）是在生成過程中被形塑出來的，且永遠還在變化之中；對 Sakizaya 人群歷史變遷的過程進行描述，實際上就是描述「撒奇萊雅族」如何族群團體化（ethnically groupize）的歷程；撒奇萊雅族的生成條件，包含當代政治社會的結構性因素、原住民族組織化的出現、「正名」運動行動者的推動以及與阿美族的互動關係等。蘇羿如以建構論的視角切入對撒奇萊雅族生成過程的分析，指出知識精英主導「傳統的發明」及歷史記憶的建構來打造族群性的實踐，存在著導致群體內部出現認同歧異的問題。蘇羿如的論述強調族群生成過程中的建構特性，對於歷史變遷過程中行動者所延續的根基性情感以及為接續斷裂的文化傳統和尋找族群身份所付諸的行動和努力則有被忽略，使得分析的結論容易落入工具論強調族群性是由精英創造的刻板印象中。

從以上的文獻回顧可以看到，現有的研究中，大多數是在預設「噶瑪蘭

〔註48〕靳菱菱：《認同的路徑：撒奇萊雅族與太魯閣族的比較研究》，麗文文化，2013。
〔註49〕蘇羿如：《撒奇萊雅族（Sakizaya）的生成歷程——族群團體、歷史事件與族群性的再思考》，臺灣東華大學多元文化教育研究所博士論文，2009。

族」、「撒奇萊雅族」已經存在的前提下展開，而將「兩個族群如何生成的現象」作為研究議題的僅有陳逸君和蘇羿如兩位學者的論文，顯示這一研究主題尚有很大的討論空間。噶瑪蘭人和撒奇萊雅人在歷史發展進程中關係密切，歷經「加禮宛事件」後，兩個人群的後裔在當代原住民復振運動中，分別發起「復名」和「正名」運動，最終獲得了臺灣當局承認的「原住民族」身份。本研究試圖從強調歷史脈絡的建構論視角考察這兩個具有鮮明的歷史、文化與族群政治特質的「原住民族」如何在歷史過程中生成，以期更深入地理解當代臺灣原住民的族群關係與族群再分類現象。

三、理論探討與研究思路

　　20 世紀 50 年代以來，由於「種族」（race）、「部落」（tribe）等過去在歐美社會用於人群分類的概念已不適用於日益複雜的社會現實，西方學界開始越來越多地採用「族群」（ethnic group）一詞來替代上述兩個概念，用以強調非體質特徵的基於歷史、文化、語言等要素區分的人們共同體。〔註 50〕例如，美國學者最早是以「族群」一詞來區分由不同移民構成的文化多元國家中那些具有各自血緣、文化等特徵的「少數群體」。〔註 51〕此後，「族群」一詞由於能夠滿足二戰後建立的新興民族國家（nation-state）內部稱呼（歸類）本國社會中原有的基於血緣、文化、傳統居住地的少數人族群的客觀需要，而在政治領域、學術界、媒體報導中被普遍使用。大約在 1960 年代，ethnic group 的中譯詞「族群」經由港臺地區的文獻傳入國內學界。

　　Ethnic group 一詞自 20 世紀 30 年代出現以來，不同國家和地區的學者們紛紛嘗試對其進行定義。然而，由於族群現象本身具有的複雜性和多樣性特點，基於不同社會文化背景和研究視角的學者對族群的定義呈現出很大的差異性〔註 52〕。菅志翔對各種定義族群的觀點進行梳理和歸納後，認為大致可以

〔註 50〕郝時遠：《Ethnos（民族）和 Ethnic group（族群）的早期含義與引用》，《民族研究》2002 年第 4 期。

〔註 51〕菅志翔：《「族群」：社會群體研究的基礎性概念工具》，《北京大學學報》2007年第 5 期，第 138 頁。

〔註 52〕族群概念的相關討論可以參考：周大鳴：《論族群與族群關係》，《廣西民族學院學報》2001 年第 2 期；徐傑舜：《論族群與民族》，《民族研究》2002 年第 1期；郝時遠：《Ethnos（民族）和 Ethnic group（族群）的早期含義與引用》，《民族研究》2002 年第 4 期；麻國慶：《明確的民族與曖昧的族群——以中國大陸民族學、人類學的研究實踐為例》，《清華大學學報》2017 年第 3 期；常寶：

從以下幾個相互聯繫的方面來認識族群：

1. 族群是在較大的文化和社會體系中具有自身文化特質以及體質特徵的一種群體，其中最顯著的特質就是這一群體的宗教、語言、其成員所具有的對共同起源的信仰以及共同的群體身份感；它的自然基礎在於人類作為一個物種所具有的社會生物屬性——親族性（nepotism），因此，族群性可能與人類社會相始終。

2. 族群是一個由其組成成員認定的範疇，通過強調特定的文化特徵來限定族群的「邊界」和排斥他人，它不是單獨存在的，而是存在於與其他族群的互動關係中，沒有「他人」，就沒有「我們」；族群的認同是需要與模仿的某種結合，所以，族群是其成員有意識構建的，或者說是共享利益意識的結果，它不是「事物」而是「過程」，「在歷史過程中會經常有所變動」。

3. 不同社會場景下人們的族群認同範圍可能會有所不同，所以，族群具有多層次性。從初級族群（basic ethnic group）到次級族群，再到由若干彼此認同的族群組成的族群集團以及更高層次的族群集團，乃至國家和文明，人們的族群認同具有雙向傳遞性。

4. 族群性（ethnicity）是社會親近和親屬制體驗的最上限，以此為基礎的族群意識可以用來培養社會成員的世界觀、生活觀和社會觀。族群不僅指亞群體和少數民族，而且泛指所有被不同文化或血統所造成的、被打上烙印的社會群體。現代社會中的族群認同意識不僅早於民族（nation）共同體的出現，而且在民族、階級等群體劃分邊界日益消失之後還將長期存在。

5. 族群把利益和情感聯繫在一起，它在一定程度上是作為一種利益群體而根據利益來加以定義的，在追求群體利益方面比其他利益集團更加有效。在現代社會，族群關係本身極易和民主政治牽扯在一起，族群日益成為一種社會生活組織方式，因而具有了原發情感性和工具性雙重特點。〔註53〕

《「民族」、「族群」概念研究及理論維度》，《世界民族》2010 年第 3 期；羅瑛：《族群相關概念及其理論維度綜述》，《西北民族大學學報》2016 年第 5 期。
〔註53〕菅志翔：《「族群」：社會群體研究的基礎性概念工具》，《北京大學學報》2007 年第 5 期，第 139 頁。

　　上述歸納，基本上包含了原生論／根基論、工具論／情境論、建構論等族群認同理論的主要觀點。總體而言，一些持客觀論立場的學者認為，「族群」是在生物學意義上具有延續性的人們共同體，強調其成員之間存在血緣聯繫及原生情感等，是歷史記憶、傳統文化與價值的承載體；〔註54〕也有一些學者從主觀論的立場出發，將族群視為具有互動性的社會組織過程及其現實形態，即一種社會過程和社會工具。〔註55〕

　　對抽象學術概念的辨析和詮釋，確實能夠幫助我們建立對「族群」的基本認知。然而，在現實社會生活中，族群的面貌又是怎樣的呢？族群是一個實際存在於田野中，可以讓學者直接調查研究的事物或者實體嗎？

　　2016年7月的一天，我騎自行車從花蓮市區來到吉安鄉，想要在那裡開展阿美族的田野調查。吉安鄉在歷史上一直是南勢阿美人的聚居地，沿著七腳川溪，這裡分布著里漏、荳蘭、薄薄等幾個阿美族部落。但今天這片廣闊的地域，已經被完全城鎮化的街區所佔據，找不到維持著傳統部落形態的那種阿美族聚落。生活於此地的阿美族人，已經和非原住民混居在一起，讓外來者難以分辨。雖然過去的阿美族部落名稱仍有保留，但已找不到明顯的界限可以區分哪裏是屬於哪個部落。川流不息的大馬路上，騎機車的人飛馳而過，路上的行人、住家的人和在各式商店裏的人們，跟其他地方的人看起來好像都沒有什麼差別。到哪裏去找阿美族呢？他們的族群在哪裏？停在馬路邊一籌莫展的我不禁陷入了沉思，心中充滿了困惑。

　　事實上，可能有不少初入田野的人類學者都曾有過和我一樣的問題和困惑。研究者們常常帶著自己對族群的「想像」，來到官方認定或是前輩學者告知的原住民居住地中，希望找到「族群」並對其展開文化體系和社會組織的調查研究。這種以「族群已經存在」為預設的研究，忘記了族群其實是由學術分類概念所劃分出來的一個人群範疇，並不是真實存在的實體。現實世界的族群樣貌如何展現，族群本身如何成為可能，或者族群如何被建構，其實才是存在於日常生活中等待研究者去描繪或建構的重要課題。當研究者將族群作為一種具有實際存在內容的實體進行研究，其實只能是進行族群性的重建或者描述工作，因此也便錯過了能夠更深入理解族群本質的那些研究面向。

〔註54〕Van den Berghe, *The Ethnic Phenomenon* (London: Elsevier Science Publishing Co., 1987).

〔註55〕T.H.Eriksen. *Ethnicity and Nationalism: Anthropological Perspectives* (London: Pluto Press, 1993).

有鑑於此，林開世指出，臺灣的人類學者真正以族群現象為其主題的著作並不多見。〔註56〕

　　蘇羿如認為，族群研究首先必須打破「族群本來就是如此這般存在」的預設，應該認知到，一個族群的出現，必然有其歷史的過程，也就是族群團體化（ethnically groupize）的歷程。族群樣貌的結構化過程，需要各種條件的聚合，涉及不同時代的社會環境和各種作用力的互動以及歷史機遇（contingency）等因素。〔註57〕因此，她主張「不能把任何一個族群團體視為既存的不變樣態，相反地，所有族群團體皆是在生成過程中被形塑出來，而且仍持續不斷在變化之中。」〔註58〕這是從建構論的視角看待族群，將族群理解為一種變化中的過程和經由建構而生成的產物。

　　同樣持建構論的王甫昌，進一步提出一種解構既有族群觀念中認為族群是一種實存「團體」的論述，他認為「族群」實際上是「一種人群分類的想像」，「族群並不是因為有一些本質性的特質（例如血緣關係或語言文化等特質），所以才『存在』。族群其實是被人們的族群想像所界定出來的。」〔註59〕誠如王甫昌所指出的，當代人對於族群的想像，實際上是相當晚近的現象。假如我們回顧「族群」這個概念出現的時間及其背景，就不得不承認這是一個事實。其實，「兩、三百年以前的人（那些被當代人認為是『族群先人』者），根本不以這種方式去界定自己與他人的關係。古人能夠想像的社會關係，包括：鄰里、社區、家庭、親屬、家族、氏族、領主、君王、甚至『民族』，但並不包括『族群』。」〔註60〕

　　立足於以上對族群的討論與思考，本文試圖引入林開世所主張的建構論建立分析框架。林開世指出，「建構論的分析方式，是嘗試對我們視為理所當然的事物做某種程度的解析，特別是透過歷史過程的框架，讓人瞭解事物如何

〔註56〕林開世：《對臺灣人類學界族群建構研究的檢討：一個建構論的觀點》，載林淑蓉、陳中民、陳瑪玲主編：《重讀臺灣：人類學的視野──百年人類學回顧與前瞻》，臺灣清華大學出版社，2014，第219頁。

〔註57〕蘇羿如：《撒奇萊雅族（Sakizaya）的生成歷程──族群團體、歷史事件與族群性的再思考》，臺灣東華大學多元文化教育研究所博士論文，2009，第16頁。

〔註58〕蘇羿如：《撒奇萊雅族（Sakizaya）的生成歷程──族群團體、歷史事件與族群性的再思考》，見摘要部分。

〔註59〕王甫昌：《當代臺灣社會的族群想像》，群學出版有限公司，2003，第23頁。

〔註60〕王甫昌：《當代臺灣社會的族群想像》，第23頁。

透過概念與語言的出現，逐漸地被納入稱為社會現實的一部分。」〔註61〕他所主張的建構論包含著以下的立場：

> 首先，族群性（族群本質）是一種自我定義的過程，是某群人自己宣稱或被外人認定為某種範疇的動態過程。尤其重要的是，在歷史過程中，族群性塑造成為重要與可信的分類範疇。而文化、語言或容貌等等，則是時常被人們在這個過程中用來描述、分類、比較與認識的工具。

> 其次，建構論認為族群是一個持續進行中的計劃，因此族群研究必然要與歷史研究結合。這牽涉到的不只是因為族群性是動態而且具有脈絡中形成與去脈絡化的可能，更牽涉到族群性的形成與近代國家形成與資本主義擴張之間，有著重要的關聯。我們需要一個比較長的視野，才能瞭解這種不斷宣稱與過去的連續與起源，卻又不斷想遮掩它自身的歷史性的現象。

> 最後，族群研究不應該從族群作為一種已經存在的集體行動者出發，否則我們就把需要被解釋的現象，當成是真實存在的東西，而混淆了社會行動者所使用的分類觀念，以及研究者所使用的分析語匯。〔註62〕

本研究受上述建構論觀點的啟發，希望以一種脈絡性的建構論（contextual constructionism）視角來考察和理解當代臺灣原住民在歷史過程中的族群化（ethnicitization）現象。所謂脈絡性的建構論，是指在歷史、政治及社會文化過程中檢視族群「生成」的各種邏輯與實踐，聚焦「族群」生成過程所具有的原發情感性和工具性雙重特點。由此，本研究試圖探索以整合性的多元觀點來理解歷史過程中的政治、文化、社會因素與當代臺灣原住民社會中族群再分類現象的關聯。本研究可以視為是一項歷史人類學研究，所關聯的歷史人類學命題，是 Marilyn Silverman 和 P.H.Gulliver 提出的「歷史如何造成現在」（How the past led to and created the present）這一主題。〔註63〕在具體的論述中，我

〔註61〕 林開世：《對臺灣人類學界族群建構研究的檢討：一個建構論的觀點》，載林淑蓉、陳中民、陳瑪玲主編：《重讀臺灣：人類學的視野——百年人類學回顧與前瞻》，臺灣清華大學出版社，2014，第225頁。

〔註62〕 林開世：《對臺灣人類學界族群建構研究的檢討：一個建構論的觀點》，第226頁。

〔註63〕 Marilyn Silverman & P.H.Gulliver, *Approaching the Past: Historical Anthropology Through Irish Case Studies* (New York: Columbia University Press, 1992).

將以歷史過程作為主軸，描述兩個「臺灣原住民族（群）」──噶瑪蘭族與撒奇萊雅族的生成（becoming）過程。為了檢視此一「族群化」現象背後的深層邏輯，本文將嘗試回答以下兩個問題：是什麼樣的歷史造就了當今的「噶瑪蘭族」與「撒奇萊雅族」？噶瑪蘭人與撒奇萊雅人是以怎樣的方式在歷史過程中延續，又通過怎樣的實踐，才以現今「原住民族（群）」的面貌，出現在世人面前？

從前文的文獻回顧中可以看到，現有研究噶瑪蘭族和撒奇萊雅族的文獻中，對族群建構這一主題都是選擇其中一族進行討論，如陳逸君對噶瑪蘭族群意識建構的研究和蘇羿如對撒奇萊雅族如何生成的研究。本文將兩個族群同時納入研究是基於以下考慮：首先，噶瑪蘭族是平埔族中首個「復名」成功的族群，在當代平埔族群復振運動中具有指標性的意義。噶瑪蘭族得以從歷史中重返現實，文化政治是一個重要的觀察視角。當代噶瑪蘭人族群性的形塑與歷史、政治及文化實踐的互動過程，是檢驗脈絡性建構論的一個很好例子。其次，撒奇萊雅族是從阿美族分離出來的一個族群，撒奇萊雅人在爭取族群身份認定，形塑族群性的過程中具有明顯的文化建構特徵，「族群歷史記憶」的重塑和文化傳統的「發明」是其主要的策略。對這一特殊的「造族」現象加以考察分析，也有益於我們從當代臺灣原住民族群的再分類現象中檢驗既有的建構論觀點。最後，無論是歷史上的噶瑪蘭人和撒奇萊雅人還是當代的噶瑪蘭族和撒奇萊雅族，都有著密切的互動關係。將兩個族群同時納入研究的討論中，有助於在比較的視野中對當代臺灣的族群再分類現象形成更為全面深入的理解。

第三節　研究方法與篇章結構

一、研究方法

本文採用歷史人類學的研究方法，試圖以人類學理論詮釋歷史過程中人們共同體的族群化現象。研究資料的來源分為歷史文獻資料和田野資料兩大類，由歷史文獻、前人研究成果、口述史以及田野調查中的筆記和訪談資料構成。

歷史資料包括歷史文獻和口述史資料。歷史文獻主要是清代「開山撫番」相關的官方文書、檔案、史籍以及日據時期人類學者關於臺灣原住民族的調查

報告、著作論文、殖民政府「理蕃」的政務資料等。另外，口述史也是重要的歷史資料。原住民族過去屬於無文字社會，因此無法提供太多文字記載的材料來說明自己，他們的歷史大多只能依靠口述的方式流傳。但「這種口耳相傳的歷史，代表的也是他們對自我歷史的記憶與詮釋。」〔註64〕本文在研究過程中，除了運用各種文字記載的歷史資料外，也注重結合原住民自己的口述史來重建歷史圖像，從而凸顯「少數人」（即弱勢及邊緣人群）的歷史主體地位。

田野調查是人類學傳統的研究方法，其中又以參與觀察和深度訪談為獲取資料的主要手段。由於本研究涉及的噶瑪蘭人、撒奇萊雅人後裔散居在今花蓮縣、臺東縣及宜蘭縣等地，另外還有一些遷徙到北部的臺北、桃園等都市區。鑒於研究對象分布範圍廣且分散，故只能採取多點作業的田野調查方式，並擇其要者作為主要調查點。

課題的田野調查分兩次展開，首次於 2016 年 7 月至 9 月間完成，第二次則安排在 2017 年 6 月，主要是進行補充調查。田野調查的範圍主要在花蓮縣境內，包括花蓮市郊、壽豐鄉、瑞穗鄉、豐濱鄉等幾個有噶瑪蘭人和撒奇萊雅人分布的鄉鎮。遺憾的是，由於研究經費、時間分配等原因的限制，對於臺東、宜蘭等地的噶瑪蘭聚落缺少調查，這是本研究在田野調查方面的一個不足。

本研究是要瞭解歷史與當代的社會文化過程如何形塑「族群」，即今日的「族群樣貌」是在怎樣的歷史、社會、文化實踐過程生成，因此田野調查不是對當代「噶瑪蘭族」和「撒奇萊雅族」的社會文化進行重建和描述，而主要圍繞以下兩個方面展開。

一是考察與族群建構相關的歷史事實（historical facts）──歷史記憶、文化傳統、人的心理情感在歷史時空中如何延續與發展。相關的田野作業包括對當代噶瑪蘭人與撒奇萊雅人的主要聚落，具有重要歷史意義的地點（如舊部落所在地、古戰場、紀念公園、博物館、文化展示中心等）進行訪查，同時通過觀察與當代族群復振相關的節慶活動、祭典、會議等群體性活動，發現人群在當代社會生活中的關係、聯結、組織形態以及族群意識的展現等。換言之，就是將當代社會生活中的人群及其社會文化活動與歷史時空的演變脈絡相聯結，進而檢視、分析文化傳統、歷史記憶與族群建構的內在聯繫。

二是從人作為歷史主體的角度出發，深度訪談當代族群運動的行動者，如

〔註64〕詹素娟：《族群、歷史與地域──噶瑪蘭人的歷史變遷（從史前到 1900 年）》，臺灣師範大學歷史研究所博士學位論文，1998，第 27 頁。

族群領袖、知識精英、部落耆老、普通族人等，從口述史、族群運動歷程、族群發展實踐等主題的訪談中，建立對人作為歷史實踐的主體參與「族群化」過程的整體圖像。本研究所有田野調查的錄音，均轉換為文本資料，並以直接引述的方式體現在行文過程中，以呈現被研究者基於自身立場和觀點的主體性。

二、篇章結構

本文不是一項族群史（ethnohistory）的研究，而是以歷史民族志方式，採用人類學族群理論檢視族群如何生成的研究。全文結構包含緒論、主體和結論三大部分，共分為六個章節。

第一章為緒論，首先介紹本研究的選題緣由以及可能形成的學術價值和現實意義，接著分別對噶瑪蘭人、撒奇萊雅人相關研究的文獻進行回顧和評介，然後結合相關族群理論的探討，提出研究的總體思路。最後，對研究的內容架構及研究資料的來源、研究方法進行簡要的說明。

第二章是整個研究的起點，通過對研究對象所處的地域空間與人文環境概貌的描述，形成整個研究主體內容的鋪墊。當代噶瑪蘭人和撒奇萊雅人散居於花蓮、臺東、宜蘭等地，但主要聚居地是在花蓮縣境內。為瞭解人群在歷史過程中的流動、遷徙與演變，首先需要對其所處的地域空間及人文環境有基本的認識。因此，本章先對花蓮地區的自然地理環境及原住民人群的分布情況進行總體的勾勒，然後針對具體研究對象——當代噶瑪蘭人和撒奇萊雅人的歷史源流、聚落分布及社會文化等內容進行梳理和介紹。

第三章主要圍繞「加禮宛事件」的過程及其後續影響展開論述。發生於光緒四年（1878）的「加禮宛事件」是造成當時花蓮平原的噶瑪蘭人和撒奇萊雅人離散的一個重大歷史事件。第一節內容以清廷「開山撫番」政策的實施作為切入點，重返「加禮宛事件」發生前的歷史時空，檢視國家力量進入後山初期與原住民人群之間的互動。第二節、第三節綜合運用文獻資料和口述歷史資料，嘗試拼接和重建「加禮宛事件」的歷史圖像，呈現當時的噶瑪蘭人與撒奇萊雅人如何因這一事件而流離失散的經過，並通過描述人群流徙、隱匿身份的情況，再現歷史時空背後人群的足跡和身影。

第四章是本研究的核心章節，其內容在於釐清和呈現當代噶瑪蘭後裔及撒奇萊雅後裔聚合、團體化，並透過「族群復振」以及「復名」、「正名」運動建構族群，獲得「政府」所認定的「原住民族」身份的過程。日據時期殖民地

人類學研究所產生的族群分類知識體系，是對臺灣原住民進行族群化建構的重要歷史實踐，其形成的族名、分類體系，奠定了當代臺灣原住民族群分類的基礎架構。本章首先回溯了日據時期以來臺灣原住民族群分類體系的形成過程以及噶瑪蘭人和撒奇萊雅人在這一分類體系中的位屬，接著利用田野調查資料和相關文獻，呈現當代噶瑪蘭後裔和撒奇萊雅後裔如何在特定的政治社會環境下，發現、尋找並重新定位自己的族群身份，並由此展開推動族群「復名」、「正名」的主體性實踐。在回溯族群運動的過程中，本章的書寫著重關注個體如何在特定社會脈絡中協商、定位自己的身份認同以及在此過程中人群的聯結、族群意識的凝聚與形塑，從而呈現族群的生成過程。

　　第五章的內容在「國家與社會」和文化政治的視角下，一方面從 1980 年代至今的原住民政策變遷入手，考察噶瑪蘭人與撒奇萊雅人在變遷的政治與社會環境中，如何透過文化的調適、重構、接續與「再發明」，建構其族群性；另一方面，是從原住民精英的角度，探討其如何在當代臺灣的政治社會結構下，為尋求族群的發展而進行的探索。本章在內容安排上，第一節主要回顧 1980 年代至今原住民政策的變遷歷程，按時間順序劃分為三個時期進行梳理。第二節內容分別選取當代噶瑪蘭人和撒奇萊雅人的兩個最具代表性的節慶（祭典）活動，考察 1990 年代以來，噶瑪蘭人和撒奇萊雅人的傳統文化因應原住民政策環境的改變和族群建構的需要而進行的調適。第三節從文化政治與原住民精英互動的角度，探討「復名」、「正名」成功後，族群精英在維繫族群凝聚力、尋求族群發展方面展開的探索。本章在書寫方式和材料的運用上，力圖從微觀視角描繪當代臺灣政治生活的圖景，展現原住民的文化政治如何與「國家」權力體系發生互動以及在此一過程中，族群性的建構與維繫。

　　第六章為結論，通過與理論的對話，綜合全文內容進行分析和總結，並歸納出本研究得出的主要觀點。

第二章　噶瑪蘭人和撒奇萊雅人的
　　　　來源與分布

　　臺灣東部作為一個獨立的地理區域，由於其獨特的地理環境，使其形成宛如「陸上孤島」的獨立性和歷史以來在行政治理版圖中的邊陲性，其有別於臺灣西部的發展過程，孕育了不同人群之間相互接觸、衝突、融合與文化變遷的歷史原動力。當代的噶瑪蘭人和撒奇萊雅人散居於花蓮、臺東、宜蘭等地，但主要聚居地都在東臺灣的花蓮縣境內。為瞭解人群流動、遷徙與群體變遷的歷史過程，需要對其所處的地域空間及人文環境有基本的認識。因此，本章先對花蓮地區的自然地理環境及原住民人群的分布情況進行總體的勾勒，然後針對本文的研究對象——噶瑪蘭人和撒奇萊雅人的源流、聚落分布及社會文化等內容進行梳理和介紹。

第一節　花蓮地區的地理環境與原住民人群

一、區位空間與自然環境

　　臺灣東部的花蓮、臺東兩地，因受中央山脈阻隔，位於山後，清代以來素稱「後山」，日據時期則以「東臺灣」指稱這一地理區域。本文所指的「花蓮地區」屬於「東臺灣」地理空間的一部分，是目前花蓮縣所轄的行政區域範圍。花蓮在過去曾有過「里奧特愛魯」（RioDuero）、「哆囉滿」（Turumoan）、「崇爻」（Tsongau）、「澳奇萊」、「奇萊」、「洄瀾」、「花蓮港」等多種舊地名，

這些舊地名有的是來自外來族群的命名，有的是本土原住民的稱呼。舊地名中隱藏的不同文化背景，顯示出這一地區自古以來人群互動頻繁、文化多元的特點。

今日臺灣行政地圖中的花蓮縣，「位於臺灣省東部，北達臺北，南接臺東，東臨太平洋，西隔中央山脈遙望臺中，地形東西狹小，南北伸長，境內山嶺重疊，起伏約 20 餘處，偏西崎嶇難行，向東則沿山麓臨海濱較為平坦，全縣面積計有 4628.5714 平方公里，」〔註1〕為全省 21 個縣市中面積最大者。

花蓮的氣候常年溫暖，全年幾乎只分夏冬兩季，且夏長冬短。受太平洋暖流影響，雖至隆冬，亦無霜雪，最低溫為 6.1℃，夏季較為炎熱，最高溫為 36℃，年平均氣溫在 23℃左右。多雨是其氣候的重要特徵之一，「五月以後至十月均係臺洪季節，一來即狂風暴雨，淹沒土地，吹毀廬舍，傷害人畜，損失慘巨。」〔註2〕

花蓮地形的首要特徵是多山。中央山脈有相當大比例的高山群落分布於縣域境內或縣界，構成了大面積的山地以及東向延伸的緩坡。然而，與臺灣西部地形不同的是，這裡的山地緩坡並未減緩成為平原，而是在最東邊臨海的地方又陡然升起一座高聳的海岸山脈，一直延伸到臺東境內。在中央山脈和海岸山脈之間，則形成一條面積狹長，平均寬度約 8.5 公里的花東縱谷。〔註3〕

流入花東縱谷的河川為數甚多，皆短而湍急，由於缺少航運價值而稱為溪。從北往南，有立霧溪、三棧溪、娑婆礑溪三溪直接注入太平洋；木瓜溪、知亞干溪、萬里橋溪、馬太鞍溪四溪匯合成花蓮溪，循海岸山脈西麓北流注入太平洋；麻子漏溪、紅葉溪、太平溪、拉庫拉庫溪、清水溪匯為秀姑巒溪，由南向北流過舞鶴臺地後，90°轉折切穿海岸山脈，在豐濱鄉的大港口與靜浦之間流入太平洋。〔註4〕縱谷的東西兩側，有成串的衝擊扇；西側大溪形成大衝擊扇，東側小溪形成小衝擊扇，其組成物質皆為粗礫石，毫無耕作價值；由於扇面溪床游移不定，更換水道的過程常常造成水患，威脅農田與聚落安全，因此縱谷地帶的農地與人口分布，都避開衝擊扇正面而退至靠山相對安全之地。〔註5〕

〔註1〕曹匯川：《花蓮概況》，花蓮縣政府，1949，第1～2頁。
〔註2〕曹匯川：《花蓮概況》，花蓮縣政府，1949，第2～3頁。
〔註3〕潘文富等：《臺灣地名辭書（卷二，花蓮縣）》，2005，第6～7頁。
〔註4〕潘文富等：《臺灣地名辭書（卷二，花蓮縣）》，第7～8頁。
〔註5〕陳正祥：《臺灣地志》（下冊），南天書局，1993，第1204頁。

　　在三棧溪口與木瓜溪下游之間，是隆起的花蓮海岸平原，其外形如一弓形三角洲。平原位於三棧溪口到木瓜溪下游之間，北接立霧溪三角洲平原，南連花東縱谷平原，西鄰加禮宛山、吉安山東麓，南北長約 19 公里，東西最寬 19 公里，幅員 90 多平方公里。〔註6〕平原的一部分被木瓜溪及娑婆礑溪所形成的沖積扇覆蓋，另一部分則被美崙溪的洪涵地堆積層覆蓋。按地形分區，整個花蓮海岸平原可分為加禮宛平原，美崙溪洪涵原，娑婆礑溪沖積扇，木瓜溪衝擊扇，美崙臺地與花蓮灣幾個部分。〔註7〕

　　加禮宛平原係北至今日立霧溪口、南至須美基溪與美崙臺地一帶的沿海平原，地形狹長，表土為含細粒之黑褐色沙質土壤，目前為一栽種稻米、甘蔗、木瓜與花生為主的農業區。美崙溪舊稱娑婆礑溪，發源於七腳川山東麓，自水源村出谷進入平原後，即形成沖積扇與網流；前者稱為娑婆礑溪衝擊扇，後者稱為美崙溪泛濫平原，所堆積的土壤顆粒較細，適宜耕作。至於木瓜溪衝擊扇，因北部有吉安溪流經，影響前者的發育成熟，因此為一殘扇面，其地表多為礫石，不適宜耕作。〔註8〕在立霧溪口一帶，有南北長約 8 公里，幅員 15 平方公里左右的立霧溪三角洲平原，〔註9〕該平原與花蓮海岸平原一起合稱「奇萊平原」。〔註10〕

　　花蓮海岸平原的東側，有一海拔 108 米的小山丘，其舊稱有「鼈魚山」、「八利科山」、「八螺山」、「米崙山」等，1951 年改稱為「美崙山」。其脊嶺為南北走向，南麓緩降於美崙溪畔，北麓屹於花蓮海岸平原，東斜面毗連美崙臺地，西側向美崙溪緩斜過去，接壤於花蓮海岸平原。〔註11〕

　　另外，在今天的花蓮市境內，有美崙臺地和花崗山。美崙臺地面向西緩傾，高度 10～50 米。花崗山是美崙溪南岸的一座小山，位於美崙溪口附近，高度

〔註6〕林朝棨：《臺灣省通志稿（卷 1，〈土地志·地理篇〉第 1 冊）》，臺灣省文獻委員會，1957，第 334 頁；苗允豐：《花蓮縣志（卷 4，〈地形〉）》，花蓮縣文獻委員會，1977，第 95 頁。

〔註7〕臺灣省文獻委員會：《臺灣省通志稿（第三冊）》，捷幼出版社，1999，第 334 頁。

〔註8〕康培德：《殖民接觸與帝國邊陲：花蓮地區原住民十七至十九世紀的歷史變遷》，稻香出版社，1999，第 29 頁，注釋3。

〔註9〕陳正祥：《臺灣地志（下冊）》，南天書局，1993，第 1201 頁。

〔註10〕潘繼道：《國家、區域與族群：臺灣後山奇萊地區原住民族群的歷史變遷（1874～1945）》，東臺灣研究會，2008，第 30 頁。

〔註11〕苗允豐：《花蓮縣志（卷 4，〈地形〉）》，第 58 頁。

約 20 米，原為南部美崙臺地的一部分，因被美崙溪切割而孤立於南岸。〔註12〕

花蓮平原的海岸多為岩岸，但因略顯平直，以至並無良好的港灣。早期來到該地區的船隻，小船可以從美崙溪口的鯉浪港逆流而上。當時美崙溪的流量比較大，帆船可以乘南風駛入溪內，直接到達接近十六股的農兵附近（今花蓮市國強里）；而風力不夠時，就靠牛隻來拉船，或以人力拉纖。大的船隻必須停泊在今吉安鄉的南埔海邊、花蓮溪入海處的北面，再由小船接駁或由當地原住民搬運。〔註13〕

總之，由於東面受中央山脈崇山峻嶺的阻隔，湍急的河流常因暴雨或颱風過境而造成災害阻礙人獸通行；西面海岸面臨浩瀚的太平洋，由於缺少良好的港灣可供船舶停靠，加上經常性的地震等一些突發災害，使得歷史上花蓮地區與臺灣東北部和西部的交通長期處於隔絕的狀態。

二、行政沿革〔註14〕與原住民人群分布

由於地理環境造成的封閉性，14 世紀以前的臺灣後山幾乎與外界沒有什麼交流，是一片充滿神秘色彩的地域。一直到 19 世紀中葉清帝國實施「開山撫番」政策開始，整個東臺灣地區才被國家實質性納入行政統治。

光緒元年（1875），清政府在臺灣東部設置卑南廳，隸屬臺南府，轄今日臺東、花蓮兩縣境域。光緒十二年（1886），增設卑南撫墾局及秀姑巒、花蓮兩分局，並廣招民眾前來開墾農地，花蓮正式設治。光緒十三年（1887），改卑南廳為臺東直隸州，轄區如舊，下設五鄉，分別為南鄉、新鄉、奉鄉、蓮鄉及廣鄉，其中，新鄉、奉鄉、蓮鄉的全部以及廣鄉的北半部屬今日花蓮縣境地。

光緒二十年（1894），清廷在甲午戰爭中戰敗，將臺灣、澎湖割讓給日本。次年，日人正式佔領臺灣實行殖民統治。明治二十九年（1896），殖民「總督府」將臺東直隸州降為臺東支廳，隸屬臺南縣管轄。同年八月，改稱臺南民政支部臺東出張所。明治三十年（1897）五月，撤廢出張所，改設臺東廳，仍隸屬臺南，六月，在卑南、水尾（瑞穗）、奇萊（花蓮）設置辦務署。明治三十

〔註12〕林朝棨：《臺灣省通志稿（卷1，〈土地志・地理篇〉第1冊）》，臺灣省文獻委員會，1957，第337頁。

〔註13〕潘繼道：《國家、區域與族群：臺灣後山奇萊地區原住民族群的歷史變遷（1874～1945）》，東臺灣研究會，2008，第33頁。

〔註14〕潘文富等：《臺灣地名辭書（卷二，花蓮縣）》，2005，第5～6頁。

一年（1898）六月，新設花蓮港出張所，將水尾、奇萊二辦務所納入管轄。明治三十四年（1901）十一月，出張所撤廢，改設花蓮港、璞石閣、成廣澳、巴塱衛四支廳。

1909 年（明治四十二年），花蓮正式獨立設治為花蓮港廳，轄原臺東廳北半部之十區，分別為：公埔、大莊、大港口、璞石閣、觀音山、水尾、拔仔莊、大巴塱、花蓮港及加禮宛。大正九年（1920），分設花蓮、研海、鳳林、玉里四支廳。昭和十二年（1937），廢支廳之名，調整合併設花蓮、鳳林、玉里三郡。

1945 年抗日戰爭勝利，國民黨政府代表中國接收臺灣，於 1946 年元月正式成立「花蓮縣政府」。新政府改郡為區，改市、街、莊為市、鎮、鄉。縣以下設鄉、鎮、市公所，區為縣以下的督導單位。1948 年，為簡化組織，裁撤花蓮、鳳林、玉里三區署，所有鄉、鎮、市統歸「花蓮縣政府」直轄。

目前，花蓮縣設有一市，二鎮，十鄉，分別為花蓮市、鳳林鎮、玉里鎮、新城鄉、吉安鄉、壽豐鄉、光復鄉、豐濱鄉、瑞穗鄉、富里鄉、秀林鄉、卓溪鄉、萬榮鄉等，共 13 個鄉鎮市，其中秀林鄉、卓溪鄉、萬榮鄉為山地鄉。

花蓮地區有人類活動的歷史十分久遠，大約在一千至兩千年前，或是更早的年代，就已經有南島語族先民在這裡生活。康培德的考證顯示，17 世紀末到 19 世紀初之間，花蓮地區主要有南勢阿美（包含撒奇萊雅）、哆囉滿、加禮宛和東賽德克太魯閣和木瓜等人群。其中南勢阿美人的聚落分布在奇萊原野一帶，在其北邊的立霧溪下游至美崙山之間，有哆囉滿、加禮宛和東賽德克太魯閣群，而南方的木瓜溪流域則有東賽德克木瓜群等。〔註15〕

從 17 世紀以來，這些人群先後歷經了大清帝國、日本殖民政府、威權時期的國民黨政府以及臺灣現政權的統治。伴隨著不同歷史時期政權的更迭，原住民人群的地域分布、聚落與人口數量，乃至稱謂也經歷了諸多變遷。在目前官方所認定的 16 個「原住民族」中，居住在花蓮縣的有六個，分別是阿美族、撒奇萊雅族、太魯閣族、噶瑪蘭族、布農族和賽德克族。〔註16〕以下，將根據一般學術文獻及官方資料的陳述，對花蓮縣的阿美族、太魯閣族、布農族及賽

〔註15〕康培德：《殖民接觸與帝國邊陲：花蓮地區原住民十七至十九世紀的歷史變遷》，稻香出版社，1999，第 172 頁。
〔註16〕花蓮縣政府原住民行政處：http://ab.hl.gov.tw/zh-tw/Explore/Ethnic_GroupIntro，2017 年 3 月 8 日最後訪問。

德克族的情況進行簡單描述。「噶瑪蘭族」和「撒奇萊雅族」的相關情況，將在本章第二節、第三節進行詳細介紹。

　　阿美族是臺灣原住民人口數最多的一族，約有 20 萬人，主要分布在花蓮、臺東兩縣。阿美人大部分居住在平地，只有極少數居於山谷中。花蓮地區的阿美族多屬於南勢阿美，[註17] 分布在今鳳林鄉以北至花蓮市之間的地域，以壽豐鄉、吉安鄉為主要聚居地。

　　太魯閣族原屬泰雅族（Atayal）的一支。泰雅族是分布在臺灣島北半部的南島語族，在清代文獻中與賽夏族（Saisiat）並稱「北番」。由於泰雅人有黥面（紋面）的習俗，也被稱為「黥面番」、「有黥番」或「王字番」。泰雅族內部有泰雅亞族（Atayal Proper）和賽德克亞族（Sedeq Proper）兩個分支。其中的賽德克亞族，通常又根據其聚居地與中央山脈的相對位置而區分為兩群，分別是山脈以東的東賽德克群和以西的西賽德克群。其中東賽德克群主要由太魯閣系統[註18] 的人群構成，居住在花蓮縣境內（一部分後來遷徙到宜蘭縣），西賽德克群則分布在南投縣。

　　太魯閣系統的人群是構成東賽德克群的主要成員，同時也是全賽德克亞族當中人口數量最多的一群。由於其分布範圍廣，使其他各系統的族人受其影響頗深；而在花蓮縣境內的塔烏賽與巴雷巴奧系統的族人也由於與其長時間相處而產生社會文化的融合與認同。因此，花蓮各地的東賽德克人習慣稱自己為「太魯閣族」，[註19] 目前主要居住在花蓮縣的三個山地鄉（秀林、萬榮及卓溪鄉立山村）。太魯閣人以勇猛強悍著稱，男性善長狩獵，女性善於織布，編織花色、圖紋無出其右者。因族人自稱為 Truku（太魯閣）[註20]，所以其

〔註17〕依據人口所屬地域、習俗與語言的差別，臺灣學術界沿襲日據時代以來的分類法，將阿美族（Amis 或 Pangcah）分成五群，由北至南依次是「南勢群」（又稱「奇萊阿美」），「秀姑巒群」、「卑南群」（又稱「馬蘭阿美」）、「恒春群」以及分布在海岸山脈的濱海一帶的「海岸群」。本文所研究的「南勢群」在 19 世紀末葉前原居於今日花蓮縣境內的新城鄉、花蓮市和吉安鄉一帶。

〔註18〕太魯閣系統包括內太魯閣番、外太魯閣番和巴都蘭番等人群。見潘繼道：《晚清「開山撫番」與臺灣後山太魯閣族群勢力之變遷》，《史耘》2003 年第 9 期。

〔註19〕太魯閣族於 2004 年 1 月 14 日被臺灣官方正式認定為「原住民族」第十二族。

〔註20〕Truku（太魯閣），意為「山腰的平臺」、「可居住之地」、為防敵人偷襲的「瞭望臺之地」。

居住地被稱為「太魯閣」地區，現已被納入「太魯閣國家公園」的範圍，成為花蓮縣重要的旅遊目的地之一。

西賽德克亞群，也即現今的賽德克族，傳說是發源於中央山脈牡丹岩，經數次遷移進入今南投縣仁愛鄉境內 Truwan 之地定居。在 300 多年前，部分族人輾轉遷徙到現今的花蓮地區，目前其聚居地分布在秀林鄉、卓溪鄉及萬榮鄉境內。

布農族也是山地民族，主要分布在以南投縣為中心的臺灣中部地區，原有六個同祖社群（巒社群、卡社群、丹社群、卓社群、郡社群和蘭社群）。布農人居住在山區，以燒田農業和狩獵為主要的生產方式，其生活資源主要通過農獵取得，同時兼有飼養、捕魚和採集作為輔助生計方式。[註21] 布農族全臺人口約四萬餘人，在花蓮縣的居住地主要位於萬榮鄉、卓溪鄉。

第二節　宜蘭南徙花蓮的噶瑪蘭人

一、南遷花蓮的噶瑪蘭人與加禮宛六社

噶瑪蘭人原居於臺灣東北部的蘭陽平原（今宜蘭縣境內）。根據考古資料的考證，噶瑪蘭人約在 2000～400 年前進入宜蘭地區生活。[註22] 從其移入臺灣島的時間來看，噶瑪蘭人很可能是最後一個移入臺灣島的南島語系人群。[註23] 他們自稱「Kavalan」，意思是「平原的人類」，以此區別於居住在山區的泰雅人。詹素娟通過對 Sanasai 傳說的研究，認為宜蘭平原的原住民是由廣義馬賽人的哆羅美遠人和噶瑪蘭人共同組成的，並與分布在北海岸、東北角到立霧溪口的馬賽、花蓮平原的沙基拉雅人（即撒奇萊雅），甚至南勢阿美族，都有密切的語言、文化、祖源即相互的類緣及往來關係。她稱之為「泛噶瑪蘭人」。[註24]

〔註21〕阮昌銳：《臺灣的原住民》，臺灣省立博物館，1996，第 186 頁，188 頁。

〔註22〕參見盛清沂：《宜蘭平原邊緣史前遺跡調查報告》，《臺灣文獻》1963 年第 2 期；劉益昌：《宜蘭大竹圍遺址初步調查報告》，宜蘭縣立文化中心，1993 年。

〔註23〕伊能嘉矩：《平埔族調查旅行：伊能嘉矩臺灣通信選集》，楊南郡中譯，遠流出版公司，1996。

〔註24〕詹素絹：《族群、歷史與地域——噶瑪蘭人的歷史變遷（從史前到 1900 年）》，臺灣師範大學歷史研究所博士學位論文，1998，第 261 頁。

噶瑪蘭人的祖先從何處來，民間有一則傳說是這樣描述的：

> 我們的祖先名字叫做阿蚊（Avon），原來從馬利利安（Mariryan）地方乘船，航行到臺灣北部登陸（有的人說是在淡水登陸），然後來到宜蘭這個地方，當時的地名叫做蛤仔難（Kavanan）。我們不知Mariryan 是什麼地方，相傳是位於東方海外的地方。……我們這一族來到宜蘭地方時，還沒有漢人，但已經有山藩佔據平地，所以我們只在海岸地方居住。喝醉的時候，我們這一族常常和先住的另一族發生紛爭，最後兩族開戰了，幸而我們這一族打勝戰，佔領了平地，而先住的一族，就退到山中居住，因此我們這一族叫做Kuvarawan，意思是平地人；而退居於山中的先住者，就叫做Pusoram，是山地人的意思。〔註25〕

在 17 世紀前期（1640 年代）的蘭陽平原上，噶瑪蘭人建立的大小村社約有 45 個。根據 1647、1650 兩年的記錄，當時的噶瑪蘭人共有 2300 戶，10000 左右人。〔註26〕對於噶瑪蘭村社的數量，漢人一直以來都以「蛤仔難三十六社」通稱之，但從上述數據中則明顯可以看出村社的實際數量與民間說法其實存在很大的出入。不過，類似「噶瑪蘭村社以蘭陽溪為界，溪北有西勢二十社，溪南有東勢十六社」等說辭，則間接證明了當時噶瑪蘭人勢力的強盛。

荷據時代留下的史料顯示，1650 年左右的噶瑪蘭人，其生計方式是以農耕為主，兼有漁撈和狩獵。噶瑪蘭人的聚落，一般是以一個大社為中心，隨著墾地的延伸而向外擴展。大社的人口總數可以到 840 人，增多的人口逐漸擴散到其周圍，形成約十人左右的小社。大社與小社之間保持著連結。一個社的外圍約 1～2 公里為田園，獵場與漁場的範圍則在耕地之外更廣的地方。為了防禦山地泰雅人的「出草」，噶瑪蘭採取集居的形式。通常一個社的人口平均規模是 215 人，每個家庭大約為 4～5 人，以夫妻和小孩組成的核心家庭為主。〔註27〕

〔註25〕詹素絹：《族群、歷史與地域——噶瑪蘭人的歷史變遷（從史前到 1900 年）》，第 200 頁。

〔註26〕詹素娟、張素玢：《臺灣原住民史·平埔族史篇（北）》，臺灣省文獻委員會，2001，第 13 頁。

〔註27〕劉璧榛：《認同、性別與聚落：噶瑪蘭人變遷中的儀式研究》，臺灣文獻館，2008，第 22 頁。

　　肇始於清朝乾隆年間的漢人入墾蛤仔難（即宜蘭平原）的活動，逐漸打破了噶瑪蘭人田園牧歌式的安定生活。乾隆五十二年（1787），漳浦人吳沙率漳、泉、粵籍漢人移民入墾宜蘭並建立「頭圍」，遭到噶瑪蘭人的激烈抵抗。次年噶瑪蘭人分地付墾，與漢人互約不相侵擾，但漢人卻仍源源而來。此後的數十年間，漢人以強勢武力、買賣、通婚、放貸等方式以及利用噶瑪蘭人厭惡土地不潔的習性，不斷侵奪蠶食噶瑪蘭人的田地，雙方爭鬥不斷，而噶瑪蘭人漸漸陷入弱勢，節節敗退的他們被逼到山邊、水崖等不適耕作的區域，生計日漸陷入貧窮化。面臨生存危機的噶瑪蘭人開始選擇離開故鄉，遷往其他地方。

　　嘉慶十七年（1812 年），清政府正式將噶瑪蘭納入版圖，設廳治事，頒發政令要求噶瑪蘭人遵守清朝制度，剃髮易服，改稱漢姓。相關資料顯示，19 世紀初噶瑪蘭人的人口數已減至 5000 人左右，相對於 17 世紀中葉的將近萬人，有差不多一半的人口「消失」，且人群在空間上的分布也呈現擴大、分散的特徵。這意味著，或許有部分噶瑪蘭人在漢文化的強勢同化下，隱藏了「熟番」的身份，而更多的人則被迫遷徙至他處。〔註 28〕當時人員流遷的趨勢大致為，「溪北的部分社眾，往頭城一帶狹小的海岸平原遷移；溪南的部分社眾，則往噶瑪蘭廳外的蘇澳、南方澳等處遷移。」在這一波遷徙大潮中，三星地區與花蓮平原成為吸引噶瑪蘭人前去開創的新天地。〔註 29〕

　　據《花蓮縣志》記載，咸豐三年（1853），以加禮宛（Kaliawan）社為主的噶瑪蘭人，「率部分族人，由打那美（蘇澳）分乘竹筏沿海南下，至鯉浪港（美崙溪口）登陸，止於美崙山北麓平原，建加禮宛、竹林、武暖、七結、談秉、瑤歌等六社。」〔註 30〕六社中以加禮宛社的人居多，於是自稱為 Kaliawan（加禮宛），六社也統名為加禮宛大社。根據潘繼道訪問噶瑪蘭耆老所獲信息，我們大致可以還原出這幾個加禮宛村社的相對位置。〔註 31〕

〔註 28〕詹素娟：《臺灣原住民史・平埔族史篇（北）》，臺灣省文獻委員會，2001，第54～55 頁。

〔註 29〕詹素娟：《臺灣原住民史・平埔族史篇（北）》，第 55 頁。

〔註 30〕駱香林、苗允豐：《花蓮縣志・卷五・民族、宗教》，花蓮縣文獻委員會，1979。

〔註 31〕加禮宛六社中的「談仔秉」在 1878 年的「加禮宛事件」後消失，因此其位置等相關情況今已無法得知。

圖 2.1　加禮宛五社的位置圖

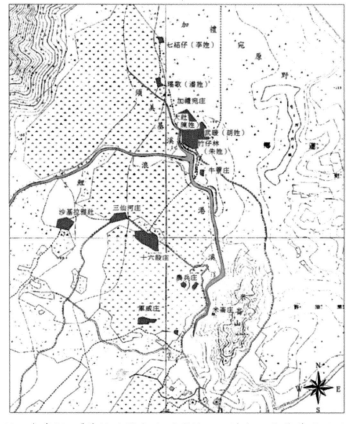

資料來源：詹素娟：《傳說世界與族群關係：加禮宛人在花蓮地區的歷史與
傳說（1827～1930）》，《新史學》，2006 年第 1 期。

　　從圖中可以看到，這些村社都分布在鯉浪港北──即今美崙溪支流須美
基溪的右岸，其中加禮宛、竹仔林、武暖三社形成一片頗具規模的聚落，三社
間的界限並不明顯；瑤歌、七結仔兩社則位於靠北的位置，七結仔位於最北端，
與其他村社的距離最遠。這些在花蓮新鄉建立的村社，沿襲了宜蘭噶瑪蘭村社
的布局特點，社眾採取集居的方式，聚落外圍是墾闢的農田。根據詹素娟的推
測，上述加禮宛村社建立、成形的時間，很可能是在同治時期，或是道光末、
咸豐初。而同期移墾的漢人也在美崙溪南岸、加禮宛與奇萊五社之間的空白地
帶建立了三仙河、十六股等村社。〔註32〕

　　在噶瑪蘭人與漢人入墾前的 19 世紀中葉，花蓮平原已居住著撒奇萊雅、

〔註32〕詹素娟：《傳說世界與族群關係：加禮宛人在花蓮地區的歷史與傳說（1827～
1930）》，《新史學》2006 年第 1 期。

南勢阿美、太魯閣與木瓜等多個原住民人群。七腳川、豆蘭、薄薄、里漏、飽干、脂屘屘、巾老椰（即撒基拉雅或撒奇萊雅）等所謂「奇萊七社」分布在美侖溪（沙婆噹溪）南岸的地段，平原北、南兩側的中央山地則屬於太魯閣番與木瓜番的領地。美侖溪到三棧溪之間的原野，是太魯閣人與七社勢力鄰接、但沒有任何村社分布的空白地帶。上述「奇萊七社」中，南勢阿美的豆蘭、薄薄兩社都是人口超過千人的大社，有里漏、飽干、脂屘屘三個小社依附，構成一個勢力集團；同為南勢阿美的七腳川也是人口過千的大社，與平原各社恒常對立、或戰或和，自成一派；沙基拉雅則是第三股勢力，其村社規模應與七腳川、豆蘭等社不相上下，也是不可小覷的一個強勢大社。然而，由於上述三股勢力分立不合，個別村社又難敵太魯閣人，導致在地緣上最接近太魯閣的沙基拉雅社，長期處在外患威脅的陰影下。〔註33〕

圖 2.2　1878 年以前南勢阿美、加禮宛與撒奇萊雅聚落相對位置圖

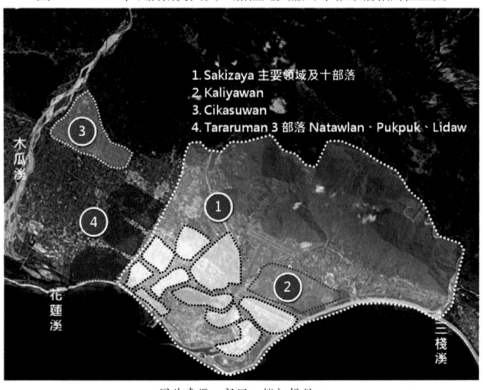

圖片來源：督固・撒耘提供。

〔註33〕詹素娟：《傳說世界與族群關係：加禮宛人在花蓮地區的歷史與傳說（1827～1930）》。

　　加禮宛人與漢人移墾群體來到太魯閣人與奇萊七社之間的空白地帶建立村社，使得撒基拉雅社的外圍多了一層防護太魯閣人的屏障，大大緩和了他們長期遭受外患威脅的狀況。基於這個原因，撒基拉雅人接納了加禮宛人的移住。加禮宛大社與撒奇萊雅人的達固湖灣部落在地理上形成互為犄角的態勢，雙方更是在長期互動中發展出緊密的盟友關係。他們共同對抗太魯閣人，不但焚毀他們的農作物、房屋，還深入太魯閣獵區，追捕鹿群。森丑之助（1877～1926）在調查太魯閣時，即有這樣的描述：剽悍的平地番人──加禮宛番及阿眉番〔註34〕，如果看到山中有炊煙冉冉升起，便循炊煙方向急速趕去攻擊，交戰時割下彼此的首級。平地番有時組隊到山中出草（獵取人頭），襲擊耕作中的太魯閣人，甚至圍攻他們的村社；太魯閣人因此甚為懼怕平地番，視同鬼魅，小孩啼哭時，只要大人喊一聲：「加禮宛來了！」即嚇得立刻噤聲。〔註35〕雖然如此，太魯閣仍有實力堅守達奇里（立霧溪）、三棧溪山區，控制要害，加禮宛人也不敢過於深入。

　　從宜蘭遷徙到花蓮的噶瑪蘭人，其生活觀念與生計方式已帶著濃厚的漢化色彩。不過，他們身上依然保留著與「熟番」身份相對應的一些社會文化特徵──共同擁有「熟番」的認同，使用漢人的姓氏，採用漢人的耕作方式，在著裝、居住、婚嫁、喪葬等方面也與漢人近乎一致。但另一方面，他們的社會形態仍然保留著某種程度的傳統面貌，比如，他們雖使用漢人姓氏，卻仍以母語取名。熟番的特質，在他們的生計活動中也同樣有所體現。加禮宛本莊的住民，已習慣水田稻作，各戶都有一至二頭水牛。他們擅長整理田園，也熱衷於拓墾以改善生活，且富有儲蓄心理。除了耕作水田，他們還擅長製鹽、採金，使用火槍狩獵等。在經濟觀念方面，他們已經非常熟悉官府的制度與漢人社會的經濟邏輯。《臺灣海防並開山日記》記載，同治十三年（1874）九月，當羅大春率領的清廷開山撫番大軍抵達大南澳一帶時，有來自加禮宛社的頭目陳八寶，帶領同社四人，請求清軍對他們已開墾的田園發給土地執照。可見當時的加禮宛人已經深諳清廷與漢人對於土地所有權的認定方式，因此希望搶先一步確認已墾土地的所有權。相比之下，彼時的沙基拉雅人仍然採用游耕旱作，生計形態上的差異，使得雙方在土地和水資源方面並沒有形成競爭。在花

〔註34〕此處的阿眉番，從地緣關係、族群互動與結盟等因素來看，應為撒基拉雅（撒奇萊雅）人。

〔註35〕森丑之助：《生番行腳》，楊南郡譯，遠流出版公司，2000，第429～430頁。

蓮平原這片以「生番」為主流人口的新天地裏，加禮宛人的狩獵技能與傳統生活方式得到保持與發揮的空間，很快發展成為一個融合了漢人農業文化與原住民技藝優勢，具有強大競爭力的社群。他們兼具「熟番」與「生番」的雙重特性，同時扮演著屏障漢莊、防堵太魯閣的角色。從加禮宛社、加禮宛原野、加禮宛山等地名的衍生，可以推測他們具備的強大活動力。〔註36〕

1878年「加禮宛事件」發生後至19世紀末，加禮宛人又繼續往南部縱谷和海岸遷徙，其流徙的足跡遍及東海岸沿線地帶——一部分人往花東縱谷的吉安、壽豐、鳳林、光復馬佛社遷移或是往南到達瑞穗。另外有更多人沿海岸線遷徙到磯崎、新社、豐濱、立德、石梯坪、大峰峰、樟原、長濱、三間屋、寧埔等地，大部分散附在當地阿美族或漢人的聚落當中。其中，東海岸的新社（PatoRogan）是現有的噶瑪蘭人聚落中規模最大者。新社所在地為面海的臺地地形，水源充足，遷來的加禮宛人利用有利的地理條件，開闢田園種植水稻。此後又吸引了很多來自花蓮或宜蘭的族人前來投奔，或是做長工，或是入贅，使得新社最終發展成為東海岸噶瑪蘭人聚居人數最多的村社，大約有80戶左右的噶瑪蘭人與阿美人通婚混居的家庭在這裡生活，並傳承著相對完整的噶瑪蘭語言及文化傳統。〔註37〕

二、噶瑪蘭人的社會文化

噶瑪蘭人的社會與文化體系，從嘉慶元年（1796）吳沙帶領漢人入墾，以及清政府正式在蘭陽平原設治後，便開始遭受漢人文化的劇烈衝擊。不到兩百年的時間，宜蘭平原噶瑪蘭人的文化傳統已幾乎完全流失。由於缺少系統、完整的記錄，今天想要瞭解噶瑪蘭人的傳統文化，只能透過查考歷史文獻中的零散記錄，再結合田野調查中噶瑪蘭人的一些口述資料進行簡單的描摹。

（一）居住空間與部落組織

在漢人入墾蘭陽平原之前，噶瑪蘭人是採取散居的游耕、漁獵方式，在水源充沛的水澤附近定居。從宜蘭平原村落的考古遺址，可以推知17世紀以前的噶瑪蘭村社，已屬於長期性、定居型的中小型聚落。其建立的村社，多分布

〔註36〕詹素娟：《傳說世界與族群關係：加禮宛人在花蓮地區的歷史與傳說（1827～1930）》，《新史學》2006年第1期。

〔註37〕劉璧榛：《認同、性別與聚落：噶瑪蘭人變遷中的儀式研究》，南投：臺灣文獻館，2008，第22頁。

在海拔五米及以下的濕地以及沙丘西側漫遊的溪流沿岸，各社自立頭人，各自為政。

　　噶瑪蘭人的住屋與阿美人和凱達格蘭人的相似〔註38〕，由於居住環境較為潮濕的緣故，其住屋一般高出地面一段距離，搭梯子以供人員上下，屬於杆欄式建築。據《噶瑪蘭廳志》記載，「其房屋，則以大木鑿空倒覆為蓋，上下貼茅，撐以竹木，兩旁皆通小戶。」〔註39〕1858年6月，赴宜蘭平原旅行的英國人R.Swinhoe曾經造訪過噶瑪蘭人的婆羅辛仔宛社。當時他被招待住在一棟搭在木椿上、屋內鋪著地板的房子〔註40〕。加拿大長老會牧師馬偕（George Leslie Mackay）在宜蘭傳教時，也曾在其日記中提及當時噶瑪蘭人的住屋並對其設計表達讚賞之意：「高離地面的地板，比現在該平原中隨處可見的漢人住宅的潮濕泥地，要衛生得多。」

　　傳統的噶瑪蘭社會中實行以部落為中心的組織形態，各社自立領導階層，部落間互有往來但不相統屬。部落中以年長者為領導，並有年齡階層負責部落內部事務的執行。清代時曾另設立「土目」制度，後來演變為「頭目」領導制度，頭目由社眾選舉產生。目前只有花蓮新社部落仍維持此種制度，具體是由社眾選出十二人左右組成「頭目團」，之後從「頭目團」中再選出一人擔任「頭目」，一至二人擔任「副頭目」，任期為一年，每年八月間舉行「噶瑪蘭節」後重新選舉。〔註41〕

　　噶瑪蘭舊社會的部落年齡階層組織（sabasabasayan）為何種形態今日已無從考證。以花蓮新社部落為例，日據時期由於日本警察在部落附近設立駐在所，替代了年齡組織原有的防衛部落的功能，導致年齡組織逐步走向衰落。近十幾年來，由於族群復振運動的開展，傳統文化得到重視，年齡階層組織又重新恢復。目前新社部落所復振的年齡階層分為二十級，每隔三歲為一級，每三年晉級一次。年齡組內再另分三大組：老年組、壯年組及青年組。青年組中，會選出一位mamanokapah（青年會長）及副會長主事。〔註42〕

〔註38〕 Notes on Kkefalan (Note on Kavalan), *Hualien-Fengpin* (Mimeographed, 1987).
〔註39〕 陳淑均：《噶瑪蘭廳志》，臺灣銀行經濟研究室，1963（1940），第226頁。
〔註40〕 詹素娟、張素玢：《臺灣原住民史·平埔族史篇（北）》，臺灣省文獻委員會，2001，第25頁。
〔註41〕 張振岳：《噶瑪蘭族的特殊祭儀與生活》，常民文化，1998，第49頁。
〔註42〕 詳見劉璧榛：《認同、性別與聚落：噶瑪蘭人變遷中的儀式研究》，臺灣文獻館，2008，第49頁。

噶瑪蘭部落內部通常會有人數不等的巫師（巫覡）群體專門負責大大小小的祭祀儀式和生命禮儀，有的學者稱之為「祭師團」。劉璧榛認為，目前在新社部落所見的女性「祭師團」是與男性年齡階層組織對應的團體，但根據日據時期伊能嘉矩的調查，早期噶瑪蘭部落中的巫覡並非專屬女性的角色，而是男女都有。而彼時對巫師的稱呼 patoang 也不同於今日的 mitiwu。〔註43〕張振岳指出，mitiwu 應該是一個來自南勢阿美人的詞彙，因為根據現有資料，宜蘭平原的噶瑪蘭人並未使用過「mitiwu」一詞稱呼巫師。反而在南勢阿美族中的里漏社（今吉安鄉化仁社區），至今仍然保留此一稱呼，只不過已經較少使用。當年南遷到花蓮的加禮宛人與奇萊平原的南勢阿美人交往密切，互有通婚。或許正是這種密切的群際交往關係，對噶瑪蘭人的祭儀文化乃至祭師的稱呼都產生了影響。

在新社部落，目前還有十名左右的女性巫師，年齡最小的大約 50 歲，年紀最大的潘烏吉巫師已經 90 多歲了。這些巫師仍然負責部落每年的大型祭儀和生命禮儀，也是當代復振噶瑪蘭傳統祭典文化的舵手。如目前年資最高的潘烏吉巫師，仍經常為本部落乃至部落周邊的阿美族人做占卜、治病、喪葬等儀式。由於潘烏吉巫師有一半的撒奇萊雅血統，因此近幾年，撒奇萊雅的火神祭也邀請潘巫師去協助辦理祭典。

（二）婚姻與家庭

噶瑪蘭人的社會為母系社會，實行母系祭嗣制度，女子擁有財產繼承權，行招贅婚（俗稱「招郎」），丈夫從妻居。其招贅婚與阿美人、撒奇萊雅人的形式十分類似。當男性到達適婚年齡的階段，就會去尋找「招郎」（入贅）的家庭。首先，男子會到女方家從事勞務，若得女方家長初步同意，便可暫時住下來，協助耕作等事務。女方家長會詳細觀察男子的能力、品行，倘若真正獲得女方家庭的認可，女方家長會邀請男方家長及親戚（也可能不邀請，視家庭狀況而定）到家裏聚餐，喝酒吃肉，如此便算是確定這一對新人的關係。其婚姻關係的締結，並不像漢人一般需要舉行盛大的婚禮。當男性進入妻方的部落後，便自動加入其世系群與部落組織（年齡階層），為部落效力。因此，

〔註43〕伊能嘉矩：《宜蘭平埔番的實地調查》，楊南郡中譯，《宜蘭文獻》1896 年第 7 期。此處的 patoang 應該就是阮昌銳所指的 patokan（做喪葬儀式的巫師），與現今已轉化為儀式名詞的 Batahogan 是同一個詞。另據鳥居龍藏在東海岸的調查，有一些地方的噶瑪蘭人稱巫醫為 Kubae，或許這才是噶瑪蘭傳統的巫師名稱。

在噶瑪蘭家庭中，家務、農作多由女子負責，丈夫只是從旁協助。《噶瑪蘭廳志》載：「番俗以女承家，凡家務悉以女主之，故女作而男隨焉。番婦耕稼，備嘗辛苦，或襁褓負子扶犁，男則僅供餽餉者有之。」〔註44〕由招贅婚形成的婚姻關係，夫婦感情極好，「行攜手，坐同車，不知有生人離別之苦」者有之；若因入贅家庭待人苛刻，或是男子被女方家庭嫌棄不夠努力，或是婚後夫婦感情不睦等原因，終止婚姻關係也是十分容易的事情。如果女方對男方不滿意，只要將他的行李放在門口，男方就得離開。而男子空手離開部落，不知去向也是極為平常之事。因此，噶瑪蘭女性一生中不止一個丈夫的情況也十分常見。

（三）生計與飲食

噶瑪蘭人以簡單的農耕和漁獵為生，他們僅耕種足夠養活一家人的農作物，如小米、地瓜、玉米及早稻等，很少有大量耕種的情形。

早期的噶瑪蘭人無曆法觀念，以繩子打結來記錄重要的公共事件。〔註45〕歲時方面，不管春夏，不計年歲，以初春時節火紅盛開的刺桐（Nabas）花開作為一年更新的信號。清代漢人曾這樣描述噶瑪蘭人：「其耕種不知時候，惟視群木萌芽為準。」〔註46〕現今住在花蓮豐濱新社部落的噶瑪蘭後裔今天仍然掌握從祖先傳下來的物候知識和生活經驗：雀榕發芽的時候，就是種植小米的時間——約在陽曆一至二月間；而 Napas（刺桐）開花的時節，則該是抓飛鳥的時候了。

每當春天到來的時候，噶瑪蘭人有群體狩獵的習俗，亦即一群人帶著獵犬進行圍獵，所使用的獵具有鏢槍、竹弓、竹箭等，由於善於奔跑，穿藤、攀棘，外出狩獵常常滿載而歸，他們會將獲得的獸肉留予自用，獸皮、鹿角等則用於跟漢人交易鹽、米、煙、布等物品。

噶瑪蘭人掌握豐富的生態知識。新社的噶瑪蘭人至今仍擅長從周邊自然環境中尋找各種可利用的資源——包括野生植物、河流魚蝦以及海菜、貝類等等。當地人稱，從周遭環境中可以拿來食用的植物、水生和海生類魚貝，多達80 幾種，比阿美族知道的還多。噶瑪蘭人喜歡生吃食物，或是將其發酵、醃

〔註44〕尹全海：《清代巡臺御史巡臺文獻》，九州島社崧博出版社，2017，第150頁。
〔註45〕柯培元《噶瑪蘭廳志略》中記載：「番無曆日，結繩為記。聞其度歲在二月中，凡與社中往來之事俱以結繩為記，番社如有喜慶事，男女俱插鳥羽。」見柯培元：《噶瑪蘭廳志略‧卷十二》，臺灣銀行經濟研究室，1961 年。
〔註46〕陳淑均：《噶瑪蘭廳志‧卷五（下）》，臺灣銀行經濟研究室，1963（1940）。

潰後食用。他們喜歡生飲剛捕獲的獵物的血，生啖其肉，而內臟則以醃漬處理，留待生蛆後再食用。他們也喜好生食魚、蝦、蟹……等海鮮，無論男女皆嗜酒，酒是以糯米團以及唾液發酵而成，味道頗酸。他們的飲酒器常用木瓢或椰碗，飲至歡喜處便放聲高歌，快樂起舞。噶瑪蘭人也掌握製鹽技術，他們取海沫，以大鍋煎熬成鹽，不過由於這種鹽的味道稍淡，故他們喜與漢人交易鹽。

　　噶瑪蘭人的水上活動能力很強，光緒元年（1875），來到宜蘭平原的旅行者 Taintor，曾觀察到噶瑪蘭人不只在溪流與海岸採集、捕魚，更能夠進入大洋、順著海流，南來北往於宜蘭平原與北海岸、東海岸之間。他們製作一種稱為「蟒甲」的水上交通工具。所謂「蟒甲」，是將「獨木挖空，兩邊翼以模板，用藤縛之，無油灰可艌」的獨木舟。此種獨木舟的形制，與日月潭邵族或北部凱達格蘭族峰仔峙社的獨木舟十分類似。康熙六十一年（1722）的文獻，記載漳州把總朱文炳在帶兵卒換防的時候，曾因遭風漂流到宜蘭平原，而被噶瑪蘭人用「蟒甲」送回北海岸的金包里。〔註47〕除了艋甲之外，噶瑪蘭人也有較大型的木製船、竹筏等，作為捕魚的工具。每年收穫後，他們會北上到淡水、關渡一帶獵首。〔註48〕19 世紀初，有個名叫文助的日本人漂流到東海岸大港口的阿美村社，在當地與原住民共同生活了數月，他所留下的文字資料中有一段描述了噶瑪蘭人在海上活動的情形：

> 在此地，由仲夏到初秋之間，會有被稱作 KaBaLan 的船來到海濱；其船型細長，設櫓如蜈蚣之足，人數約二、三十人所組成，容貌怪異，身著各色彩衣，頭上帶著各色鳥毛的帽子，叫號騷嚷的通過海濱。本地土著（阿美族）都相當害怕，從仲夏到初秋之間，對到海濱一事都相當畏憚。此船之 KaBaLan，看到陸上有人，就會登陸捕人，劫持而去。〔註49〕

（四）手工藝與服飾

　　噶瑪蘭人掌握精細的編織和紡織工藝。過去他們的衣服乃至日用品很多都是利用植物纖維編織而成，比如鋪在土沙地上曬稻穀的織布、裝稻穀的大

〔註47〕詹素娟、張素玢：《臺灣原住民史・平埔族史篇（北）》，臺灣省文獻委員會，2001，第 27 頁。

〔註48〕Borao, Jose Eugenio, *The Aborigines of Northern Taiwan According to 17th-Centry Spanish Sources*，《「中研院」臺灣史田野研究通訊》第 27 期，第 103 頁。

〔註49〕轉引自詹素娟、張素玢：《臺灣原住民史・平埔族史篇（北）》，臺灣省文獻委員會，2001 年，第 27 頁。

幅織袋、或是遮雨、遮陽用的蓑衣、採集野菜用的背袋、平時外出的置物背包，乃至貼身衣物等。其織布所用的植物，根據製作物品的不同，可分為製袋（包括席類）用植物和製衣植物兩類〔註50〕。噶瑪蘭人是臺灣南島民族中除了蘭嶼島的雅美人之外，能夠利用香蕉樹的莖部纖維製成香蕉絲用於織作衣服的族群之一。Davidson 曾記錄，「宜蘭地方的平埔番，用香蕉樹採下的纖維織造布」〔註51〕。香蕉絲的製作技術，也隨著噶瑪蘭人的遷徙而被帶到花蓮新社部落，在這裡，尚有少數老年噶瑪蘭婦女仍掌握著傳統的香蕉絲織造技術，目前這一寶貴的製作工藝也在噶瑪蘭文化復振的過程中繼續得到傳承和創新。

關於早期噶瑪蘭婦女紡織的情形，《噶瑪蘭廳志》中有如下記載：

> 番女織杼，以大木如栲栳，鑿空其中，橫穿以竹，便可轉繞經與上。刓木為軸，繫於腰，穿梭合而織之。以樹皮蒀絲及染過五采狗毛織氈，名曰達戈紋。以色絲合鳥獸毛織帛，採各色草染采，斑斕相間。又有布巾等物，頗皆堅致。〔註52〕

噶瑪蘭人曾將他們生產的「番布番錦」，拿與漢人交換。但由於布匹粗厚，並不受漢人青睞，購買者甚少。〔註53〕

漢人初入宜蘭平原時，多數噶瑪蘭人尚未改穿漢式衣服。因此，在漢人看來，當時噶瑪蘭人的衣飾是相當簡陋的：

> 蘭初闢時，諸化番解穿漢人衣服。一社無過二、三人。惟以番布做單掛，如披肩狀，下身橫裹番布一片，乍見入赤身一般……只用一番白布自頸垂至足踝，而插兩手於其內。蘭番常以低金絲線作一弓弦之勢，長約寸許、高約二寸，以金線豎纏於弓之際，狀似扁梳，懸於眉額，名曰金鯉魚。……遇社中有事，不拘大小，輒妝頭頸，與紅嘩諸色物鋪陳門首，以相誇耀。〔註54〕

〔註50〕常用於製衣的植物有山苧麻（Dei-A）、苧麻（A-kahyu）兩種。製袋用植物有水龍（Mar-A）、香蕉樹（Benina）、構樹（denila，又名 ho-zan）以及一種叫Velanun 的野生樹。見張震岳：《噶瑪蘭族的特殊祭儀與生活》，常民文化，1998，第 290 頁。

〔註51〕Davidson, James W.：《臺灣之過去與現在》，蔡啟恒譯，臺灣銀行經濟研究室，1972。

〔註52〕陳淑均：《噶瑪蘭廳志·卷五（下）》，臺灣銀行經濟研究室，1963（1940）。

〔註53〕柯培元：《噶瑪蘭志略》，臺灣銀行經濟研究室，1961，第 118 頁。

〔註54〕張震岳：《噶瑪蘭族的特殊祭儀與生活》，常民文化，1998，第 290 頁。

（五）靈魂信仰與祭儀〔註55〕

　　1880 年代來到宜蘭傳教的馬偕牧師在其著作中曾提及早期噶瑪蘭人的宗教觀，是以萬物有靈的自然崇拜和祖先信仰為中心，在接觸漢文化之後，才逐漸受到儒釋道三教的影響：

> 　　平埔番原是自然崇拜者，和山中的番人一樣，他們沒有廟，沒有偶像或僧侶，也不具有人性之神的觀念，而相信有無數精靈，請求它們保佑，也敬重祖先。……現在平埔番的宗教是儒教的道德、佛教的偶像崇拜及道教的妖魔崇拜的混合物，再加上他們自己的自然崇拜及殘餘的迷信。〔註56〕

　　上世紀1960 年代，阮昌銳在蘭陽平原的調查進一步描繪了噶瑪蘭人傳統宗教觀的概貌：

> 　　噶瑪蘭人亦將人間與靈界分開，在靈界有神 Mətəlel 和鬼 kuit 居住其間，Mətəlel 與 kuit 保佑人類，有時亦懲罰人類；惡靈 Tənəlalan 是橫死者變成，留在人間作祟，人的靈魂叫 tazusa，住在頭上。人與靈之間的中間人有三種：一為巫醫 Mitiju，為人驅鬼治病；一為祭師 kisaiiz，主持祭儀、祭祀天神 Mətəlel；一為為死人招魂的 patokan。〔註57〕

　　日據時期，日本學者伊能嘉矩對噶瑪蘭人的宗教與祭儀文化也有如下記錄：

> 　　（1）埋葬：除學漢人用棺木入殮外，還保存舊俗在長方形的墓穴內，用竹子做×形交叉，置放頭尾兩處，然後將棺木置於其上，上面用土覆蓋，所葬之地成禁忌，社番以後都不敢經過。

> 　　（2）祭祖：現在都在農曆十二月中旬舉行祭祖儀式，……事先釀造新酒，釀好後拿到番社內一個地方，發出口哨一般的聲響三次，這是一種招來祖靈的秘法。

> 　　（3）迷信：相信靈魂不滅，而亡魂會伴生惡魔。

> 　　（4）男女老人中，有的當巫覡，平埔語叫 patoang，……做法時，巫覡拿來竹葉，口念咒語，在病人身邊揮動竹葉，以襊除病魔。

〔註55〕張震岳：《噶瑪蘭族的特殊祭儀與生活》，第47頁；劉璧榛：《認同、性別與聚落：噶瑪蘭人變遷中的儀式研究》，臺灣文獻館，2008，第65頁。

〔註56〕馬偕：《臺灣六記》（Far From Formosa），周學普譯，臺灣銀行經濟研究室，1960，第四部第二十一章。

〔註57〕阮昌銳：《蘭陽平原上的噶瑪蘭族》，《臺灣文獻》1965 年第1期。

（5）有人生病時，也以鳥聲占卜病情的吉凶，巫者默默地佇立於屋外，拱著手傾聽鳥聲，假如鳥連續三次叫 ssin，……就是吉兆；而只叫出一聲 ssin 則是凶兆。〔註58〕

基於上述宗教觀和信仰，噶瑪蘭人在日常生活中發展出一個具有不同目的和功能的祭儀體系。總體而言，其祭儀的種類大致可分為喪葬儀式 Batahogan、祭祖儀式 Paliling、治療儀式 Kisaiiz 和 Bakalavi、禳祈儀式 Bagaən 與 Mitahau 以及祭拜自然精靈儀式 Saluman。這些祭儀在已經漢化的噶瑪蘭人的生活中幾乎已流失殆盡，只有花蓮的新社，由於仍有祭師團存在，大部分傳統的祭儀迄今尚保存得較為完整。有關各種祭儀的過程、意義與傳承情況，張振岳、劉璧榛、清水純等學者〔註59〕均已做過深入的研究，在此就不再深入介紹與討論。

第三節　世居花蓮平原的撒奇萊雅人

一、花蓮平原撒奇萊雅人的早期歷史

撒奇萊雅人在花蓮地區的活動歷史相當久遠。歷史文獻顯示，早在 17 世紀初西班牙人和葡萄牙人踏足臺灣之前，撒奇萊雅人的先人就已經在奇萊平原的精華區居住了。當時的撒奇萊雅聚落，南邊與南勢阿美相鄰，西邊、北邊與太魯閣人的狩獵地毗連，是奇萊平原上最大的聚落之一。〔註60〕

在 17 世紀荷蘭人與西班牙人留下的史料中，關於撒奇萊雅人聚落的記錄曾經多次出現。1626～1642 年間，西班牙人佔據了北臺灣淡水、基隆周邊地區，建立殖民據點開展海上貿易與傳教活動。〔註61〕西班牙道明會神父 Jacinto Esquivel 1632 年所撰寫的《艾爾摩莎島情況相關事務的報告》中，列出了臺灣東北角沿岸地區，包括宜蘭及花東一帶的原住民族聚落，其中有「saquiraya，

〔註58〕伊能嘉矩：《宜蘭平鋪番的實地調查》，楊南郡譯，《宜蘭文獻》1896 年第 7 期。

〔註59〕張振岳：《噶瑪蘭族的特殊祭儀與生活》，常民文化，1998；劉璧榛：《認同、性別與聚落：噶瑪蘭人變遷中的儀式研究》，臺灣文獻館，2008；清水純：《噶瑪蘭族：變化中的一群人》，詹素娟中譯，「中央研究院」民族學研究所，2011。

〔註60〕黃嘉眉：《花蓮地區撒奇萊雅族傳說故事研究》，臺灣東華大學民間文學研究所碩士學位論文，2008，第 15 頁。

〔註61〕歐洋安：《殖民接觸與族群互動：17 世紀早期的淡水與基隆》，鄭偉斌譯，《廈門大學學報》2017 年第 1 期。

一個聚落，有金礦及銀礦」〔註62〕的記錄，這裡的 saquiraya，應該就是當時撒奇萊雅人的聚落。

　　比西班牙人稍早來到臺灣的荷蘭殖民者，聽聞臺灣東部和北部盛產金礦，曾多次派出大規模的探金隊前往花東地區尋找金礦。1641 年 9 月間，時任東印度公司商務員（onderkoopman）的 Maarten Wesseling 在今日臺東一帶被 Tammalaccouw 和 Nicabon 兩社社民所殺害。為報復 M.Wesseling 之死，同時也為了進一步探查、瞭解傳說中可能位於東臺灣的金礦，1942 年元月，由東印度公司駐臺最高行政長官 Paulus Traudenius（任期 1641~1643）親自率領一支由 350 餘名荷蘭人、華人、爪哇及廣南人組成的隊伍，遠赴東臺灣。根據文獻記錄，這行人當時最遠曾行進到今日海岸山脈北部一帶，沿途與當地原住民聚落互有接觸，也攻伐了殺害 M.Wesseling 的村落，然而並未找到傳說中的金礦產地。1643 年 4 月底，公司又派上尉 Pieter Boon 率軍前來花蓮探尋金礦，依據記錄，這次探金之行最遠曾到達今日立霧溪口一帶。不過，此行所獲的有關金礦產地的信息仍不夠明確。於是，1645 年 12 月，再次派 Cornelis Caesar 率隊前往探礦，並征伐一年多來對東印度公司在花蓮一帶影響力的擴展有所不滿的 Talleroma、Vadan 兩個聚落。據文獻記錄，這一行人最遠也曾到達今日立霧溪口一帶。〔註63〕他們途中所看見的撒奇萊雅聚落，被記錄為 Sakiraya、Saccareya 或 Zacharija。〔註64〕

　　荷西時期的這些文字記錄，雖然沒有提供有關撒奇萊雅聚落更多詳細的信息，但是我們可以推知的是，早在西班牙人和荷蘭人到來之前，撒奇萊雅人已經在奇萊平原生活了很長時間，並且建立了相當醒目的聚落。那麼，撒奇萊雅人究竟從何而來，他們的祖先早期在花蓮是如何生活的？這些問題，目前並沒有相關的文字記錄或是其他可靠的證據可以提供令人滿意的解答，我們只有透過撒奇萊雅人的祖源傳說來窺探一二。

〔註62〕見 Jacinto Esquivel：〈艾爾摩莎島情況相關事務的報告（Memorial de las cosas pertenecientes a Islas Hermosa）〉《西班牙人在臺灣（1626～1642）》，李毓中、吳孟真譯，國史館臺灣文獻館，2006，第 121～149 頁。中村孝志：《荷蘭時代臺灣史研究（上卷）》，稻香出版社，1997，第 197 頁亦有記載，譯為〈臺灣島備忘錄〉。

〔註63〕康培德：《殖民接觸與帝國邊陲：花蓮地區原住民十七至十九世紀的歷史變遷》，稻香出版社，1999，第 99～100 頁。

〔註64〕康培德：《殖民接觸與帝國邊陲：花蓮地區原住民十七至十九世紀的歷史變遷》，第 44 頁。

按照敘說的主題，撒奇萊雅人的祖源傳說大致有「發祥傳說」和「分流傳說」兩類，前者有「貝丘發祥」、「外島渡來」和「洪水再生」幾種說法，後者則敘述了祖先來源與人群於故地分流的原因，又有「共祖分流」、「豎槍分社」和「語言分化」幾種不同類型。〔註65〕

「貝丘發祥」的傳說指出，撒奇萊雅的始祖創生於一個叫做「Nalalacanan」（拿拉拉贊南）的地方，此地名緣起於名為 raracan 的卷貝，說的是在 Nalalacanan 往北的海岸邊，有一個祖先吃過的貝殼堆積遺留下來的貝丘。〔註66〕傳說內容記述如下：

> 在太古時期，男子 Botoc 與女子 Sabak 從 Nalalacanan 的地裏冒出來，並且結為夫妻。另有一女叫 Kolomy 及她的女兒 Sayan。這些人是 Sakizaya 的祖先。一日早晨，Sayan 拿著容器到水井邊提水，正要提起時忽然無法動彈，不得已只好回家。她的母親要她再回去試試，Sayan 回去看時，從水井中出現一位男子，並且向她求婚，這是 Botoc 和 Sabak 夫婦的兒子 Butong，他得到岳母的同意而成為 Sayan 的丈夫。但他每天都埋首於陀螺的製作而荒廢了田耕之事。因此引起岳母的不滿，想將之逐出，卻不得。不久陀螺做好後，Butong 來到未墾之地去，將陀螺轉動，其地立成開墾之地，播種了甜瓜子與苦瓜子，甜瓜子長出稻米，而苦瓜子長出小米。相傳，Butong 教授族人播種及收穫的方法以及其他祭祀和禁忌等等。三年後，Butong 向 Sayan 說要回本家，因為路途遙遠，所以希望 Sayan 能夠留下來，陪在父母身邊，但 Sayan 已有身孕，想跟隨 Butong 回家。Butong 的家在天上，必須攀登梯子。Butong 吩咐 Sayan 在登梯時絕不可以出聲。就在正要登上天時，Sayan 因為不堪疲勞而發出喘氣，立即從梯子摔落地上，從腹中產出鹿、豬、蛇等動物。Butong 仍舊登上天，他們所使用的梯子化為石頭，至今尤存在舞鶴附近。Sayan 的家在 Bararat 水池附近，其東北海岸近處至今尤有 Sayan 當年提水的水池存在，成為 TobongnoButong（Butong 之池），現在也有在池邊舉行求雨儀式。

〔註65〕見黃嘉眉：《花蓮地區撒奇萊雅族傳說故事研究》，臺灣東華大學民間文學研究所碩士學位論文，2008，第39頁。

〔註66〕移川子之藏等：《臺灣高砂族系統所述の研究》，臺北帝國大學土俗人種研究室，1935，第971~972頁。

Botoc 及 Sabak 的另一個女兒 BayRobas（Butong 的姊或妹），她有一個女兒 Cisilingan，為美人兒，全身呈現赤紅色，海神見到她，說若不將此女嫁給它，就要引起大洪水，於是海水逐漸漲起襲來，因此在 Nalalacanan 之有力者高議後，請求 BayRobas 犧牲她的女兒以救助社眾，她無奈只好答應，將女兒裝入箱內，放入海上任其漂流，頓時海面呈現一片紅色，海水便漸漸退去。BayRobas 探尋女兒去處，以鐵棒為杖，走遍海岸，後來向南方到了 Tarawadaw，即秀姑巒河口的 Maketa-ay 地，仍未找到女兒，於是丟下鐵棒返回。當其步行海岸時，向海說：「以杖跡為界，海水不可侵犯過來，於是形成海陸界限。」〔註67〕

上述傳說描述了撒奇萊雅祖先的活動範圍（涉及花蓮北部、中部的地理位置）以及生活狀況。透過傳說的內容，我們約略可以推知，撒奇萊雅的先人定居在海邊的陸地（開鑿水井獲取淡水），過著漁撈與種植農業相兼的生活，他們所生活的聚落，可能經常受到海潮的侵襲。〔註68〕在撒奇萊雅傳統的經濟生活中，「海」的確是族人獲取豐富食物的重要資源，撒奇萊雅婦女常常去海灘拾取貝類或海菜作為日常食物的補充，〔註69〕這與傳說中描述的祖先的生活情形大體是一致的。

廖守臣、移川子之藏等學者從不同居住地採集到的「外島渡來」傳說則顯示，撒奇萊雅人認為他們的祖先最初居住在南方一個叫 Sanasay（或稱 Sainayasay，今綠島）的島嶼，後來向北漂流到今大港口與豐濱間的海岸，登陸後居住在秀姑巒溪下游或奇密（今奇美）地區。之後隨著人口繁衍，開始往西部臺東縱谷方向遷移，最後北上抵達花蓮平原（今花蓮市一帶）。〔註70〕

撒奇萊雅人遷到花蓮平原後，最初居住在 Nararacalan，即美崙山東北面，花蓮港西北一帶，以撿拾貝類為生。後又遷居到今豐川一帶，闢地墾殖，建立

〔註67〕移川子之藏等：《臺灣高砂族系統所述の研究》，臺北帝國大學土俗人種研究室，1935 年，第 972～974 頁。

〔註68〕胡臺麗指出，臺灣本島的原住民族當中，以阿美族的漁撈活動最為發達，因此他們有專門的海神祭（筆者注：這裡所說的阿美族，包含日據時代以來一直被歸為阿美族的撒奇萊雅人群），見胡臺麗：《文化展演與臺灣原住民》，聯經出版社，2003，第 281 頁。

〔註69〕參見黃嘉眉：《花蓮地區撒奇萊雅族傳說故事研究》，臺灣東華大學民間文學研究所碩士學位論文，2008，第 41 頁，注 4。

〔註70〕廖守臣、李景崇：《阿美族歷史》，師大書苑有限公司，1998，第 35～36 頁。

了以 Takofoan（或 Takobwoan，達固湖灣）為名的聚落。至明清時期，撒奇萊
雅人在花蓮平原的勢力已十分強盛，其活動領域東及美崙山，西抵中央山脈（加
禮宛山），北至今北埔，南與南勢阿美人的七腳川、荳蘭部落相鄰。其聚落位置
位於今花蓮火車站以西至國福里（撒固兒部落所在地），由主部落 Takofuan（達
固湖灣，位於今花蓮市德興里）和幾個附屬的小部落構成。〔註71〕

圖 2.3　根據口述史描述繪製的撒奇萊雅聚落分布圖（1878 年以前）

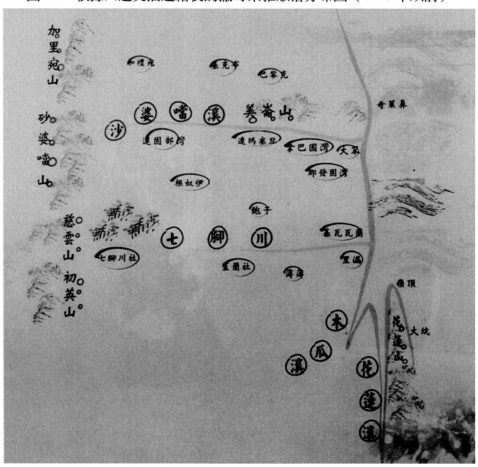

資料來源：本文作者拍攝於撒固兒部落，王錦鴻改繪。

〔註71〕廖守臣、李景崇在《阿美族歷史》一書中指出，Takofuan 部落周邊有三個附屬
　　　　的小部落，分別是：Sinsya（今豐川，清朝時稱「十六股」）、Todo（今四維中
　　　　學稍西，清朝時稱「三仙和」）和 Lifoh（今國慶里，清朝時稱「竹窩宛」）。
　　　　以上四個部落總稱 Takofoan（達固湖灣），其地盛產茄苳樹，也被稱為沙可魯。
　　　　此說法與下文中撒奇萊雅耆老黃金文口述的情形大致相近，只是小部落的名
　　　　稱有所不同。

荷西時期的史料可以證實，早在 1630～1640 年代西班牙人來到東臺灣之前，撒奇萊雅人和阿美族南勢群就已經居住在奇萊平原上了，〔註72〕並且當時的撒奇萊雅聚落與阿美聚落相距不遠。〔註73〕而在阿美人荳蘭、薄薄、里漏部落所流傳的起源神話則顯示，〔註74〕撒奇萊雅人在奇萊平原居住的時間甚至還要早於南勢阿美。據阿美神話的描述，荳蘭等三社阿美人的祖先最初從海上登陸花蓮奇萊平原，之後隨著人口的增加而以分社的方式建立了各自的族社。在他們分社之前，已經有稱為 Takofoan 社的異族部落存在於他們的北方。這個異族部落，顯然就是撒奇萊雅的 Takofoan（達固湖灣）大部落。

黃金文是在撒固兒部落長大的撒奇萊雅人後裔，多年前，部落裏兩位年事已高的女性耆老 Tipus 和 Ludu 曾接受過他的訪談，介紹了她們從各自父輩中得知的有關達固湖灣古部落的情況。據兩位老人介紹，達固湖灣部落周圍被茂密的刺竹林所環繞。Tipus 的父親小時候曾告訴過她，部落的外圍有三條溪，分別是三仙溪、美崙溪和農兵溪。農兵溪的水源地就在今天四維高中以東附近的地方。而在 Cipawkan（基包幹）長大的 Ludu 則表示，她的祖父曾說過，以前 Cipawkan（七飽干）的位置就在農兵橋一帶，在其北側，有個叫 Ciwidian（知維地安）的部落。Cipawkan 和 Ciwidian 中間隔著一條水溝，這條水溝裏水蛭特別多。在 Ciwidian 西北側還有一個叫做 Cibarbaran（基瓦瓦蘭）的部落，周圍是沼澤地，雨季的時候四周泥濘不堪，住在那裡的人們就用麵包樹落下的葉子 barbar 鋪在泥沼上面，如此才可以進出。隔著三仙溪的支流，在 Cibarbaran 南邊的是 Sakol（撒固兒）部落。被這些部落圍在中間的一塊高地，就是 Takobowan（達固湖灣）部落的所在地。由於上述四個小部落從屬於達固湖灣部落，因此整個大部落仍然稱為 Takobowan 部落。〔註75〕

〔註72〕 據康培德的考證，大約在 1630 年代，西班牙人在北臺灣活躍之際，20 世紀初所指涉的「南勢阿美」中的 Saquiraya、Sicasuan 與 Tatarunan 三個聚落，已出現在 Turoboan 省的範圍內。詳見康培德：《殖民接觸與帝國邊陲：花蓮地區原住民十七至十九世紀的歷史變遷》，稻香出版社，1999，第 135 頁。

〔註73〕 據荷蘭人 1643 年的文獻記錄，當時撒奇萊雅的聚落與南勢阿美相距不遠，是共同居住在奇萊平原的原住民社群，見中村孝志：《荷蘭時代臺灣史研究上卷概說・產業》，稻香出版社，1997，第 230 頁。

〔註74〕 詳見臺灣總督府臨時臺灣舊慣調查會：《蕃族調查報告書（第一冊）》，「中央研究院」民族學研究所，2007，第 8～9 頁。

〔註75〕 蘇羿如：《撒奇萊雅族（Sakizaya）的生成歷程——族群團體、歷史事件與族群性的再思考》，臺灣東華大學多元文化教育研究所博士學位論文，2009，第 74 頁。

　　根據黃金文所採訪的老人介紹，最初的時候，族人都居住在 Takobowan 這塊土地上，後來由於人口增加，一些族人就在旁邊的地方另外建房子，慢慢形成新的部落。為了稱呼的方便，每個部落都取了一個名字。比如，Sakol 是茄冬樹的意思，部落取名為 Sakol，是因為這個地方有很多茄冬樹；叫 Ciwidian 的部落，是因為這個地方水蛭多；Cibarbaran 則是屬於沼澤地，每次雨季四周都是泥沼，難以行走，所以族人會用麵包樹的葉子鋪在上面；Cipawkan 這個名字，有兩個說法，一個說法是先分家住在這裡的人，名字叫做 Pawkan，另外一個說法是這裡有一種能吃的草，所以叫它 Pawkan。Takobowan 以前是一個山丘，是沼澤地裏凸出來的一塊高地。撒奇萊雅語凸出來的東西叫做 kobo，因為它凸出來太明顯了，幅度相當大，所以加一個 ta，叫做 Takobowan，意思是特別隆起的土地，an 是地的意思。撒奇萊雅人當初在花崗山附近居住的時候，時常被巨人 Aligakay（阿里卡該）騷擾，尤其是部落的嬰兒常常被阿里卡該吃掉內臟死亡。族人為了躲避阿里卡該，於是遷到了沼澤地，因為他們知道阿里卡該不敢走入沼澤地，所以就在沼澤地上的這塊高地生活。〔註76〕

　　由於撒奇萊雅人在奇萊平原勢力強盛，清代的文獻中很早有相關的記錄。在 1717 年的《諸羅縣志》中，撒奇萊雅人以「筠椰椰」的名稱被記載。此後，又分別以「筠椰椰」、「根耶耶」、「根椰椰」、「根老爺」、「巾老耶」等不同的稱呼出現在當時的官方文書和方志中。〔註77〕這些名稱，根據其發音來推測，應

〔註76〕蘇羿如：《撒奇萊雅族（Sakizaya）的生成歷程——族群團體、歷史事件與族群性的再思考》，臺灣東華大學多元文化教育研究所博士學位論文，2009，第76～77 頁。關於撒奇萊雅人早期聚落名稱及其分布狀況在古文獻中並無詳細記載，目前的信息均來源於撒奇萊人的口述史資料。由於不同口述者所提供的信息存在差異，因而對古聚落的名稱、數量的表述並不一致。此一情形，在廖守臣（1998）、潘繼道（1998）、蘇羿如（2009）等學者的著述中均有所反映。鑒於考證上的困難，本文只選擇其中敘述邏輯性較強，可信度較高的說法加以呈現。

〔註77〕這些名稱分別出現在以下文獻中：周鍾瑄：《諸羅縣志》，第31頁（筠椰椰）；藍鼎元：《東征集》，臺灣銀行經濟研究室，1958，第90頁（筠椰椰）；黃叔璥：《臺海使槎錄》，第122頁（筠椰椰）；劉良璧：《重修福建臺灣府志》，臺灣省文獻委員會，1993，第81頁（根耶耶）；范咸：《重修臺灣府志》，臺灣銀行經濟研究室，1961，第71頁（筠椰椰）；余文儀：《續修臺灣府志》，臺北：臺灣銀行經濟研究室，1962，第81頁（筠椰椰）；陳淑均：《噶瑪蘭廳志》，臺灣銀行經濟研究室，1963，第433頁（根老爺）；羅大春：《臺灣海防並開山日記》，臺灣銀行經濟研究室，1972，第47頁（根老爺）；夏獻綸：《臺灣輿圖》，臺灣省文獻委員會，1996，第77頁（巾老耶）。

該是從 ki-ra-ya 三個音節的閩南話發音轉化而來。對此,熟悉撒奇萊雅歷史文化的黃金文耆老是這麼解釋的:

> 巾老椰,用臺語發音就跟 kiraya 很接近,也就是 Sakizaya。那個時代只有這個族群在這個地方,所以我們一聽就知道指的是 Sakizaya,以前用漢文翻譯的音不太準確。〔註78〕

一般認為,奇萊也是從 kiraya 的發音中轉化而來,因被漢人誤認為是地名而成為花蓮一帶的舊稱。在 1831 年的《噶瑪蘭廳志》中,記錄了「根耶耶」、「直腳宣」、「荳蘭」、「薄薄」、「李留」、「罷鞭」六個屬於「南勢群」的聚落,並將其人群並稱為「奇萊社番」〔註79〕,可以想像當時撒奇萊雅人的聚落肯定也是足夠強大才會被並列記錄在「南勢群」中。

二、撒奇萊雅人的社會文化

(一)傳統家屋與聚落〔註80〕

1878 年「加禮宛事件」之後,幸存的撒奇萊雅人離散在各處,其最初聚居的舊部落現今已經面貌全非,沒有任何建築遺跡留存。目前只有花蓮市的 Cupo' 部落(國福里)、壽豐鄉的 Ciwidian(水璉)部落和瑞穗鄉的 Maifor(馬立雲)部落仍保有少量的傳統家屋建築。

撒奇萊雅人建造房屋所使用的材料以竹木、藤類、茅草為主。房屋為木結構,一般選用茄苳樹或者楠木、樟木作為建造樹材,建築的牆體則是以竹子編織而成,再用牛糞和泥土混合成的材料塗抹修整。屋頂通常用茅草(oli')覆蓋,床的材料則是以一種類似蘆葦的植物 penen 編織而成。

撒奇萊雅人的家屋大門朝向和內部空間布局均遵循特定的傳統。一座完整的家屋內部空間分為客廳(tomunaw)、臥室(kakavian)、廚房(palod)、祭祀祖先處(papatakidan,常見於門上方右側處,由外朝向門口)。客廳的兩側均設為臥室,有時廳的後半部空間還會再隔出一個臥室(國福里、馬立雲部落案例)。一般長者的臥室靠近中央,年紀越輕者越靠近北側,新婚者則靠近廚房。家屋的大門必定朝向東方太陽升起的方向,睡覺時頭也朝向東方,借助陽

〔註78〕蘇羿如 2008/11/30 訪談。
〔註79〕陳淑均:《噶瑪蘭廳志》,《臺灣歷史文獻叢刊》,臺灣省文獻委員會,1993,第433 頁。
〔註80〕本部分的內容主要根據陳俊男:《撒奇萊雅族的住屋建築調查與重現》,《民族學界》2013 年第 32 期,結合其他文獻資料再整理。

光的照射提醒族人勿貪睡，應早起工作。廚房位於面對房屋的左方，並且另行開設門口，無法從客廳直穿廚房，必須要從後面走廊進入。或許是後來人們發現繞走廊進入廚房不太方便，因此在臥室與廚房之間的牆面再開一個通道，以方便直接從室內進入廚房，而不用出大門後再經前廊到廚房。

屋舍外圍的空間，一般在前方設一小廣場，作為晾曬作物或是豢養動物之用，同時種植番龍眼（kwawi）、麵包樹（'apalo）、茄苳樹（sakol）等樹種。後方留有狹長的空間，作為與他人房屋的空間界線。早期的住屋外面設有專用廁所，有的安置在房舍後方兩側，有的則置於前方兩側。聚落房舍的排列，大致以面向太陽升起之處成一直線排列，主要聯絡的道路分列於房舍的左右側，有的家戶設有後門，可以與後方鄰居互動。至於排列的長度與戶數，依照當地的地理環境與部落面積而定，並無固定模式。

傳統的撒奇萊雅社會為母系繼承，因此家屋的所有權歸女方，男性只是負責建造。建築房舍時需要請巫師舉行建屋的儀式，從取材一直到搭建皆由部落男性共同完成。修建過程中會有一位熟悉建築工法的指揮者負責監督。〔註81〕

除了家屋以外，撒奇萊雅男性的居住空間還包括會所。傳統的撒奇萊雅社會是母系傳承，女性在家庭中擁有財產分配和繼承的權利，男性則主要擔負抵禦外敵、負責部落公共事務、傳承文化的工作。因此，會所成為一個區隔兩性社會分工的特殊場域。在部落時代，會所是專屬男性成員接受教育和集會的場所，女性不能進入。撒奇萊雅男子一般在13歲～15歲左右就要加入屬於自己的年齡階層，且必須住宿在會所，一直到結婚為止。期間他們在會所內學習傳統文化，服從父輩階層的管束，逐漸形成社會倫理、秩序觀念和價值觀。同時，會所也是召開部落會議，決定重要政策和開展文化交流的場所。

會所的位置一般位於部落中心，佔地面積為家屋的數倍，使用的建材和修造工法與家屋無異，但內部的格局則根據需要劃分出不同的功能區。會所旁邊設有瞭望塔，塔內有專門人員輪崗放哨，以防範部落周邊外敵侵擾。根據黃金文耆老的說法，每當部落發生緊急情況或是需要召集族人時，會所內就會有專人擊打木鼓發出特定的聲音，族人能夠通過聲音來分辨傳達的信號。〔註82〕

〔註81〕陳秀珠、陳俊男：《Sakizaya（撒奇萊雅族）的家屋形制（上）、（下）》，臺灣史前博物館電子報第147、148期。

〔註82〕2007年4月25日黃嘉眉、陳文之等人訪談資料。

（二）婚姻、家庭與社會組織（年齡階層）

　　撒奇萊雅人的社會與噶瑪蘭人、阿美人一樣，都屬於母系社會。在母系繼嗣制度的家庭裏，家中的財產（主要為家屋）、子嗣均尊崇女性的路徑，從母傳至女身上。凡女性家庭成員皆可繼承財產，但以長女的權力為最大。一旦婚育後，其在家庭的地位便可得到鞏固。親屬關係也是依女方（妻方）而連結起來，因此女性負有維持群體延續的權利和義務。〔註83〕

　　據撒奇萊雅耆老回憶，過去招贅婚的形式很普遍，直到1930年後，部落中行嫁娶婚的形式才逐漸增多，母系繼嗣制度的特色逐漸式微。早期撒奇萊雅人應是以部落內部聯姻為主，是否有和周邊的南勢阿美人通婚，現已難以考證。目前撒奇萊雅人的後裔大量存在與阿美人、噶瑪蘭人混血的原因，主要是清朝「加禮宛事件」之後，幸存的撒奇萊雅人和噶瑪蘭人中有相當一部分被強制遷移至南部阿美人居住的區域。由於這三個群體的社會都是實行母系繼嗣制度，行招贅婚，男子從妻居，此一社會文化的類同性在客觀上促成了三群人之間能夠相互接受，甚至建立聯盟關係，相互之間通婚的現象普遍存在也就不難理解了。〔註84〕

　　以馬立雲部落為例，這裡的撒奇萊雅人原屬達固湖灣社和飽干社，他們在日據時代遷來之前已有阿美人居住在此地。田野調查發現，日據時代前的馬立雲部落，存在嫁娶婚（女方嫁入夫家）和招贅婚（當地人稱「招郎」）兩種婚配方式，且以後者為多。撒奇萊雅女人招贅的對象包括同族人與阿美族男子。當時的阿美族男性因招贅婚而進入噶瑪蘭與撒奇萊雅人的家庭是頗為普遍的現象。此招贅婚形式，一直到國民政府時期始見變遷。〔註85〕

　　在撒固兒部落（前身是「加禮宛事件」後建立的歸化社），撒奇萊雅人與南勢阿美人的七腳川、荳蘭兩社的通婚也相當普遍。田野訪談中，撒奇萊雅族群運動領袖督固・撒耘（下文中簡稱督固）提到，清朝和日據時期，歸化社曾經被交給七腳川部落和荳蘭部落監管，由於當時被派去執行監管任務

〔註83〕陳逸君：《招郎與結盟：加禮宛事件對噶瑪蘭族與撒奇萊雅族交互關係之影響》，載潘朝成、施政鋒主編《加禮宛戰役》，臺灣東華大學原住民民族學院，2010，第199頁。

〔註84〕陳逸君：《招郎與結盟：加禮宛事件對噶瑪蘭族與撒奇萊雅族交互關係之影響》，第203頁。

〔註85〕陳逸君：《招郎與結盟：加禮宛事件對噶瑪蘭族與撒奇萊雅族交互關係之影響》，第199頁。

的多是青壯年的年齡階層，因此七腳川、荳蘭兩社的男子與撒固兒部落的女子談戀愛、通婚的現象很普遍。而這種跨部落通婚所造成的血統混融，也使得其後代對於自身的族群身份、社會認同曖昧不清，徘徊在阿美族和撒奇萊雅族之間。〔註86〕

在部落時代，年齡階層是維持部落內部運轉最重要的組織，擔負著為部落公共事務提供勞力和保衛部落的職能。年齡階層內部等級分明，上級對下級擁有絕對的威權。不同年齡階層所擔負的職責不同，在執行任務的過程中，低階成員的謀生技藝、應對禮儀、祭典儀式、運動競技、歌唱舞蹈、作戰等方面的能力都能夠得到訓練。

撒奇萊雅的年齡階層命名採用的是襲名製，即循環使用一套固定的名稱，每隔一定的年限年齡階層就進階一次，但名稱保持不變。1913 年，日本學者佐山融吉的調查資料記載撒固兒部落的年齡階層分為十二級，分別是：（1）Alamay、（2）Alawao、（3）Alaparod、（4）Aladiwas、（5）Cupolan、（6）Alabangas、（7）Malasmas、（8）Maolacih、（9）Kohako、（10）Lalao、（11）Mao'way、（12）Alemed。根據 1983 年古野清人在馬立雲（Maibol）部落的調查以及撒固兒部落前頭目吳清波的口述，撒奇萊雅年齡階層只有九個，分別為：（1）Matapok、（2）Maolad、（3）Maolac、（4）Mao'way、（5）Alemed、（6）Lalao'、（7）Alamay、（8）Aladiwas、（9）Alabangas。位於壽豐鄉的水璉部落，年齡階層名稱也是九個，其中有八個與馬立雲一致。東海岸的磯崎部落，年齡階級名稱也是九個（分十個階層，第一級和第十級同名），且大部分與撒固兒、馬立雲相同，只是在意涵上有所差異。與南勢阿美關係密切的七飽干社（Cipawkan）年齡階層則有十級，分別是：（1）Alawao、（2）Alaparod、（3）Aladiwas、（4）Cupolan、（5）Maolacih、（6）Alabangas、（7）Malasmas、（8）Maolad、（9）Kohako、（10）Lalao'。比較不同時期的調查資料，可以發現不同聚居地的撒奇萊雅部落年齡階層的名稱與級數大同小異，顯示出散居各地的撒奇萊雅人在文化源頭上具有相當程度的一致性。

撒奇萊雅男性成員加入年齡階層的時間以及年齡階層晉升的間隔年限與南勢阿美族各社存在明顯的差異，這從日據時期的調查資料中可以明顯看出：

〔註86〕2017 年 6 月 22 日訪談督固・撒耘田野筆記。

表 2.1　日據時期南勢阿美與撒奇萊雅系統各社年齡階層比較

	南勢阿美系統		撒奇萊雅系統	
南勢各社	荳蘭、薄薄、里漏	七腳川	歸化	七飽干、脂屘屘
入級年齡	22～23 歲	14 歲	14 歲	14 歲
晉級間隔年限	8 年	9 年	5 年	5 年

資料來源：黃嘉眉：《花蓮地區撒奇萊雅族傳說故事研究》，臺灣東華大學民間文學研究所碩士學位論文，2008，第 26 頁，筆者再修改。

　　撒奇萊雅男子 15 歲以前加入的年齡階層為幼年級（wawa），15 歲到 23 歲加入青年級（kapah）的預備階層，稱為 masatrot。屬於這一階層的男子都必須住在青年集會所（dabek）裏面接受訓練。根據潘繼道從撒奇萊雅耆老那裡採集到的口述歷史，早期（1878 年以前）聚居在達固湖灣部落的撒奇萊雅人每八年產生一個年齡階層，當最年輕的年齡階級加入時，就在部落外圍種一圈刺竹。因此，到光緒元年（1875）清朝統治力量正式進入後山時，部落外圍的刺竹已長到五六十米的深度了，〔註 87〕故當時的達固湖灣部落在清朝文獻中被稱為「竹窩宛」，是個易守難攻的部落。新加入的年齡階層必須到山中練習獨立生活，一切食物靠自己在野外取得，過一段時間後才准許返回部落。返回部落是以賽跑的方式，落在最後的人，會被長老或是上一階級的管理者用雞爪、姜葉、咬人貓的枝葉鞭打。〔註 88〕

（三）語言

　　「加禮宛事件」後，撒奇萊雅人隱姓埋名混居於阿美族部落周邊，即便是獨立建立聚落的，也不敢對外透露自己之前的身份，因此長期被視為南勢阿美人的一個獨立分支。日據時期，日本學者移川子之藏和馬淵東一等人在調查中發現，撒奇萊雅人所講的語言與南勢阿美人其他各社在語言上存在不小的差異。移川與馬淵將所搜集到的數十個撒奇萊雅詞彙，與阿美族其下各語群詞彙比較後，發現撒奇萊雅與南勢阿美在語言上的差異，甚過於南勢阿美與在南臺灣的恒春阿美之間的差異。換句話說，若將所有的阿美語視為一分類，則撒奇萊雅語可被視為獨立的另一分類。此一觀點，可以在部分南勢阿美村社所流傳

〔註 87〕潘繼道：《花蓮舊地名探源：被遺忘的「奇萊」民族與其故事》，《歷史月刊》1998 年第 127 期。
〔註 88〕陳俊男：《Sakizaya 族的社會文化與民族認定》，臺灣政治大學民族學系博士學位論文，2010，第 80 頁。

的口頭傳說中得到間接支持。如「南勢群」的里漏、薄薄、豆蘭等村落流傳著關於撒奇萊雅與其他南勢群村社在「本家」（na-ro-roma）時代，即為分家（社）前，語言產生分化的傳說，並對分化的原因作出了解釋。〔註89〕此一有關語言差異的解釋，被烙印在口傳神話裏，說明撒奇萊雅與其他南勢群的差異性是極為久遠的事。移川子之藏和馬淵東一從「地緣關係」的角度解釋此一差異，認為撒奇萊雅語之所以異於南勢阿美人的語言，係因與17世紀時曾居於今立霧溪口一帶的哆囉滿（Torroboan）人和19世紀中葉移居今日新城鄉一帶的加禮宛（Kaliawan）人交往密切，受其影響所致。

即便是同屬撒奇萊雅系統的人群，因聚居地的不同以及受阿美語的影響，語言上也產生了不同的分化。當代的撒奇萊雅人仍然可以從彼此說話的語音中分辨出對方是從哪一個原居地遷移出來的人。如七飽干（Cipawkan）系統的人稱自己為「Sakizaya」，達固湖灣（Takoboan）或撒固兒（Sakol）的人則說成「Sakidaya」。有時候屬於七飽干（Cipawkan）和馬立雲（Maifor）的人認為自己是最正統的撒奇萊雅人，而認為達固湖灣系統的語言「不純」，摻雜了阿美語的成分。

2016年9月11日，我和噶瑪蘭學者潘朝成在田野調查中與幾位撒奇萊雅耆老一同用餐時，話題恰好談論到撒奇萊雅語跟南勢阿美語的差異：

　　黃金文（撒固兒部落耆老）：遺傳下來的語言，就是我們現在所講的，那是不是我們的不知道，馬立雲的說，不對，你們的話不標準，我們的話才標準。

　　黃德勇（撒固兒部落耆老）：可是我的想法，我的看到，因為那邊的音調，是黃迪木（音）那邊，迪木那邊音調怎麼跟我們一樣？

　　（黃金文附和：我那時候聽到的，真的是這樣……）

　　潘朝成：因為他們有用過〔註90〕阿美族啦，有用過阿美族的語言啦，哈哈哈……

　　黃德勇：所以他們那邊的話，字是沒錯，音調、調子錯了……

　　黃金文：你看他們的單字，瓶子叫diganawai，langdawai是我們的話，可是「綠色的」我們又怎麼講呢？也是landawai，可是有一個

〔註89〕陳俊男：《Sakizaya族的社會文化與民族認定》，臺灣政治大學民族學系博士學位論文，2010，第54～55頁。

〔註90〕這裡指撒奇萊雅人與阿美人有通婚。

lang 跟 lan（的區別），langdawai 是瓶子，landawai 是綠色的。有很
多孩子分不清 langdawai 跟 landawai，以為兩個一樣，那就是發音的
問題。

　　李逸偉（黃德勇弟媳）：跟那個「香蕉」一樣，「香蕉」和「棉
被」發音很像哦？

　　黃金文：對啊，badang（香蕉）是有咳嗽音，bada（棉被）沒有。

　　潘朝成：什麼，bala 是什麼意思？bala 跟 bara 不一樣？

　　黃德勇：不是，badang，跟 bada，一個是 badang，一個是 bada。

　　黃金文：da 嘛，一個是 da，一個是 dang。

　　徐成丸（撒固兒部落現任頭目）：嗯，dang，跟 da……

當潘朝成問及撒奇萊雅烏龜怎麼講時，撒奇萊雅眾人回答：

　　阿美族的烏龜叫 bagua，我們 bagua 是田螺啊，我們烏龜叫
lilang'a。

在日常生活中，若去詢問撒奇萊雅語和阿美語的差異，許多撒奇萊雅人都
能舉出雙方日常用語中詞彙差異的例子。如撒固兒部落前頭目陳阿水提到：

　　撒奇萊雅語言和阿美族的語言不一樣，像阿美族稱會所 taloan，
我們稱 dabek，阿美族稱柱子 alili，我們稱 cukep，阿美族稱鐵 malam，
我們稱 vuki'，我們稱牛 katalan，阿美族是 lalapa，海（我們）稱為
voyo，阿美族稱 riyar，檳榔稱為 dacdac，阿美族稱'icep。山稱為 vayo，
阿美族稱為 lotok。〔註91〕

語言差別帶來的溝通障礙也常引發一些滑稽的趣事。2006 年 8 月 4 日，
撒奇萊雅族民族認定座談會上，一位住在馬立雲的婦女分享了她的經歷：

　　我們和阿美族話不同，有一次我們到高雄去，看到船，我說
「balungah」時，旁邊的阿美族老人家覺得很奇怪，為什麼我說他聽
不懂的話，剛開始以為聽錯，因為阿美族的船叫「lunan」。後來又來
了一艘軍艦，我又說：「balungah」，旁邊的阿美族老人家問我說的是
什麼話，我說是撒奇萊雅的話，那老人家才知道我說的是原住民的
話，不是外國人的話，他還以為我是美國人。〔註92〕

〔註91〕陳俊男：《Sakizaya 族的社會文化與民族認定》，臺灣政治大學民族學系博士學
　　　　位論文，2010，第 145 頁。

〔註92〕《Sakizaya 族民族認定座談會會議紀要（二）》，2006 年 8 月 4 日，收錄於林
　　　　修澈《Sakizaya 族的期末認定期末報告》，第 81 頁。

　　來自撒固兒部落的黃金文（Nowawatan）耆老從小在講撒奇萊雅語的家庭環境中長大。他的母親雖然是南勢阿美荳蘭社人，但平時在家中都用撒奇萊語跟父親與爺爺奶奶交談。由於父母從未告訴他「我們是撒奇萊雅人」，黃金文一直以為自己是阿美人，直到後來離開家鄉，才因語言的差異知道自己的母語是撒奇萊雅語：

> 我太太是臺東長濱的阿美族，那時我們到他們家時，我岳父說：「ay! o wawa macahyu kiso haw!」（哎呀，孩子你一定餓了吧？）結果我回答：「hang! Macahyu to kako」（對，我又熱又累！）後來才發現 machayu 在阿美族是餓的意思，可是在我們撒奇萊雅是悶熱（的意思），那時答非所問，感覺很丟臉。〔註93〕

　　撒奇萊雅族語教材的編輯召集人督固・撒耘曾對撒奇萊雅語和阿美語的常用詞彙差異進行整理比較，在所採錄的 2200 個常用詞樣本中，語義相近或相通的有 53%（其中包括 12%結構近似的詞彙），另外 47%語義則完全不同。也就是說，撒奇萊雅語與阿美語有近五成的詞彙存在詞義差異，二者的差異性還是很大的。〔註94〕

（四）傳統信仰與祭儀

　　有關撒奇萊雅人的宗教觀、傳統信仰與祭祀儀式，日據時期日本學者所做的調查曾留下部分零散的資料〔註95〕，讓我們可以瞭解當時或是更早以前撒奇萊雅人的宗教信仰與祭儀的情況。新近的研究者陳俊男、張宇欣等人在前人基礎上，針對此一主題也曾做過較為系統的調查研究。〔註96〕

　　撒奇萊雅人相信萬物有靈，屬於多神信仰。他們稱神靈為 dito，認為山、河、岩石、動植物、月亮、太陽或者雷電等自然現象都有 dito 的存在。根據張

〔註93〕《Sakizaya 族民族認定座談會會議紀要（一）》，2006 年 8 月 4 日，收錄於林修澈《Sakizaya 族的期末認定期末報告》，第 80 頁。

〔註94〕陳俊男：《Sakizaya 族的社會文化與民族認定》，臺灣政治大學民族學系博士學位論文，2010，第 141 頁。

〔註95〕參見移川子之藏等：《臺灣高砂族系統所述の研究》，臺北帝國大學土俗人種研究室，1935；臺灣總督府臨時臺灣舊慣調查會：《蕃族調查報告書——阿眉族南勢蕃》，「中央研究院」民族學研究所編譯，2007；古野清人：《高砂族的祭儀生活》，《民族學研究》1953 年第 18 期。

〔註96〕陳俊男：《Sakizaya 族的社會文化與民族認定》，臺灣政治大學民族學系博士學位論文，2010；張宇欣：《傳統？再現？Sakizaya 信仰與祭儀之初探》，臺灣東華大學族群關係與文化研究所碩士學位論文，2007。

宇欣的整理，撒奇萊雅人傳統信仰中的神祇主要有 Botoc（從 Nalalacanan 的土地誕生的男始祖、大地之神），Sabak（Botoc 之妻），Malataw（造物神，白鴿子為其化身），Silingan（生命之神），Btong（Botoc 與 Sabak 之子，智慧、生產與禮儀之神，善於製作陀螺），Sayon（Kolomy 的女兒、Botong 之妻），Dawa（貞潔女神），Namoh（愛情之神），Kabit（海神），Tiway（木神），Lais（戰神），Kadabowang（山神），TiwaySayon（堅石），Silalaay（土地神），DitonoBabalaki（祖靈）。這些神祇當中，有一部分源自神話傳說，為撒奇萊雅所獨有，平時無須祭祀。在現實生活中需要祭祀的神祇有造物神 Malataw、生命之神 silingan、海神 Kabit、土地神 Silalaay 和祖靈 DitonoBabalaki。〔註97〕

　　祖靈信仰在撒奇萊雅人的信仰生活中佔有重要地位。撒奇萊雅人認為，人死亡之後，往生者的 dito 會通過美崙山的凹處，朝向東方的大海飄去，到祖靈地與先人團聚。當撒奇萊雅人祭祀祖先時，所有的祖靈就會從海邊穿過美崙山來到祭祀之地。因此，撒奇萊雅人祭祀祖靈時，祭祀區和祭品擺放的方向都是朝向美崙山。雖然祖靈已離開人間，但與人們的日常生活仍存在某種程度的連結。人們隨時可以透過 mifedik（以手指沾酒向天、地與遠方的祖靈灑酒三次）的方式與祖靈溝通。在祭祀或祝禱時，除了做 mifedik，也會採用口含酒噴灑出去的方式，然後將要說的話傳達給祖靈或者其他神祇進行溝通。

　　早期的撒奇萊雅人有祭祖的傳統，不過相關的儀式在多數部落中已不再舉辦。目前僅有水璉部落的少數老人仍在維持祭祖的儀式，該地一年當中會舉行三次大的祭儀集體祭祀祖先，平時每戶人家也會單獨舉行祭拜儀式，一般都在稻作收割之後舉辦。〔註98〕

　　此外，撒奇萊雅人也有一種與獸靈相關的信仰。日據時期日本學者古野清人調查歸化社時記述，歸化社的每戶人家都有保存動物（豬）下顎骨掛在家屋一角的習慣。這個存放動物下顎骨的角落稱為「沙沙拉安」（sasalanan）。〔註99〕張宇欣在田野訪談中則進一步發現，古野所稱的 sasalaan 應為 pazalaan，意為家中存放動物骨骸（zala'）之處，可能是一個角落或一間小屋。該處所放置的動物骨骸不僅是家中飼養的動物，還包括狩獵而來的動物。至於保存動物骨

〔註97〕張宇欣：《傳統？再現？Sakizaya 信仰與祭儀之初探》，臺灣東華大學族群關係與文化研究所碩士論文，2007，第 76 頁。

〔註98〕張宇欣：《傳統？再現？Sakizaya 信仰與祭儀之初探》，第 78 頁。

〔註99〕古野清人著、葉婉奇譯：《臺灣原住民的祭儀生活》，2001（1945）年，原民文化，第 359 頁。

骸的原因，是因為感恩動物犧牲自己、餵養了人類，同時也是對其心存敬畏，希望借助其靈力守護家中的物品與財產。Pazalaan 屬於禁忌區，只有打獵者自己可以靠近和碰觸裏面的骨骸，且每年需要正式祭拜兩次，一次是捕魚祭前一天，一次是豐年祭期間。祭拜 pazalaan 的祭品也只能給打獵者自己使用，若其他人觸碰到就會遭殃，輕者歪嘴或手彎曲，嚴重者甚至會斷手斷腳。〔註 100〕

　　撒奇萊雅人舉行宗教儀式時，須由祭師或 mapalaway（巫師）來主持。在一般的宗教活動中，祭師可以由部落的頭目或長老擔任，如 Malalikid（現今所稱的豐年祭）、Milaedis（海神祭）等都可以由部落頭目或長老擔任祭師即可，但是像 Misaworad（祈雨祭）和 Misatipos（收藏祭）就必須由 mapalaway 才能進行。Mapalaway 具有通靈的能力，在祭儀中負責人與神靈之間的溝通，操持儀式的全部過程，是撒奇萊雅傳統信仰中最重要的角色。族人在日常生活遇到疾病或是運氣不順等生活上的困擾，也會來尋求 mapalaway 的幫助，透過 mapalaway 與祖靈或神靈溝通尋求原因或者解決辦法，請求 mapalaway 為其驅邪（bapokpok）、治病、祈福等。

　　早期的撒奇萊雅人以農耕、漁獵為主要的生計方式，對於自然資源的取得總是心懷感恩，因此其農耕或漁獵活動都有相應的祭儀。與其他原住民社群一樣，其一年當中的主要農耕祭儀都是圍繞著小米為中心，跟隨小米生長時節來舉行，分為播粟祭、豐年祭和收藏祭。另外，由於漁獵也是生計方式的重要組成部分，傳統上也存在捕魚祭、海神祭、捕鳥祭、捕獵祭等祭儀。不同祭儀按一年中月份的順序如下表所示：

表 2.2　撒奇萊雅人的歲時祭儀〔註 101〕

月　份	祭儀、舉行的活動	備　註
1 月	元旦水璉成年禮、Misadabek（建會所）	
2 月	Mitiway（砍柴）、Misaomah（農耕祭）	已無
3 月	Mitway（播種／播粟祭）、Misatomoh（迎春祭）、摔跤比賽	Misatomoh 已無
4 月	馬立雲捕鳥祭、主布部落捕鳥祭（以前）	馬立雲已無

〔註 100〕　張宇欣：《傳統？再現？Sakizaya 信仰與祭儀之初探》，臺灣東華大學族群關係與文化研究所碩士學位論文，2007，第 83～84 頁。
〔註 101〕　參見張宇欣：《傳統？再現？Sakizaya 信仰與祭儀之初探》，臺灣東華大學族群關係與文化研究所碩士學位論文，2007，第 112 頁。

5 月	Milaedis（水璉海神祭）、Mibalidas（驅邪祭／驅蟲祭）	Mibalidas 已無
6 月	Milaedis（主布部落海神祭）	
7 月	水璉 Milisin、隔天 Misapunis（野餐）	
8 月	Malalikid（豐年祭）、馬立雲年齡階層晉級	馬立雲年齡階層晉級已無
9 月	木神祭	
10 月	Mirecok（巫師祭）	
11 月		
12 月	Misaliliu（主布部落捕獵祭）、Misatipos 五穀祭	Misatipos 已無

　　在撒奇萊雅人的傳統祭儀中，「豐年祭」的地位顯得比較突出和特殊。不過，現今所稱的「豐年祭」其實是漢人所給予的名稱。所謂的「豐年祭」，撒奇萊雅語稱為 malalikid，意為「手牽手、心連心，團結就是力量」，其性質是年齡階層的戰鬥、慶功、團結舞祭。過去舉辦該活動的時間並不在稻作收成的時節，也不是以祭祀神靈為主要目的，因此稱為「豐年祭」其實是不恰當的。

　　傳統的 Malalikid 歷時六天，每天有不同的活動內容。以水璉部落為例，前四天都是專屬年齡階層的活動，如狩獵、殺牛（或豬）、競技、跳舞、祈福等。這些活動女性都不能參加。第五日開始，女性可以表演舞蹈，加入慶祝活動和晚會。在活動過程中，女性若有心儀的勇士，就會把檳榔放到他的情人袋內，以此表達愛意。〔註 102〕

　　在訪談撒奇萊雅領袖督固時，他特別提到，雖然撒奇萊雅人和阿美人均有 malalikid 活動，但是舉辦時間和內容都有所不同。阿美族 malalikid 的舉辦時間一般是在七月到八月之間，而過去撒奇萊雅的豐年祭是在中秋節前後，相隔將近兩個月。阿美族的年齡階層在七八月訓練，撒奇萊雅人則是在九月、十月，持續到快十月底。另外，撒奇萊雅人的 malalikid 在飲食上面也有自己的特色。比如水璉部落舉辦的 malalikid，年齡階層有殺牛讓部落人分享的習慣。這種習慣甚至也反過來影響到當地的阿美族人。因為吃牛肉這件事情只有撒奇萊雅人和南勢阿美才有。而正統的阿美族（指鳳林以南的阿美族），則沒有部落會殺牛或吃鳥肉。督固認為阿美族南勢群的捕鳥祭很可能也是從撒奇萊雅人

─────────────

〔註 102〕日據時期，日本人發現 malalikid 的訓練活動有很強的軍事味道，為削弱原住民年齡階層的對抗能力，於是把 malalikid 改為以運動會為主的活動，娛樂性較強，且女性可以全程參加，後來逐漸演變成目前的狀況。

那裡學來的，因為其他地區的阿美人不吃鳥肉，自然也就不會有捕鳥祭。督固推測，南勢群的阿美人與鳳林以南的阿美人在文化和語言上面之所以有很大的區別，就是因為融入了很多撒奇萊雅人和噶瑪蘭人（加禮宛人）的文化。〔註103〕由此可見，由於過去奇萊平原上的撒奇萊雅人、噶瑪蘭人與南勢阿美人之間互動交往比較密切，使得文化上面也呈現出相互影響、相互雜糅的情形。

（五）服飾

早期撒奇萊雅人的服飾，由於缺少影像的記錄，其樣式和顏色現已無從得知。據馬立雲部落的耆老回憶，過去撒奇萊雅人的衣服有黑色、紅色、白色（米色）、藍色等顏色。布料的顏色都是以天然植物染製而成。形制方面，撒固兒部落的黃金文耆老指出，在撒奇萊雅文化裏面，衣服越多、下擺越長代表地位越尊貴。從衣服上面就可以看出年齡階層的高低和職務的差別。古時候剛加入年齡階層的男子，因為平時要做粗重的工作，因此他們的衣服最少、最輕便，有的就只穿「裙裝」，上半身不穿衣服。而年老的長輩因為不用工作，所以穿長袍。

據黃金文口述，日據初期，撒奇萊雅人的衣服以黑色為主，上面點綴像花朵那麼大的，圓圈狀的紅色。這種黑與紅的色彩搭配，後來直接影響到南勢阿美人族服顏色的改變。臺灣光復初期，許多日本人因為懷念阿美族歌舞，組團到花蓮觀光。當時的阿美族花蓮縣議員林春瑛看到阿美族歌舞發展旅遊觀光的潛力，於是培訓了數十位部落婦女專門負責表演、接待外賓。最初表演所穿的服飾仍以黑色為主，後來有人反映服裝顏色過於暗沉，因此設計出紅色舞衣，進一步提升了視覺效果，深獲好評。〔註104〕1961年，在花崗山舉辦的豐年祭千人共舞活動中，林春瑛的婦女表演隊因服裝靚麗而帶動流行，後期逐漸有其他部落仿傚。1965年，林春瑛又在吉安鄉創立了「阿美文化村」，成為首個專門表演阿美族歌舞的觀光娛樂場所。〔註105〕黃金文認為，林春瑛把阿美族婦女表演隊的上衣顏色改為紅色是受到撒奇萊雅服飾的啟發：

〔註103〕資料來自筆者2016年7月22日的田野訪談筆記。

〔註104〕《臺媒揭秘阿美族服飾由黑翻紅因歌舞視覺需求而改》，中國新聞網，2014年5月23日，http://www.chinanews.com/tw/2014/05-23/6204695.shtml，2017年11月2日最後瀏覽。

〔註105〕《臺媒揭秘阿美族服飾由黑翻紅因歌舞視覺需求而改》，中國新聞網，2014年5月23日，http://www.chinanews.com/tw/2014/05-23/6204695.shtml，2017年11月2日最後瀏覽。

阿美族的衣服原來是黑色的，日據初期，撒奇萊雅人的衣服也
是黑色為主，但是點綴了花朵那麼大的，圓圈狀的紅色。南勢阿美
人看到紅色很漂亮，就開始模仿。後來林春瑛為了講究美觀，就把
紅色的，點綴的顏色擴大到整個衣服，衣服紅色的，裙子還是黑色
的。那個時候是初步的改變。從林春瑛的文化村出來後，整個南勢
阿美的衣服就改變了，變成紅色。當時真正的阿美族還沒有（出現
紅色），光復那邊的阿美族，甚至鳳林那邊的阿美族，同一個時代的
相片拿來比照，那邊他們還沒有，但撒奇萊雅和南勢阿美已經有
了。……所以臺東那邊的阿美族的衣服才是真正的阿美族的族服，
花蓮的阿美族服是受撒奇萊雅影響的。(2016/09/11 田野訪談）

第三章 「加禮宛事件」與兩個人群的流散遷徙

　　清同治十三年（1874）發生日軍侵臺的「牡丹社事件」後，清廷為了宣示對東臺灣地區的主權，杜絕外國列強覬覦，乃解除後山「番界」長達150餘年的封山禁令，並積極推行「開山撫番」政策，征派兵工分北、中、南三路開鑿「番界」道路，並以優厚條件招徠漢人前往後山開墾。「開山撫番」的推進，對原住民世居的生活空間造成侵擾，導致沿途的原住民人群抗撫、狙擊清軍的事件接連不斷。發生於光緒四年（1878）的「加禮宛事件」，便是北路開山過程中，因花蓮平原的噶瑪蘭人和撒奇萊雅人聯合抗撫而爆發的一場大規模軍事衝突。

　　本章的內容，主要圍繞「加禮宛事件」的過程以及事件對兩個涉事原住民人群造成的影響展開論述。第一節內容以清廷「開山撫番」政策的實施作為切入點，檢視國家力量進入後山初期與原住民人群之間的互動。第二、第三節綜合運用歷史文獻和口述史資料，嘗試拼接和重建「加禮宛事件」的歷史圖像，呈現當時的噶瑪蘭人與撒奇萊雅人如何因這一事件而流離失散，並通過描述人群遷徙、隱匿身份的情況，再現歷史時空背後人群的足跡和身影。

第一節　「開山撫番」與國家力量介入後山

一、清廷「開山撫番」與漢人入墾花蓮

　　康熙二十二年（1683），臺灣正式納入清朝的版圖。清治前期，清廷在臺

灣的統治範圍主要集中在西南部，之後才慢慢向中、北部等平原地區擴展。而對於後山地區，由於歷來對其暸解甚少，也不夠重視，因此採取劃分界線、隔離「番漢」的消極政策予以應對。具體的做法包括在原住民出沒的地方立石為界，開挖深溝，或是以自然山川為界；在沒有自然山川區隔的地方，一律挖深溝堆土為界。由於所築界線土堆的外形如臥牛，故稱為「土牛」線，而外側深溝則稱為「土牛溝」。乾隆五十三年（1788）「林爽文之亂」平定後，大將軍福康安建議設立「屯番」，守衛沿山接近「生番」的地界，防範「生番」出擾。在清廷消極治理下的後山地區，由於被視為「化外之地」，並未實際得到國家力量的有效控制，從而埋下了被外國勢力覬覦、入侵的隱患。〔註1〕

同治十年（1871），琉球太平山（宮古島）人因船遭遇颱風，漂到臺灣琅嶠（恒春半島）東海岸的北瑤灣（即八瑤灣，今屏東縣滿洲鄉），有54人被當地排灣族高士佛社、牡丹社原住民殺害；同治十二年（1873），又發生日本小田縣（今屬日本岡山縣）淺口郡柏島村民佐藤利八等四人，因船遇風漂到臺灣後山東海岸馬武窟（臺東縣成功鎮與東河鄉交界處），被原住民所劫的事件。於是，同治十三年（1874），日本以「生番乃中國化外之民」為藉口，出兵進犯牡丹社和高佛社實施報復。日軍犯臺之後，引發了清廷的高度重視，隨即授封福建船政大臣沈葆楨為「欽差辦理臺灣等處海防兼理各國事務大臣」，令其以巡閱為名前來臺灣，同時派遣福建布政使潘霨為幫辦，共同率軍渡海赴臺籌辦防務。〔註2〕

「牡丹社事件」的發生，使沈葆楨深刻認識到治理後山對於臺灣防務的重要性，他堅信應將「開山撫番」作為經營臺灣的第一要務，「一面撫番，一面開路，以絕彼族覬覦之心，以消目前肘腋之患」。沈氏認為，開山與撫番必須相輔相成，缺一不可。於是著手制定「開山撫番」的相關措施，希望先以兵工開闢後山「番界」的道路，以便之後可以在當地設立行政機構，實現對「番地」的實際統治，從而杜絕外國侵佔「番地」的野心。「開山撫番」政策，一方面是要促使原住民漢化，另一方面則是要在行政管轄權上確立大清帝國對後山的統治地位。關於撫番，沈葆楨強調：「今欲撫番，則曰選土目、曰查番戶、曰定番業、曰通語言、曰禁仇殺、曰教耕稼、曰修島途、曰給茶鹽、曰易冠服、

〔註1〕潘繼道：《光緒初年臺灣後山中路阿美族抗清事件之研究》，《臺灣原住民研究論叢》2008年第3期，第145頁。
〔註2〕林子候：《牡丹社之役及其影響——同治十三年日均侵臺始末一》，《臺灣文獻》1976年第3期，第45頁。

曰設番學、曰變風俗」〔註3〕，也就是希望從部落頭目、家庭生業、學校教育、風俗習慣各方面，徹底改造原住民。而在開山方面，同光年間的後山「番界」道路開鑿，分北、中、南三路進行，期望在最短的時間內剿撫「番人」，招徠移民，達到「以內地之治治之」的目的〔註4〕。其中，通往後山奇萊地區（即花蓮平原）的北路由羅大春率兵工開鑿，之後由宋桂芳代為接辦。其路線從蘇澳經東澳（今宜蘭縣蘇澳鎮東澳里）、大南澳（今蘇澳鎮南強及朝陽里）、大濁水（今宜蘭縣南澳鄉澳花村）、得其黎（今秀林鄉崇德村及立霧溪一帶）、新城（今新城鄉新城村）、加禮宛（今新城鄉嘉里村）、崎萊（即奇萊，今花蓮市）、花蓮港（今吉安鄉南埔海邊）、木瓜溪（今吉安鄉與壽豐鄉交界處附近）到吳全城（今壽豐鄉志學村到平和村吳全社區一帶）。此路開闢於同治十三年（1874），沿路設置碉堡以防禦「番害」，往南則接後山卑南道路，其通達的區域正是奇萊平原撒奇萊雅人、噶瑪蘭人以及南勢阿美人的傳統活動範圍和聚居地。〔註5〕

後山「番界」道路的修築，對於清廷經略東部地區顯然可以起到極大的推動作用。而在世代居住於後山的原住民看來，開山及招募漢人移民開墾土地等舉措，無疑是對他們的傳統領域和生活空間的侵犯。正因為如此，開山工事在推進過程中，不斷遭到沿線原住民的狙擊和襲擾，導致清廷不得不改變原來以文官主導開山的方略，改由武將率領兵丁負責。隨著張其光、羅大春和吳光亮分別接棒主持南路、北路和中路的開山工事，後山區域北、中、南三路都有駐軍。在北路方面，以宣武左右兩軍分駐東澳、大南澳、大濁水、得其黎、新城、加禮宛、花蓮港、吳全城等地，以備不虞，〔註6〕共駐紮一十三營半及水師一營，由羅大春統領。

北路最初以夏獻綸在蘇澳的開山工程為起點，隨後才轉由羅大春負責。羅大春到任後，隨即對工兵人數進行補充（土勇1300人、料匠200人），並派練勇前營進紮東澳。〔註7〕然而，自東澳以南開始，原住民狙殺軍民的事件時有

〔註3〕沈葆楨：《福建臺灣奏摺》，《臺灣文獻叢刊第29種》，臺灣銀行經濟研究室，1959，第2頁。

〔註4〕胡傳：《臺東州採訪冊》，臺灣銀行經濟研究室，1960年，第5頁。

〔註5〕潘繼道：《國家、區域與族群：臺灣後山奇萊地區原住民族群的歷史變遷（1874～1945）》，東臺灣研究會，2008，第65頁。

〔註6〕連橫：《臺灣通史（上冊）》，商務印書館，1983，第315～316頁。

〔註7〕羅大春：《臺灣海防並開山日記》，臺灣銀行經濟研究室，1972，第14～15頁。

發生，使兵丁人數折損嚴重。隨著開路先鋒逐漸逼近當地原住民的生活區域，開路大軍受到襲擊的威脅也越發嚴重。從羅大春的日記中可以看出他對這種威脅的擔憂：「兵勇、樵夫被其刺殺者，不時而有。……而欲漸迫漸近，又慮凶番隨在梗阻。實有戞戞其難之勢。」〔註8〕由於原住民的狙擊，使得在開山過程中不斷調度兵員補充人數的折損成為一種常態。一直到光緒初年，這條後山北路仍「時有沿海截殺之事，一時難以通行」，「大魯閣、嘉禮遠、豆欄等社，番情尚未甚馴，墾民亦不敢輕住」。〔註9〕可見，在開山過程中，原住民對清政權統治的抗拒，在當時是一種普遍的現象。

在著手開鑿「番界」道路的同時，沈葆楨也一面推進招募拓墾的工作。他上書朝廷，請求解除臺灣的海禁與山禁政策，並獲得准許。〔註10〕光緒元年（1875），清政府設置「卑南廳」，將後山「番地」正式納入國家力量的統治。卑南廳分為南、中、北三路，理番事務由駐卑南的南路撫民理番同知統管。起初，南路地區由郭秀章擔任委員，中路地區由璞石閣的帶兵官處理，北路地區由花蓮港的帶兵官兼理；後來，三路「撫番」事務全部收歸吳光亮主管。當時推行的撫墾方針主要有三，一為教化，在各要地設立義學，以圖撫化「番人」。二為授產，使其得以料理生計，成為馴化善良之民。三是鼓勵移民，從大陸招募移民前來開墾「番地」，並給予特別的保護，獎勵其開墾業績。〔註11〕

時任臺灣道的夏獻綸，有鑒於後山各處「曠地甚多，未經開墾，而土地肥美，不久便無」，乃建議設立「招墾局」（或「招撫局」），由官方組織漢人移民進行大規模拓墾。不過，當局以種種舉措所謀劃的招墾事業，收效並不顯著，而巨額的經費支出則成為極大的包袱，在當時清廷財政已陷入窘境的情況下，終於不得不在光緒五年（1879）九月裁撤招墾局，將開墾事宜改以民招民墾的方式進行。〔註12〕光緒十二年（1886）四月，劉銘傳就任臺灣巡撫，並於次年宣布臺灣正式建省，卑南廳改為「臺東直隸州」，在卑南設撫墾局，繼續開展招撫事務。秀姑巒、花蓮港則各設分局，以加強「撫番」工作，墾務得以順利

〔註8〕羅大春：《臺灣海防並開山日記》，第21頁。

〔註9〕吳贊成：《吳光祿使閩奏稿選錄》，臺灣銀行經濟研究室，1966，第11頁。

〔註10〕同治十三年十二月初五（1875年1月12日），沈葆楨上《臺地後山請開舊禁摺》，見沈葆楨：《福建臺灣奏摺》，臺灣銀行經濟研究室，1959，第11～13頁。

〔註11〕伊能嘉矩：《臺灣蕃政志》，祥生出版，1973，第252～253頁。

〔註12〕伊能嘉矩：《臺灣文化志（下卷）》，臺灣省文獻委員會編譯，臺灣省文獻委員會，1991，第179頁。

進展，於是後山墾地漸廣。〔註13〕

　　以上介紹的是清廷國家力量介入後山後「開山撫番」的一系列作為。民間方面，對於後山花蓮平原地區的拓墾，漢人其實也早就有濃厚的興趣並進行過一些嘗試。同樣的，這些進犯原住民領地的漢人也都不同程度地遭到當地原住民的驅趕。清嘉慶十七年（1812）八月，來自宜蘭的漢人李享、莊找來到奇萊一帶，募佃墾殖，由於此處是撒奇萊雅人的傳統領地，因此在道光四年（1824）遭到撒奇萊雅人的攻擊，李享等人被迫放棄墾地，走避於南勢（今吉安鄉）。隔年，淡水人吳全等人又從宜蘭招募2800人，自蘇澳由海路南下至新城上岸，在花蓮志學一帶開墾，因時常遭受木瓜番攻擊，於是修築土城防禦，該地遂稱「吳全城」。道光七年（1827）五月，吳全等從南勢諸社購得北起得其黎（今花蓮縣新城鄉立霧溪流域），南至大鼻（今大笨、美侖鼻）的土地，招募佃人繼續開墾。結果再次遭到撒奇萊雅等原住民人群襲擊，加上墾民因水土不服染病，甚至死亡，吳全本人也因罹患疾病去世，使得諸佃恐懼，不安耕作。許多人逃回噶瑪蘭或南下進入秀姑巒阿美的勢力範圍，於是多年經營的耕地又變成了荒蕪之地。〔註14〕

　　咸豐元年（1851）左右，以臺北富農黃阿鳳為首的一干人集資數萬元，招募2200餘名漢人前往花蓮北端得其黎溪畔及美侖山西北側的平原開墾，分成十六股、三仙河、武暖、沙侖、十八鬮等五個聚落。後來，黃阿鳳因水土不服病死，其餘漢人則繼續從事開墾。咸豐六年，墾戶因與鄰近的加禮宛人衝突不斷，人員大量流失。〔註15〕到了咸豐八年六月，墾眾又與撒奇萊雅人發生衝突，最後在同意每月供給撒奇萊雅人酒及布匹的條件下雙方談和。但同治三年（1864），雙方再次發生爭端，這次爭端一直持續到同治六年，最終以漢人死傷半數敗走後落幕。此外，一些零散的漢人移墾行動也一直持續著。咸豐三年（1853）左右，從宜蘭南下的30餘戶漁民，在花蓮溪入海處附近的溪岸邊建立聚落，四年後，據聞又有百數十名同樣來自宜蘭的漢人，加入在上述地點開展的農業墾殖活動。〔註16〕

〔註13〕臺灣省文獻委員會：《臺灣史》，眾文圖書公司，1988，第254、347、373頁。

〔註14〕潘繼道：《花蓮舊地名探源：被遺忘的「奇萊」民族與其故事》，《歷史月刊》，1998年第127期；李玉芬：《後山漢族的移墾探討》，《後山文化研討會研討資料》，臺東縣政府文化局，2000，第48頁。

〔註15〕李玉芬：《後山漢族的移墾探討》，《後山文化研討會研討資料》，第48頁。

〔註16〕康培德：《殖民接觸與帝國邊陲：花蓮地區原住民十七至十九世紀的歷史變遷》，1999年，第203頁。

從康培德所繪製的漢人入墾區概略分布圖（圖 3.1）中我們可以看到，十九世紀上半葉，漢人的墾殖區主要還是分布在奇萊地區原住民傳統領地的外圍，與這一地區的原住民人群保持著很大的安全距離。一直到光緒三年（1877）五六月間，閩撫吳贊誠前來後山巡視時，奇萊一帶仍然是由於「大魯閣、嘉里遠、荳蘭等社番情尚未馴服……」而成為「墾民亦不敢輕往」之地。不過，這種情形在「加禮宛事件」發生以後，便徹底改變了。

圖 3.1　19 世紀初漢人入墾區概略分布圖

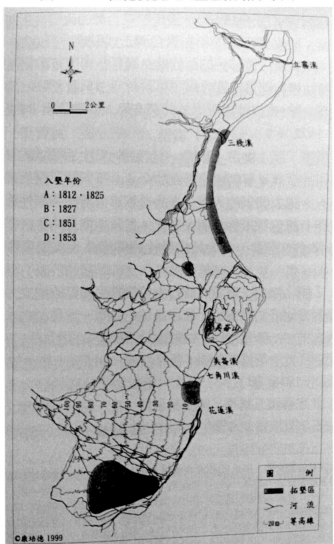

資料來源：康培德：《殖民接觸與帝國邊陲：花蓮地區原住民十七至十九世紀的歷史變遷》，稻香出版社，1999，第 203 頁。

二、花蓮地區原住民人群與清廷官軍的初遇

隨著「開山撫番」政策的執行，後山北路開始陸續入駐清軍。從同治十三年（1874）九月中旬開始至十一月初，各路清軍陸續進駐新城、得其黎一帶。九月底，清軍部將陳輝煌的軍隊進紮到大濁水，準備前往大清水時，遭到太魯閣人的抵抗。陳輝煌隨即派人赴新城與通事李阿隆、李振發等人協商，以招徠太魯閣頭目擔任嚮導為名對其實施招撫。不久，南勢阿美荳蘭等四社的頭目也被勸導「歸化」。另外，清庭官員還指派通事招募當地人擔任守衛碉堡的丁勇。〔註17〕由於上述行之有效的「撫番」措施，清軍在開山初期並未與原住民發生大的衝突。

然而，光緒元年（1875）之後，太魯閣人又不斷地攻擊駐守清軍。一月九日，羅大春親自來到新城，指導軍隊添設碉堡；一月十日，清軍營勇在通過大清水時，遭到太魯閣人狙殺；一月二十四至二十六日、二月五至八日，太魯閣人又連番襲擊碉堡，羅大春親率炮隊反擊，擊退太魯閣人。〔註18〕由於太魯閣人的攻擊不斷，羅大春一再向沈葆楨要求增兵，前來增援的宣義左右兩營被安排駐紮在三棧城和加禮宛，分別守護鵲子埔南面和北面。〔註19〕上述的鵲子埔和加禮宛，前者是加禮宛六社中最偏北的村社，後者則是加禮宛的「大社」所在地。

相較於太魯閣人激烈抵抗清軍的態度，在新城地區初遇開山清軍的加禮宛人顯得要平和許多。被視為「熟番」的他們，早在宜蘭的時候就已經諳熟清廷官方的制度和漢人的社會經濟邏輯。同治十三年（1874）九月，當羅大春率領的開路大軍來到大南澳一帶時，加禮宛社頭人陳八寶即帶領同社四人，請求清廷官方發予他們在花蓮的已墾田園執照。〔註20〕此舉說明加禮宛人由於擔憂清兵和漢人移民到來之後，會像在宜蘭一樣失去自己的土地，故要求清廷對其已墾田園的所有權進行認定。可見，對於強大的清廷統治勢力，加禮宛人不但是有清楚的認知，也是抱持被動的接納態度的。另一方面，從上述清軍將兵

〔註17〕 潘繼道：《國家、區域與族群：臺灣後山奇萊地區原住民族群的歷史變遷（1874～1945）》，東臺灣研究會，2008，第72～73頁。

〔註18〕 潘繼道：《國家、區域與族群：臺灣後山奇萊地區原住民族群的歷史變遷（1874～1945）》，第73頁。

〔註19〕 潘繼道：《國家、區域與族群：臺灣後山奇萊地區原住民族群的歷史變遷（1874～1945）》，第47頁。

〔註20〕 羅大春：《臺灣海防並開山日記》，臺灣銀行經濟研究室，1972，第26頁。

力部署在加禮宛村社周邊的安排也可以看出，清廷官員對於加禮宛「熟番」其實是比較放心的，默認其為「已歸化」的番族，對其潛在的抗撫情緒則未有過多的戒心。甚至於在與太魯閣人發生多次武裝衝突之下，羅大春還提出徵招加禮宛壯丁進入軍隊，補充軍力的構想：「擬招加禮宛生番百二十人為壯丁，歸綏遠右營約束。」〔註21〕

羅大春萌發招募加禮宛人充當壯丁的構想之際，正值北路開山軍又發生太魯閣人狙擊兵勇致死的事件，此時有加禮宛頭目在周維先的帶領下，來見羅氏，「羅氏撫慰而遣之」。可以推測，羅大春應該是在北路再遭太魯閣人攻擊，因見加禮宛人主動前來投誠而萌生招募加禮宛壯丁補充軍力想法。此事發生的時間大約在光緒元年二月以內。〔註22〕

由上可見，在清廷軍隊開進北路初期，初遇清軍的加禮宛人不但沒有阻止開山，反而是抱著歡迎與合作的態度與清軍進行互動。因此，清軍進駐加禮宛的領地後並未遭到排斥。可惜這樣一段友善合作的「蜜月期」只是持續了短暫的時日，不久之後雙方的關係便開始朝著惡化的方向發展了。

光緒元年（1875）三月，由於後山北路軍隊「聯牂而入」，大量進駐加禮宛地區，而此時恰逢「疫氣流行，兵勇病者甚重。」於是，加禮宛人便乘機唆動七腳川社等南勢阿美諸社的少壯番，「背其老番，各謀蠢動」，〔註23〕而大濁水、得其黎、新城一帶的太魯閣人，也在四月初不時出沒騷擾清軍，「或數十人、或百人伏途狙擊，乘雨撲磡」，狙殺清軍兵勇。如此緊急情勢下，清軍不得不調配軍力駐牂三層城（三棧）和吳全城，並招撫木瓜番，以抵禦太魯閣人的襲擊。

光緒元年十二月，駐守後山的北路軍由於統領宋桂芳病歿，軍紀渙散，發生舞弊、侵餉的現象；丁日昌於次年二月接任閩撫，受命查辦，整肅軍紀，按朝廷要求，「汰弱留強，以期餉不虛縻，兵貴實用。」（《德宗實錄》卷27）三月，丁氏即派水師提督彭楚漢赴臺，與吳光亮會同辦理，裁汰營勇。〔註24〕經此次裁軍後，後山北路的軍隊大幅縮減，兵力出現短缺，反而需要招募民兵來強化防務：

〔註21〕羅大春：《臺灣海防並開山日記》，臺灣銀行經濟研究室，1972，第49頁。綏元右營的駐地即為加禮宛社。

〔註22〕康培德等：《加禮宛事件》，「原住民族委員會」，2015，第57頁。

〔註23〕康培德等：《加禮宛事件》，第57頁。

〔註24〕《清季申報臺灣記事輯錄》，臺灣銀行經濟研究室，1994，第613頁。

　　臺北前因北兵力單薄，經本任福寧鎮總兵吳光亮議招淡水、噶
瑪蘭民兵二百人，在五佛埔築圍居住，以為半耕半守之計。〔註25〕

　　此一時期，由於清廷財政開始陷入困難，後山的經略，不得不從積極開撫
轉為在有限的經費下，開展務實的經營。

　　光緒二年（1876）秋冬，加禮宛人再次聯合荳蘭、木瓜等社策動抗撫。此
時正值臺地文武大員均身受瘴癘不起，故臺灣道夏獻綸和吳光亮聯署稟報朝
廷，請求速籌剿辦。丁日昌遂於十一月來臺督辦，他在上書的奏文中寫道：

　　　　上年（光緒元年）……秋間，北路荳蘭社番又時有乘機殺人，
　　將首級賣與木瓜番之事。……（此時）屢接臺灣道夏獻綸並該鎮等
　　稟稱，以後山嘉里遠番眾串通荳蘭、木瓜各番，夜則暗攻營壘、日
　　則伺機殺軍民，稟請速籌剿辦。經臣與署督臣文煜會商，派總兵張
　　陞楷先帶練勇二營前往北路，督同原派各軍穩查穩進，徐圖剿撫之
　　方。〔註26〕

　　加禮宛人深知清廷必定會嚴查並懲處此次聯合木瓜番、荳蘭社的反撫事
件，若讓事態繼續擴大，恐怕要付出慘痛的代價。因此，風聞官府要查辦的消
息，為了表明「忠心」，他們隨後馬上「復呈獻木瓜首級，以明其並未串通。」
（《德宗實錄》卷43）然而，此舉並不足以消除清廷的極大疑慮，仍要求丁日
昌「確切查明，痛加懲治，免致肆無忌憚」。（《德宗實錄》卷43）丁日昌乃派
張陞楷查辦：

　　　　嘉里遠番所呈木瓜番首紀（級？），前據總兵吳光亮文稱，驗明
　　非偽。惟該番等忽和忽仇，首級雖真，心術難信。前次勇丁在伊境
　　內被殺，該番斷不能推為不知；現飭總兵張陞（陞）楷確切查明，
　　再當（當在？）擇尤痛辦。〔註27〕

　　儘管此案最後還是不了了之，但其後續影響卻直接導致清廷對於後山的
總體經營策略發生了根本性轉向。由於丁日昌的決策，清廷此後對於後山的經
營，改以中路為主，對於從同治十三年（1874）以來耗費龐大的人力、物力所
開通的北路，則正式棄守。從光緒三年起到割讓臺灣為止，晚清在後山的經營，

〔註25〕《清季申報臺灣記事輯錄》，臺灣銀行經濟研究室，1994，第732～733頁。
〔註26〕丁日昌：《奏為臺灣北路生番未靖微臣現擬力疾渡臺妥籌辦理摺》，《清宮月折
　　　　檔臺灣史料》，台北故宮博物館，1994，第2402～2403頁。
〔註27〕丁日昌：《奏陳遵旨辦理臺灣番務並請豫籌餉事由片》，《清宮月折檔臺灣史
　　　　料》，臺北故宮博物院，1994，第2452頁。

只保留從南路進入的模式，北路通往的花蓮北部地區則成為鞭長莫及之地，一直到日據時期才獲得大規模開發。

丁日昌來臺督辦此案前，便已明瞭臺灣存在著交通不便、財力不足、瘴氣嚴重三大問題。在來臺實地考察後，他認為上述問題的根本解決之道，應在於謀求以臺灣的財政作為經營臺灣之用，同時疏通道路，以解決南北之間、前後山之間的交通阻隔問題。丁氏在綜合各方面因素後，得出結論──要持續且有效地控制後山，「後山暫可緩開」（《德宗實錄》卷 50），即移墾事務可暫放一邊，重點在於防務。而防務方面，鑒於南、北、中三路交通不便，聲氣未能相通，「擬將吳光亮所部移紮後山璞石閣、水尾，居中控馭」，至於「蘇澳至新城中間所紮各營」，則「移至歧來、秀姑巒、卑南一帶，歸吳光亮調度節制」（《德宗實錄》卷 27）；也就是說，丁氏將後山中路的經營視為重點，把羅大春時期之北路山區的碉堡兵轉進後山中路，且將原本互不相屬的後山三路，統歸吳光亮節制。

基於這樣的構想，丁氏於該案結束後，制定了「撫番善後章程二十一條」的規劃。他認為臺灣各處曠土甚多，應予招墾，於是由營務處選派委員，前往汕頭、廈門、香港等處，招工前來開墾。〔註28〕另外，為了配合這一規劃，他又決定調派吳光亮來後山擔任臺灣總兵，替代張其光之職，兼統後山諸軍，駐紮後山中路，以避免重蹈前一年後山軍隊舞弊侵餉等弊端。〔註29〕光緒三年四月十五日，吳光亮自府城出發，「由恒春今年新闢之路繞至後山卑南、秀孤巒，駐紮該處，練兵屯田，以為久計。」〔註30〕隨行的軍隊有飛虎兩營兩哨及線槍營，進入東部後，線槍營留駐大陂，飛虎軍則繼續北上，全軍暫駐璞石閣。同時，為保障後勤的補給，在成廣澳設立糧局，分派飛虎軍勇駐守當地並護衛糧餉。五月中旬之前，調派線槍營移紮於大港口；又將原駐後山北路山道的練勇前、左兩營分紮在水尾、馬大鞍、吳全城等處。〔註31〕至此，整個後山兵力已分布到木瓜溪南岸，越過溪便是北路地界，屬於晚清所認知的奇萊範圍的南緣了。〔註32〕

〔註28〕臺灣文獻委員會：《劉銘傳撫臺前後檔案》，臺灣銀行經濟研究室，1997，第 9頁。
〔註29〕《清季臺灣洋務史料》，臺灣銀行經濟研究室，1969，第 13 頁。
〔註30〕《清季申報臺灣記事輯錄》，臺灣銀行經濟研究室，1994，第 715 頁。
〔註31〕吳贊誠：《吳光祿使閩奏稿選錄》，臺灣銀行經濟研究室，1966，第 8 頁。
〔註32〕康培德等：《加禮宛事件》，「原住民委員會」，2015，第 71 頁。

　　總體來看，清軍自進入奇萊地區以來，就不斷遭到太魯閣各社的襲擊，而南勢七社也是「叛服無常」，只有加禮宛諸社相對順服，甚至還做出幾次投誠的舉動。一直到光緒元年三月，加禮宛人壓抑許久的不滿情緒才爆發，乘清軍兵勇罹患時疫，煽動七腳川諸社，企圖策動反撫。此後，在光緒二年十一月、四年五月，加禮宛人又兩次與木瓜、荳蘭、沙基拉雅等社私下串通或結盟，共同抗擊清軍。這些聯合抗撫的行動，促使清廷不斷調整治理後山的策略。不過，與光緒四年九月與清軍持續多日的戰役（清廷文獻記載為「加禮宛事件」）相比，上述串通木瓜、荳蘭等社偷襲清軍營壘，殺害漢人軍民的幾次小規模抗撫行動還只能算是小打小鬧。「加禮宛事件」持續多日的激戰，最終以加禮宛人和撒奇萊雅人遭到清軍「破社滅族」，流離失散而告終。戰爭改變了奇萊平原人群的分布格局，也使得加禮宛人和撒奇萊雅人及其後裔，在此後的一個多世紀裏成為身份模糊的人群，「隱身」在歷史舞臺的幕後。

第二節　「加禮宛事件」的歷史圖像

一、清廷官方文書的記載

　　關於「加禮宛事件」的起因，一般說法均稱是由於「土棍陳輝煌指營撞騙，按田勒派，勒索金錢」等，引起加禮宛人不滿而抗撫。日本學者伊能嘉矩則在其著述中記載事件的起因為「加禮宛熟番有殺害漢民陳文禮之案。蓋因其入該番所屬地域，企圖開墾，出於恨惡其土地被侵佔之餘憤。」〔註33〕不過，這種說法由於缺乏確鑿的史料驗證，可信度相對較低。

　　康培德從武官系統的呈報、文官系統的訪查、閩地督撫與朝廷的解讀、時人的觀察和當時當地的歷史情境五個方面，對事件的起因進行了深入剖析。他指出，光緒三年三月後，由於後山北路開山計劃的廢止，使得北路清軍嚴重依賴海路運輸補給。因此，駐守清軍的缺糧問題，才是推動「加禮宛事件」發生的最大結構性因素，而諸如《清季申報臺灣紀事輯錄》中所記載的「溯查此次致亂之由，實緣官軍購買生番土產過於欺壓，且有凌辱婦女之事，遂糾合多人到營理論；營官庇護勇丁，遽將來人誅戮」〔註34〕等原因只是引發雙方矛盾激化、觸發事件發生的導火索。正是由於軍糧緊缺，欺壓、勒索加禮宛人，以及

〔註33〕伊能嘉矩：《臺灣文化志（下卷）》，臺灣省文獻會，1991，第418～419頁。
〔註34〕《清季申報臺灣記事輯錄》，臺灣銀行經濟研究室，1994，第806頁。

伴有「凌辱婦女」的過激行為，才導致母系社會的加禮宛人「被逼難堪，是以決計反撫」。〔註35〕對於上述觀點，李宜憲也持相同的看法。他認為，事件的起因應是一連串的因素所造成。自羅大春接續北路工事以來，晚清二十年的後山清兵一直是處於缺糧的狀態，缺糧問題可視為該事件的遠因；直接原因則是由於加禮宛人居住在美崙溪的洪泛地，且是後山唯一懂得種水田的原住民，加禮宛六社的農產品可能因此成為後山北路清軍糧食的供應鏈之一。而當時，加禮宛人本身似乎也陷入糧食不足的問題，所以「買米口角」加上兵丁「過於欺壓」以及「凌辱婦女」，最後終於擴大為加禮宛人反撫抗官的軍事衝突。〔註36〕

　　加禮宛人為何會跟撒奇萊雅人結盟共同抗擊清軍呢？這個疑問，或許應該從花蓮平原族群互動的角度來找尋答案。根據17世紀荷蘭人留下的史料，結合實際的地形，詹素娟推斷早期撒奇萊雅人的聚落可能位於今日美崙溪的北部、靠近新城地區的空間。而撒奇萊雅人在19世紀時選擇退居在美崙溪南岸，很可能是因為受到太魯閣人的威脅而遷移的。〔註37〕撒奇萊雅人退出之後，新城到美崙溪之間便成為一片緩衝區，成為日後接納從宜蘭南下的噶瑪蘭人（加禮宛人）進駐的空間。

　　從宜蘭南下花蓮平原的這群噶瑪蘭人，以「Kaliawan」（加禮宛）自稱，在今日新城鄉嘉里村附近的平原及須美基溪畔拓墾。這裡水源充沛，有適合種植水稻的低窪濕地。加禮宛人來到花蓮平原後，起初與撒奇萊雅人並沒有什麼交集。不過，隨著他們在達固湖灣部落西北處修築水漕，開墾水田，雙方也發生過一些摩擦。撒奇萊雅人起期初不瞭解加禮宛人修築水漕的用途，因此放任水牛去踩踏，毀壞水漕，而加禮宛人為了報復，便來到撒奇萊雅人的部落外圍，把刺竹林中的竹子修掉枝葉，弔上畚箕，畚箕內裝上小石頭，借助竹子的彈力往撒奇萊雅部落彈過去，讓石頭掉落屋頂各處，甚至於打到人。撒奇萊雅人亦不甘示弱，也用同樣的方式把熱騰騰的水，往對方彈過去，使對方不敢靠近而結束戰爭。〔註38〕

〔註35〕康培德等：《原住民重大事件──加禮宛事件》，「行政院原住民族委員會」，2003，第56頁。

〔註36〕李宜憲：《加禮宛事件暨加禮宛意識之形塑》，載潘朝成、施政鋒主編《加禮宛事件》，臺灣東華大學原住民民族學院，2010，第76頁。

〔註37〕詹素娟：《族群、歷史與地域──噶瑪蘭人的歷史變遷（從史前到1900年）》，臺灣師範大學歷史研究所博士學位論文，1998，第220頁。

〔註38〕楊仁煌：《撒奇萊雅民族無形文化建構之研究》，《臺灣原住民研究季刊》2010年第4期，第113～114頁。

雖然雙方一開始的確產生了一些摩擦，但在隨後的接觸中，彼此風俗的相近以及共同面臨著近山地區太魯閣人侵襲的壓力，因而逐漸互生好感，結成友好的同盟關係。雙方一度在 bacaywan（美崙溪畔）設立市集相互交換各自的農產品，還曾共同出兵，襲擊住在近山地區的太魯閣人。〔註39〕

圖3.2　奇萊及周圍莊社分布圖

資料來源：《1878 臺灣前後山輿圖》，南天書局，1997。

隨著加禮宛人的聚落在花蓮平原建立起來，宜蘭的噶瑪蘭族親也紛紛前來投靠。咸豐三年（1853）左右，宜蘭武暖社的一部分族人遷來，併入加禮宛社。隨著人口的增多，加禮宛人的勢力越發強盛，到了同治年間，已凌駕於先住的撒奇萊雅人與太魯閣人之上，稱雄於奇萊平原。〔註40〕到同治十三年

〔註39〕潘繼道：《「加禮宛事件」後奇萊平原與東海岸地區的原住民族群活動空間變遷探討》，《加禮宛戰役》，東華大學原住民民族學院，2010，第 32 頁。

〔註40〕潘繼道：《國家、區域與族群：臺灣後山奇萊地區原住民族群的歷史變遷（1874～1945）》，東臺灣研究會，2008，第 48 頁。

（1874），「牡丹社事件」發生時，清朝官員羅大春、夏獻綸的文書中記錄的噶瑪蘭聚落已有六個，分別為：加禮宛、竹子林、武暖、七節仔、談仔秉與瑤歌，因加禮宛社在六社中居領導地位，故統名曰「加禮宛」（大社）。另外，當時的中央山脈近山及山地居住著太魯閣（大魯閣）番與木瓜番兩群人；在鯉浪港以南則有巾老耶（即達固湖灣）、飽干、薄薄、斗難（即荳蘭）、七腳川、理劉（即里漏）、脂屘屘七社，統名曰南勢番。〔註41〕

　　光緒四年三、四月間，在「買米口角」、「婦女受辱」、「族人被誅戮」一系列事情發生後，加禮宛人所積累的仇恨和憤怒達到了臨界點，六社達成了反撫的共識。而據清廷文獻記載，五月時，清軍似乎也已注意到加禮宛人的動向，遂派副將陳得勝率領福銳營的官兵共 500 名，移防鵲子鋪（今新城鄉北埔村一帶）。六月十八日，加禮宛人截住清兵的請糧文書，正式引爆戰事。次日寅初，加禮宛人再糾眾劫營塞井。此次交戰，清軍營官陳得勝受傷，哨官楊玉貴遇伏被殺，加禮宛人奪得清軍大炮，首戰告捷。〔註42〕

　　由於當時後山北路的駐軍不足以鎮壓加禮宛人，吳光亮與孫開華乃向閩撫求援，要求「調營會剿」。接下來的兩個月內，雙方未再發生衝突，推測應是陳得勝採取緩兵之計，一面向外求援，一面安撫加禮宛人。八月十六日，臺灣道夏獻綸派員入社勸喻加禮宛人，並商派張兆連帶領的擢勝後營同赴花蓮港；軍隊增援以及官員入社游說的舉動，使得加禮宛地區再度瀰漫不安的氣息。加禮宛社內部出現意見分裂，青壯派社眾見清廷援軍已陸續開到，仍主張繼續反撫。八月十九日，加禮宛社眾先發制人，截殺參將文毓麟及勇丁九名，再次挑起戰事。加禮宛人兩次擊敗清軍，造成兵丁、將領傷亡的消息傳來，使得原本對其抱持同情態度的閩撫吳贊誠態度轉為強硬，力主對加禮宛人予以嚴懲，以維護清廷的統治權威。於是乃加派孫開華帶領另一營擢勝軍、胡德興所部鎮海中營七哨、新設海字營四哨，分坐輪船駛赴花蓮港，並挑選福靖新右營兩哨，赴新城助守鵲子鋪，前後增派兵力合計 2000 餘名。八月二十九日，總兵孫開華抵達花蓮港。九月三日，新增各營陸續到齊。〔註43〕

　　隨後一連串戰事的過程，在閩撫吳贊誠的奏摺中有如下記載：

〔註41〕潘繼道：《國家、區域與族群：臺灣後山奇萊地區原住民族群的歷史變遷（1874
　　　　～1945）》，第 33 頁。
〔註42〕康培德等：《原住民重大事件——加禮宛事件》，「行政院原住民族委員會」，
　　　　2003，第 57 頁。
〔註43〕康培德等：《原住民重大事件——加禮宛事件》，第 57～58 頁。

　　茲接孫開華、吳光亮呈報：初五日酌帶隊伍，會同前往米崙山查勘地勢。該番散伏深菁，放槍伺擊；我軍連施開花炮、火箭，傷番十餘名，番眾敗退。查點我軍，陣亡一名、受傷數名。孫開華等先擬由米崙山一路前進；及查看巾老耶社適與加禮宛勢成犄角，必先攻拔以孤其勢，我軍始無後顧之憂。遂於初六日會督各營，分路進攻。派副將李光華隊駐紮米崙港，防其包抄；調新城營勇紮鵲子鋪，以防竄逃。孫開華、吳光亮率參將張兆連等整隊向前，先作明攻加禮宛之勢；密遣參將胡德興、吳立貴、同知朱上浮、都司李英、劉洪順等，突向巾老耶社分攻東南、東北兩面。該社悍番拼命拒戰；正相持間，加禮宛番目大肥宛汝率悍黨數百來援，為我後隊截擊，大肥宛汝中炮立斃。連斃悍黨十餘名，番始敗退。巾老耶外援既絕，勢漸不支；我軍勇氣倍奮，戰及三時，始將該社攻破，殺斃悍番數十名。

　　初七日黎明，復督大隊往攻加禮宛社。該番先受懲創，知我軍威，料難自守；預於社後二里許，負山阻險，堅築土壘。我軍一到，該番拒戰，逾時即棄社而遁；登即追殺數十人，立將該社茅屋焚毀。因路徑叢雜，未便窮追，即收隊回營；隨探知敗竄悍番，尚聚上壘為守死計。初八日五鼓，吳光亮率各營仍由加禮宛竹子林而進，孫開華親督參將張兆連等由巾老耶社旁深草叢中銜枚疾進，直抵該巢。環攻一時之久，身先衝入，遂將堅壘踏平，搜斬一百餘名，餘眾翻山竄逃；至午刻收隊。計四日之戰，共殲番兩百餘名。其南勢之荳欄、薄薄等社，初猶觀望；至是，悉皆懾服，不容敗番入社。

　　（光緒四年九月十二日《官軍攻毀後山番社並搜除安撫情形摺（會閩督銜）》）〔註44〕

　　持續了四天的戰爭，主戰場在達固湖灣、竹仔林、鵲仔鋪等地，由於撒奇萊雅、加禮宛社眾無論是人數還是裝備上都無法匹敵清軍，因此戰事導致少壯社民大量死去，局勢很快安定下來。康培德統計當時雙方的參戰人數，估計清軍出動兵力，除了在地駐軍 2500 人，加上新增援兵，總計人數應在 4500 名以上。而加禮宛及撒奇萊雅，估計約各有千餘人，扣除婦女及老幼，參戰壯丁應

〔註44〕吳贊誠：《吳光祿使閩奏稿選錄》，臺灣銀行經濟研究室，1966，第 21～22頁。

在 1000 人左右。〔註45〕

二、口述史中的「達固湖灣戰爭」

　　「加禮宛事件」是清廷在「開山撫番」過程中與奇萊平原原住民之間爆發的一場大規模軍事衝突。這場戰爭直接導致加禮宛和巾老耶這兩個昔日在平原上稱雄的兩個大社被「破社滅身」，社民則從此陷入流離四散的境地。因此，戰爭的慘痛記憶，不僅會長久留存於幸存者身上，當時住在周邊的漢人肯定也都會聽聞這一事件。日據時期，日本學者伊能嘉矩曾來到十六股開展田野調查，搜集到作為「旁觀者」的漢人所記憶的「加禮宛事件」：

> 　　光緒四年一月，加禮宛番，殺害漢族商人陳文禮，蓋因漢人慾入其地開墾，番人不悅，致有此舉耳。加禮宛營哨官蕭某憐之，令加禮宛番以金谷慰藉其遺屬以贖罪。加禮宛番人不應，反殺傳令兵，而暗與阿眉斯族所屬之竹窩宛社番通謀，至六月，企圖反叛，於是陳得勝率引新城駐紮部隊討伐之，不克。
>
> 　　吳光亮乃與孫開華謀議，傳令各地營汛出兵，李光、李英、張兆連自蓮港，劉風順自吳全城，吳光初自六合地莊、吳孝祿自農兵莊，劉國志自濁水營，分別前進，吳光亮自行督戰，七月二十六日先伐沙古社（Sakol 社），次日伐加禮宛，二番不支，避難於方此之東角山。會暴風雨大作，山中乏食，多數餓死，有潛逃至海岸地方者。至是，老番等乃下山至營門乞降。〔註46〕

　　伊能所採錄的信息有幾處與清朝文獻有明顯的差異，其中最大的出入在於戰事發生的起因和時間。夏獻綸呈報吳贊誠的文書中指出，事件起因係「……土棍陳輝煌指營撞騙，按田勒派，共詐番銀不少；該社被逼難堪，是以決計反撫」〔註47〕，而伊能採錄的資料則說是因漢人侵墾加禮宛人的土地使其不悅，殺害漢族商人陳文禮而引發。關於戰爭爆發的時間，吳贊誠的奏書中指明是從九月五日開始，伊能所記錄的則是七月二十六日。另外，吳贊誠奏摺中記載巾老耶社與清軍交戰，到了伊能那裡，交戰族社則變成了沙古社（Sakol，即撒固兒）。此外，伊能所採錄到的口述資料還提到，戰敗後的加禮宛人和撒

〔註45〕康培德等：《原住民重大事件——加禮宛事件》，「行政院原住民族委員會」，2003，第 59 頁。

〔註46〕伊能嘉矩：《臺灣藩政志》，溫吉編譯，臺灣省文獻會，1966，第 625～626 頁。

〔註47〕吳贊誠：《吳光祿使閩奏稿選錄》，臺灣銀行經濟研究室，1966，第 19 頁。

奇萊雅人有不少逃至東角山避難，因山中缺乏食物而餓死，不過並未提及餓死的人數多寡。

　　「加禮宛事件」中，正面交戰的主要是清軍與加禮宛社、巾老耶社三方。但從清廷文獻的記載來看，實際捲入戰爭的原住民人群，並不只有撒奇萊雅人和加禮宛人：南勢阿美的荳蘭、薄薄兩社最初是保持觀望態度，似乎有意加入反撫聯軍參戰，但終未出兵，之後見加禮宛人和撒奇萊雅人戰敗，隨即改變態度，「悉皆讋服」，且不容許兩社的逃亡者入社避難。戰事發生時，七腳川社兩次截殺試圖加入抗撫聯軍的木瓜番，將木瓜番首級繳呈清軍領賞，並切斷其與加禮宛社的聯絡，同時截殺戰敗逃亡的巾老耶社人，「甚為出力」。住在立霧溪附近的太魯閣人則乘加禮宛人戰敗，從其後方發動襲擊，使得加禮宛人在腹背受敵之下，最終走向「喪身滅社」的下場。〔註48〕關於戰爭中各勢力人群的互動，撒奇萊雅領袖督固・撒耘向我提供了一些有異於文獻記載的口述資料：

> 我們（現在）講的賽德克，就是（住在）銅門這邊的，木瓜溪
> 上游，以前叫木瓜番。木瓜番是不是屬於賽德克，其實也不清楚。
> 有可能是賽德克，也有可能是邵族。是賽德克的可能性比較大……
> 銅門、銅蘭一帶也有一些賽德克。賽德克在富士村（音）那邊，太
> 魯閣口那邊，也有一群，其他就是太魯閣。銅門那一群木瓜番（即
> 賽德克）對七腳川的態度、對撒奇萊雅跟噶瑪蘭的態度都不同，太
> 魯閣人（對以上三者）的態度也是不一樣。「加禮宛事件」的時候，
> 銅門的賽德克人是下來要幫忙打仗，（他們）跟撒奇萊雅和噶瑪蘭是
> 有結盟關係，而太魯閣人是下來要殺噶瑪蘭人，但是也是被七腳川
> （社人）擋住，七腳川也是不喜歡它，再加上清軍跟他們也有一些
> 協議。所以當時那場戰爭，其實參戰的不止撒奇萊雅和噶瑪蘭人，
> 還包括這兩支泛泰雅族的太魯閣人和木瓜番。還有七腳川也參戰，
> 南勢群那三個社（荳蘭、薄薄、里漏）沒有動。據說他們私底下也
> 想打清軍，可是被威脅就不敢。但是七腳川很明顯是幫清軍把銅門
> 那邊的木瓜番擋住。這邊的太魯閣人則是下來砍殺噶瑪蘭。所以那
> 場戰爭其實還蠻混亂的，到處都是戰場。並不是像一般文獻上所記
> 錄的，戰場上只有噶瑪蘭和撒奇萊雅，其實不是。附近的族群全部
> 都在動，都參與了這場戰爭。（2016/07/22 訪談督固）

〔註48〕吳贊誠：《吳光祿使閩奏稿選錄》，第21～22頁。

圖 3.3 「加禮宛事件」戰況示意圖

圖片來源：督固・撒耘提供

　　加禮宛人是這場戰爭的「始作俑者」，也是清廷文獻中記載的主體，不過令人詫異的是，自戰爭發生以後到日據時期，直到今日，在加禮宛後裔中很少聽到有關於這場戰爭的口述歷史——似乎是集體失憶了。反倒是在戰爭中作為「配角」的撒奇萊雅人，其後裔對於清軍攻打達固湖灣部落的具體細節，仍有十分鮮活的記憶。以下關於「達固湖灣戰爭」中交戰的經過，便是來自撒固兒部落耆老黃金文的口述：

　　　　這個部落在 1878 年第一次戰事發生的時候，首當其衝的應該是
　　　　Gipawkan（飽干），因為周圍都是刺竹攻不進來，所以五個部落的年
　　　　齡階級大多集中放在大門口，也就是七飽干這個地方。這裡也是整
　　　　個部落的出入口，因此把火力集中放在這裡。另外就是 Sakor 水源
　　　　門這裡，也有年齡階級在這裡固守，但是第一次進攻是從大門進來，
　　　　不是水源門，也就是從美崙溪上來，由於這個地方坡度相當高，而
　　　　且只容二個人並肩走路的寬度，因此如果他們要進來一定是魚貫式
　　　　的進來，沒有辦法一次進來那麼多，所以他們一來就會被砍，最後
　　　　他們始終沒有辦法進入到部落的裏面。於是就跑掉去找同伴、搬救
　　　　兵。第二次攻擊則是兩個門口都受到攻擊。

　　兩個地方同時攻擊的原因是因為水源地的這個地方比較平，而且門又很寬，他們一來就衝進來了，部落裏面根本來不及反應，他們一進來先殺了兩戶的人家，而且是全部殺光，年齡階級發現之後就敲打緊急鼓，所有的年齡階級就集中火力到這兩個地方，最後把清軍擊退。水源地這個地方死掉兩戶人家，是因為那時來不及反應。過了二十多天以後，部落的人都以為敵人被消滅了，不會再來了，所以族人開始辦一些慶功宴，頭目雖然有警覺到，不應該那麼熱鬧，要預防敵人隨時回來，但是過了二十多天敵人都沒有來，所以他們就盡情地辦慶功宴，每天都喝酒醉。原來清兵這段時間是在討救兵，他們再來的時候就不單單是步弓，而且他們都在美崙溪排成半圓形圍著刺竹林，因為美崙溪旁邊都是刺竹。年齡階級到門口才發現有人在那個地方，但是也不知道是怎麼回事，有看到他們點火，但是年齡階級以為是清兵要照明路，想要找出入口。結果後來才發現，這些火不但不是照明用的，而且他們還把火弓箭往部落的方向射。清兵用火弓箭射到整個部落的刺竹底下，那時候是夏天，葉子非常乾燥，所以一被點著，刺竹都被火燒得很猛烈，而且一燒就不可收拾。但是燒了一兩天他們還是沒有辦法進來，因為刺竹很厚，我們每四年年齡階級進階就會種一圈刺竹，（部落外圍的刺竹林）總深度大概有兩百多公尺，結果他們放火燒了一個星期，把刺竹幾乎燒光。至少有半個達固湖灣的刺竹全部被燒光，燒光之後他們才有辦法進來。進來之後開始跟部落的年齡階級打仗，但是清兵是龐大的軍隊進來，年齡階級一定是沒有辦法對付，因為軍隊他們有毛槍，一下子就把部落打垮了。年齡階級一面要救火一面要打仗，根本就沒有辦法打，火燒到房子，一下要救人，一下要救火，已經沒有心情打敵人了。

　　頭目 Pazik 覺得 Sakizaya 可能被消滅，所以乾脆就投降了，就在清軍的面前舉手。頭目以為投降了就沒事，但是清軍仍然把所有的年齡階級全部抓走，一個接一個地綁起來，然後帶出去，帶到美崙山的北側，也就是現在的榮家後面有一個殯儀館，那裡都是樹木，然後就在樹林裏，把他們綁在那裡，沒有一個人逃脫。只有一些逃命的人發現所有的年齡階級被綁在大樹下，第二天這些人都沒有再

回來。也找不到屍體，應該是被消滅。年齡階級被抓光之後，只剩下老弱婦孺，耆老當天晚上就叫所有的青少年帶著自己的牛，騎著自己的牛一直往南邊跑，不要再回來了，那時候的青少年應該有一百七十多位。〔註49〕

黃金文口述的戰爭情形與伊能嘉矩在十六股所採集到的資料，基本上是可以相互印證的。根據他的說法，清軍在火攻達固湖灣部落之前已經發動過兩次攻擊，且都失敗。「過了二十多天」之後，清軍又再次來襲，火燒刺竹林，最終攻破部落。黃金文在口述中提到清軍火攻的時間是「夏天」，與伊能嘉矩記錄的日期「七月二十六日」是吻合的。按這個日期推算，清軍首次攻擊部落的時間應該是在六月底，因為當時有「加禮宛番人不應，反殺傳令兵，而暗與阿眉斯族所屬之竹窩宛社番通謀，至六月，企圖反叛」的情形。第二次攻擊部落的時間則是在七月初，這樣二十幾天後正好就到「七月二十六日」。

不過，若將以上口述資料與清廷官方文獻的記錄對比，還是會發現兩者存在著很大的出入。從清代文獻記載的「加禮宛事件」發展脈絡來看，加禮宛六社形成反撫共識是在光緒四年三、四月間；而實際的反撫行動則是到了六月十八、十九兩日才發起，先是十八日攔截清兵請糧文書，次日又集結兩千餘名社眾赴鵲子埔劫營塞井，可見其行動是經過周密計劃的。尤其值得注意的是十九日的劫營塞井行動，參與人數多達兩千餘人，這兩千多人當中，有沒有可能一部分是來自巾老耶社（達固湖灣部落）的撒奇萊雅人呢？答案應該是可以肯定的。從三、四月間至六月中旬，中間間隔的一個多月的時間，應該正是加禮宛內部醞釀反撫計劃，並與撒奇萊雅人聯絡、磋商聯合抗撫行動的準備階段。因此，也才會有五月時，因清軍探知加禮宛社眾策動反撫計劃，新城軍區營官陳得勝帶兵前往布置的行動。另外，伊能嘉矩在十六股搜集到的口述資料中提及加禮宛人「暗與阿眉斯族所屬之竹窩宛社番通謀，至六月，企圖反叛」的說法也可以佐證以上推測。

「加禮宛事件」是清廷在「開山撫番」過程中發生的一次原住民重大反撫事件，因此官方文書中保存了大量的資料，多數為奏摺、飭令等。從文獻考據

〔註49〕引文為蘇羿如訪談黃金文的資料，見蘇羿如：《撒奇萊雅族（Sakizaya）的生成歷程——族群團體、歷史事件與族群性的再思考》，東華大學多元文化教育研究所博士學位論文，2009，第110～111頁。

的角度看，這些資料的可信度相對較高，也是歷來被學者普遍引述和討論的憑據。雖然口述史在轉述的過程中經常會有信息丟失、增減或變異的情形出現（如戰爭發生的日期、事件情節等因記憶模糊或誤傳而失真），但它作為歷史資料的重要意義在於能夠反映出以原住民作為敘事主體的敘事角度和歷史記憶。從這些在歷史時空中口耳相傳下來的信息中，仍然可以一窺曾經的「歷史真實」所遺留下的一面側影，它沉澱了人們對記憶篩選之後保留下的那些被視為最重要的部分。

第三節　人群的流徙與身份的隱匿

一、事件後清廷的處置

　　清軍在討平加禮宛社和巾老耶社後，九月十五日，福建巡撫吳贊誠乘船抵達花蓮港，連續幾日會同總兵孫開華、吳光亮，前往加禮宛等地查勘，對事件的善後工作進行了一番周密部署。在呈報朝廷的摺書上，吳贊誠寫道：

> 臣贊誠於九月十五日乘「威遠」練船抵花蓮港。……因七腳川番合社一心始終出力，面予嘉獎，犒以銀、帛；薄薄社番性尚馴良，亦予獎勵。荳欄（荳蘭）、里樓（里漏）等社，則皆嚴切訓示，曉以屬害；飭各約束子弟，毋再為非。皆悚惕俯聽，似知感悟。加禮宛番，初則散竄山谷，懼不敢出；有逃往中路馬大鞍等社者，悉被拒弗納：糧食漸竭，窮蹙無路。因遣通事及七腳川番目傳諭招致，並令縛出滋事凶番，許其免罪就撫。旋有番目陳赤鹿等詣營自投，並轉獻首凶姑乳斗玩一名。……隨提訊姑乳斗玩一犯，此次倡首滋事、戕害官勇各情，直認不諱。……即派員押赴新城正法梟示，以昭炯戒。一面將投出各番交七腳川番目保領，准予免罪；命速將逃散番眾一律招回，聽候安插。速日報到有名者，已九百餘人；吳光亮為之搭棚棲止，給發食米、炊具。俟陸續到齊，擇地分別安置。巾老耶社人數較少，並未遠逃，仍散附各社；除查明最劣之番目板耶等二名革退另換外，餘皆分別保結，聽其復業。陳輝煌本係噶瑪蘭土民，先已逃回，藏匿番山；業飭宜蘭縣、營設法購獲，再為激辦。復以民番所耕之地彼此參錯，難於辨別，易啟爭端；飭署宜蘭縣知縣邱竣南隨同吳組亮逐段勘明、劃清地界，令民番照界各自耕種，不相侵越，以杜後釁。（《番眾悔罪

自投現辦撫緝並撤裁營勇摺》）〔註50〕

　　查加禮宛招回番眾，節據總兵吳光亮呈報先後不滿千人；其原駐棚僚業經焚毀，先為搭棚棲止。嗣於該社迤北里許之地，准其搭造寮房，鱗次居住。其南有溪河一道，為民番分界之處。此外，平原劃歸番界者，皆開溝種竹以為標識；將來招墾地段不致混淆，可杜侵佔之弊。其巾老耶番眾亦已歸來，准令附入七腳川、荳蘭、飽干、理留四社之內蓋屋居住；並令七腳川等社連具保結，寬給田地，俾遂耕種。大段界限已分，蓋造亦經完竣；間有犬牙相錯畸零之地，飭令招撫局委員隨時妥為區處，俾臻帖服。該處北濱海隅，曠地不少；捕魚、墾地，皆可自便。誠使兵民不恃勢欺凌、通事不從中煽惑，定可相安無事；誠如聖訓「後山雖處瘴鄉，開闢頗費經營，豈可半塗而廢」！經臣等節次諄切曉諭，並飭總兵吳光亮等遴選誠實通事隨時訓誡，俾就範圍。不敢以番情安謐，稍懈綢繆；亦不敢謂番意譸張，稍存歧視：此安插番眾，期無失所之情形也。（《續籌安插番社裁併營勇摺》）〔註51〕

　　不久，加禮宛頭目陳赤鹿等又捆送姑汝士敏前來投案，經吳光亮提訊後，於十月八日將其處死。十九日，加禮宛頭目又再捆送起事「凶番」龜劉武歹、底歹洛洛（即武歹洛爻）前來投案，兩人對「糾眾攻營」事實供認不諱，隨即被處以極刑。〔註52〕

　　從奏稿中可以看到，在吳贊誠的親自指導下，善後工作的部署可以說是相當周密。首先，派遣通事傳各「番社」頭目來到營中，根據各社在事件中的表現給予嘉獎或是訓誡，重申清廷的統治權威；其次，追緝、誘捕事件的主謀，包括加禮宛社頭目、陳輝煌等人，並加以嚴懲；召回逃散的加禮宛人並搭寮棚予以安置，准許歸來的巾老耶社逃亡社民附入南勢阿美各社，蓋房居住，同時命令七腳川社分予其田地，並對其進行監管；重新劃分漢人與原住民地界，防止漢番相爭。從奏稿的語氣中，明顯可以讀出吳贊誠對於上述善後工作的安排頗有幾分自信。至於後續情況如何發展，例如吳光亮等人對此方案的執行成效，官方文獻則再無記錄。

〔註50〕吳贊誠：《吳光祿使閩奏稿選錄》，臺灣銀行經濟研究室，1966，第21～22頁。
〔註51〕吳贊誠：《吳光祿使閩奏稿選錄》，第24～25頁。
〔註52〕吳贊誠：《吳光祿使閩奏稿選錄》，第29～30頁。

二、人群的流散、遷徙與活動空間變遷

（一）加禮宛人的流散與遷徙

「加禮宛事件」發生前，加禮宛人稱雄於奇萊平原，但其人口具體有多少，並無精確的統計數字。詹素娟、潘繼道根據相關文獻對戰事中撒奇萊雅人、加禮宛人的死亡人數，以及戰後「被召回之加禮宛人，先後不滿千人」的記述，推估事件前加禮宛六社的人口應該有超過 1000 人的規模。〔註53〕事件後，加禮宛六社中的「談仔秉社」，在馬偕牧師的《臺灣六記》、胡傳的《臺東州採訪冊》等文獻中均未出現，很可能是在此次戰役中亡社了。〔註54〕

馬偕牧師（光緒十六年）1890 年 9 月 4 日的日記，提及他抵達花蓮港時看到當地「居民大部分是漢人，也有少數『平埔番』人家在市郊，與番人交易。」而當天傍晚他進入加禮宛地域時，所見到的聚落一共有五個，分別是大社（Toasia）、竹仔林（Tek-a-na）、武暖（Buloan）、瑤歌（Iauko）及七結（Chhit-kiet），全部居民約有 500 人。〔註55〕從以上描述來看，當時的加禮宛只剩五個社，淡仔秉社已經不見，而人口也減少了一半。有「少數平埔番人家在市郊」，說明已有加禮宛人遷居該處，且可能與被迫遷社有關。

胡傳的《臺東州採訪冊》成書於光緒二十年（1894），書中記載的加禮宛聚落，也只有加里宛（加禮宛）、瑤高（瑤歌）、竹仔坑（竹仔林）、七結、武暖五個社，沒有出現淡仔秉社。五個社均為「民番混居」，包括漢人在內共有 291 戶，344 人。書中還提到：「佳樂莊（位於加禮宛社南邊）……舊有居民均因大鹵番（太魯閣人）屢出擾害，逃散已盡。」〔註56〕說明事件後，由於加禮宛勢力的衰落，太魯閣人趁機加害加禮宛人，這是加禮宛人逃散遷往他處的重要原因。

明治二十九年（1896），臺灣殖民總督府民政部殖產課的統計數據顯示，當時奇萊地區的「噶瑪蘭族」（加禮宛人）有 131 戶，457 人，其中瑤高（瑤歌）、竹林（竹仔林）、七結、武暖四社仍為「純噶瑪蘭族聚落」，而加禮宛本

〔註53〕詹素娟：《族群、歷史與地域——噶瑪蘭人的歷史變遷（從史前到 1900 年）》，臺灣師範大學歷史研究所博士學位論文，1998，第 233 頁。

〔註54〕潘繼道：《「加禮宛事件」後奇萊平原與東海岸地區的原住民族群活動空間變遷探討》，載潘朝成、施正鋒編《加禮宛戰役》，東華大學原住民民族學院，2010，第 43 頁。

〔註55〕G.L.MacKay：《臺灣六記》，周學普譯，臺灣銀行經濟研究室，1960，第 95～96 頁。

〔註56〕胡傳：《臺東州採訪冊》，臺灣銀行經濟研究室，1960，第 21、38 頁。

莊內有大量漢人居住，不過仍是噶瑪蘭人數最多的社；另外還有部分人散居在南市、十六股、三仙河、新港街和花蓮港街等處。〔註57〕

　　到了 1900 年，日本學者的調查資料進一步顯示，奇萊地區的「加禮宛人族」（即加禮宛人）有 120 戶，520 人，而海岸和秀姑巒地區的加禮宛人，則有 154 戶、691 人。〔註58〕由此可推斷「加禮宛事件」結束後 20 餘年的時間，超過一半以上的加禮宛人已經陸續遷徙到海岸地帶了。而留在花蓮平原的加禮宛人，雖仍保持聚居的形態，但人口逐步外遷，在與漢人混居過程中逐漸形成零散分布的態勢。

　　雖然清廷的官方文獻中並未出現有關加禮宛人戰後初期被強制遷社的記載，但在《花蓮縣志稿》中卻有「因其降，勒遷以分其勢」的說法。縣志中記述，因吳光亮擔心加禮宛人會東山再起，因而強迫部分族人遷社。〔註59〕政府「調集七社頭人，以布五十疋、嗶吱（赤布）六疋、豬六隻、酒六壇」，買下豆蘭溪（即七腳川溪）北邊的土地。這塊土地東至加禮宛溪（即美崙溪）為界、西至山為界、南至豆蘭溪為界、北至加禮宛山為界。整塊土地為官地，任漢民開田，原住民不得占墾；而豆蘭溪以南的空間，則屬於南勢諸社，漢民亦不得墾占。〔註60〕豆蘭溪以北的土地，即為原先加禮宛和巾老耶兩社的勢力範圍。上述對於土地的空間安排，意味著加禮宛人和撒奇萊雅人自此被驅逐出原居地。隨著這兩群人的退出，19 世紀末的花蓮平原轉變成為以漢人為主流勢力的空間，後來發展起來的十六股、農兵莊、三仙河、軍威莊等漢人農墾聚落，幾乎都是集中在這片所謂的「官地」之上。

　　清廷買斷土地，並將其分予漢人耕種，迫使生存空間被大幅壓縮的禮宛人只能再度遷徙，除了少部分人留在舊社原地，其餘大部分遷往花東縱谷以及地形狹窄、不適合耕種的東海岸地區。遷往花東縱谷的一部分人，建立了馬佛社（今光復鄉西富村的 vaxor）、鎮平社（今光復鄉大全村的 rosoai）、打馬煙社（今瑞穗鄉瑞北村）；往東海岸地帶遷徙的加禮宛人，選擇在阿美族與泰雅族木瓜群之間的勢力緩衝區，新建了加路蘭社（今豐濱鄉磯崎村）、新社（今豐

〔註57〕臺灣殖民總督府民政部殖產課：《臺東殖民地豫察報文》，成文出版社，1985，第 248～253 頁。

〔註58〕臺灣殖民總督府民政部殖產課：《臺東殖民地豫察報文》，第 245～247 頁。

〔註59〕駱香林：《花蓮縣志稿·卷 3（上）》，花蓮縣文獻委員會，1959，第 8 頁。

〔註60〕臺灣總督府民政部殖產課：《臺東殖民地豫查報文》，成文出版社，1985，第 51 頁。

濱鄉新社村）、姑律社（今豐濱村立德社區）、石梯社（今豐濱鄉港口村）等聚落。另有一些人混入貓公（今豐濱村）、大港口（今港口村）、納納（今豐濱鄉靜浦村）等阿美人的村社居住，甚至更遠的向南渡過秀姑巒溪，到達臺東縣長濱鄉、成功鎮一帶，與西拉雅平埔族（Siraya）以及由奇密（今瑞穗鄉奇美村）、大港口、納納等處南遷來的阿美人雜居。〔註61〕

　　光緒十八年（1892），也就是「加禮宛事件」四年後，加禮宛人已在今豐濱鄉境內建立了丁仔老社、八里環社、姑律社、北溪頭社、納納社等聚落〔註62〕，不過在壽豐鄉海岸，則尚未見到有加禮宛人的聚落出現。而到了明治二十九年（1896），加禮宛人的聚落範圍已進一步擴展到大港口以南的地域：

　　　　從花蓮港到大港口間的海岸，早就屬於該人族（加禮宛人、噶瑪蘭人）的殖民地域，北起加露巒莊，包括新社及阿眉（阿眉族）部落的貓公社，開闢成寄住區；姑律、石梯兩莊，則成為其新開村。並渡過大港口，向南前進到石連埔莊，包括成廣澳莊，於是在大港口以南加入（混居）在很多的平埔熟番（西拉雅族）及阿眉蕃的部落中，各自佔有寄住區；而形成獨立村落者很少。〔註63〕

　　根據田代安定1896年的調查，加禮宛各聚落的名稱、人口結構情況如下表所示：

表3.1　1896年加禮宛各莊社人口統計表〔註64〕

莊　　名	戶　數	男	女	人口合計	備　　註
石連埔社	7			33	純噶瑪蘭族聚落
里那魯格社	17	41	48	89	噶瑪蘭族與阿美族混居
城仔埔莊	8	23	25	48	噶瑪蘭族與西拉雅族混居
大通鼻莊	13	31	28	59	純噶瑪蘭族聚落

〔註61〕駱香林：《花蓮縣志稿‧卷3（上）》，花蓮縣文獻委員會，1959，第8頁。
〔註62〕胡傳：《臺東州採訪冊》，臺灣銀行經濟研究室，1960年，第30頁。
〔註63〕臺灣總督府民政部殖產課：《臺東殖民地豫察報文》，成文出版社，1985，第53頁。
〔註64〕統計數據來自臺灣總督府民政部殖產課：《臺東殖民地豫察報文》，臺北：成交出版社有限公司，1985年，第278～92頁，潘繼道整理，詳見：潘繼道：《「加禮宛事件」後奇萊平原與東海岸地區的原住民族群活動空間變遷探討》，載潘朝成、施正鋒主編《加禮宛戰役》，東華大學原住民民族學院，2010，第61頁。

姑仔律莊	15			73	純噶瑪蘭族聚落
大峰峰莊	7	13	16	29	純噶瑪蘭族聚落
大尖石莊	8	13	13	26	純噶瑪蘭族聚落
葵扇埔莊	6			32	純噶瑪蘭族聚落
石梯坪莊	3			12	純噶瑪蘭族聚落
石梯莊	7	24	22	46	純噶瑪蘭族聚落
那裡庵莊	1			4	純噶瑪蘭族聚落
姑律莊	18	41	39	80	純噶瑪蘭族聚落
貓公社	9	14	16	30	噶瑪蘭族與阿美族混居
新社	舊 30 新 36	72	64	舊 136 新 143	又名新社仔，東海岸最大的噶瑪蘭族聚落
加露彎莊	3				噶瑪蘭族與漢人混居
噶瑪蘭族人總計	139			643	田代安定的調查

從上表可以看出，在所有聚落中，位於東海岸的新社和大港口以南的姑仔律莊分別是兩個片區內人口最多的純噶瑪蘭人聚落。直至今日，東海岸的加禮宛人，除了少數居住在長濱鄉的樟原村等地之外，大多仍是分布在豐濱鄉新社村及其以北的海岸地帶。新社村是目前噶瑪蘭人居住最為集中的聚落，也是噶瑪蘭文化（語言、風俗習慣、歌謠、信仰、手工藝等）保存得最為完善的地方。新社噶瑪蘭聚落形成的確切時間，雖已難以考證，不過文獻上的證據可以明確的是，「新社」這一地名在「加禮宛事件」之前就已經存在了。據新社已故耆老偕萬來的口述，「加禮宛事件」尚未發生時，加禮宛人就曾因夏季捕捉飛魚時受海風吹送經過新社一帶的海域。他們見到 lalapan 山（拉拉板山）腳下向海突出的階臺，心生好奇，於是上岸察看，只見當地土地寬平，且有阿美族人生活其間，當時就有一些人留下來開墾。「加禮宛事件」爆發後，加禮宛人分散遷往花東縱谷及花東海岸地帶，部分族人憶起新社沖積扇廣闊的土地，或駕舟南下，或走山路來到新社。〔註65〕這些逃難人口的加入，是新社成為東海岸噶瑪蘭第一大聚落的主要因素。

19 世紀末東臺灣加禮宛人的活動空間，隨著「加禮宛事件」後人群足跡

〔註65〕參見沈怡萱：《噶瑪蘭新社部落生活空間資源之利用、變遷與再發現》，臺灣師範大學地理學系碩士學位論文，2008，第 13 頁。

的擴散，而從花蓮平原擴大到東海岸。詹素娟指出，這一分散、遼闊的加禮宛人分布空間，雖然人數少、土地小，卻自成一個「族群空間體系」。20 世紀初，在宜蘭原鄉和東臺灣之間發生的噶瑪蘭人的小規模移動，幾乎都是在此一空間體系內進行。而東臺灣的加禮宛人，在 1945 年以前，其婚姻圈也幾乎與此一空間完全重疊。也就是說，19 世紀末，噶瑪蘭人其實在東臺灣形成了隱而不顯的「加禮宛地域」，並由此進一步規範了 20 世紀噶瑪蘭人的族群活動。〔註66〕

（二）撒奇萊雅人的流散與聚落變遷

「加禮宛事件」中，因達固湖灣部落（巾老耶社）被清軍攻破、焚毀，社眾四散逃離。根據撒奇萊雅後裔的口述，清軍主力軍隊從美崙溪口進來後，兵分兩路，前後夾擊，攻破了達固湖灣部落，撒奇萊雅人跟著加禮宛人順著美崙溪上遊方向逃亡，先是在東腳山躲避，接著又從那邊繼續往南，來到七腳川溪上游，因遭到七腳川人截殺，又折往七腳川下遊方向，所以人群在整個花蓮平原順時針方向繞了一圈，最後是從花蓮溪出海口，也就是從南勢阿美的里漏、薄薄、豆蘭部落方向逃出去。

> 清朝的軍隊也是追著（逃難人群）跑，把撒奇萊雅人打敗後，撒奇萊雅人往美崙溪上游跑，然後他又跑去打噶瑪蘭（加禮宛），噶瑪蘭又被打敗之後往山上跑，兩族在東腳山匯合，因為當時在結盟的時候有做過謀略，兩族如果打敗後要怎麼樣。跑到那邊的時候，他們又跑上去，太魯閣人出來又南下，又被逼著往七腳川跑，到七腳川溪上游的時候，又被七腳川截住，那邊的木瓜番又下來，然後又往東邊跑。幸好那時候，應該是飽干部落跟那三個部落（豆蘭、里漏、薄薄）公共關係做得比較好，跟那三個部落關係好（七腳川溪的南面就是豆蘭、薄薄、里漏，北面就是包幹就是脂屄屄，他們中間是隔著一條溪對望）。早期他們就已經通婚了，很早以前就有通婚關係。（2016/07/22 訪談督固）

〔註66〕詹素娟：《族群、歷史與地域——噶瑪蘭人的歷史變遷（從史前到 1900 年）》，臺灣師範大學歷史研究所博士學位論文，1998，第 236 頁。

圖 3.4 「加禮宛事件」中清軍進攻達固湖灣部落路線圖

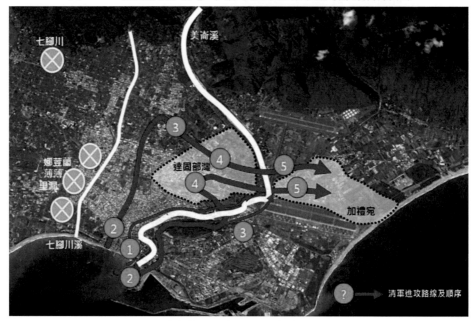

圖片來源：督固‧撒耘提供

撒固兒部落的黃金文耆老年輕的時候曾經訪談過部落的多位老人，很熟悉早期達固湖灣部落的歷史。對於「達固湖灣戰爭」中族人四散逃離的情形，他是這麼說的：

　　達固湖灣發生戰爭的時候（「加禮宛事件」），雖然南勢阿美這邊的族人很擔心，可是他們也沒有武力對抗清軍。他們擔心達固湖灣被消滅後，這個族群應該完全會被消滅。果真，第三天之後，整個達固湖灣部落不見人影。跑到哪裏？到處跑，逃到了獵區去流竄，分散，山上、海邊，這樣散開。所以南勢的族群就非常難過，說我們北邊的達固湖灣部落完全滅亡了。這個族群雖然滅亡，可是他們留在奇萊平原的族人，在獵區的山上躲躲藏藏，不敢越過七腳川溪。為什麼呢，因為他們有跟南勢的部落約法三章，所以不敢越過。然後一直在這個區域的森林裏躲起來，後來慢慢失散的族人都聚集在一起，準備回去。因為清兵已經停止攻擊，沒有抓人。族人就集結到德興運動場這個地方，準備反攻，回到自己的部落。這些族人是真的是想回去，可是兩年之後達固湖灣部落已經被漢人占去了。漢人是從哪裏來？就是新站的東北側，原來居住在那邊。看到達固湖

灣部落被消滅後，他們就侵佔這邊的房屋去居住。回不去舊部落的族人，只好在德興運動場這個地方集結。然後被清軍發現之後，承認這個部落，然後賜一個部落名，認為這個族群已經歸化清朝，不會再攻擊了，所以把這個部落取名叫「歸化社」。後面又有一個部落成立，就是德安這個地方，叫七飽干，後來也被清朝承認，設一個部落。這個部落後來我們沒辦法把它的名字討回來。日據時代就把這個部落稱為「佐倉」，一直到現在還一直用著這個名字。但是我們族人都知道，這個部落是從我們達固湖灣分出去的。所以當地的老人家都知道他們是七飽干。其他地方雖然也有族人集結，但是沒有形成部落。比如宜昌（村）這個地方叫 Bunner（音），還有東昌的北側有個地方叫 Qibabarran，因為族人比較稀少、分散，所以沒有形成部落。但是族人都知道他們是來自達固湖灣。

達固湖灣逃過去的應該都在七腳川溪北側，沒有到里漏、薄薄、娜豆蘭，或是七腳川，都沒有。都只是在他們邊緣設立自己的部落。到後來民國初年的時候設自己的部落名，Qibabarran 改為 Aliaggi（音），Bunner 改為宜昌。這些都是從達固湖灣遷徙過去建立的部落。（2016/09/12 訪談黃金文）

撒固兒部落的另一位耆老黃德勇 2004 年接受訪談時，除了提及戰爭平息後的前兩年逃散人群的聚集之處，還介紹了日據時期人群遷徙與部落的變動情況：

當天晚上，所有撒奇萊雅人朝不同方向逃難，一夜之間銷聲匿跡，甚至於逃到山上躲避清兵的追殺。戰爭平息之後約兩年，族人慢慢集結在四個地方，第一個是 Cipawkan，在主權里落腳，Cibarbaran 在主農里落腳；然後是 Sakosakoran 在國福里落腳，最後是 Ciwidiyan 在水璉村落腳。但在日據時代之初，Cipawkan 部落族人，不滿日本人徵調家丁充苦力，因此再次地流亡各處，經調查流亡足跡有富源車站一帶、瑞穗溫泉、馬立雲部落、加禮洞、山興里及磯崎村等。這都是 Cipawkan 族人留下的足跡。而 Sakor 部落在日據末期因一場洪水暴漲，把整個部落沖走後而消失，最後族群淪落到國福里、太昌村、北埔村、月眉村、佳里村及嘉新村，整個美崙地區也都有 Sakor 族群遷入。撒奇萊雅族歷經一百三十年的風風雨

雨，歷經滄桑的歷史和面臨滅亡的苦難，終於有了自己永久的部落

及族群的根據地，那就是 Sakor（撒固兒）部落。〔註67〕

　　1933 年，臺灣殖民總督府警務局曾經做過原住民的人口統計，當時的撒奇萊雅人雖被歸入阿美族名下，但人口居住仍較為集中，各聚落的人口如下表所示：

表 3.2　1933 年撒奇萊雅人口統計表〔註68〕

部落名稱	戶數（戶）	人口總數（人）	男性人口（人）	女性人口（人）	每戶平均人數（人）
六階鼻 Cirakayan	18	92	42	50	5.1
水蓮尾 Ciwidian	68	392	185	207	5.8
加路蘭 Karuruan	17	88	45	43	5.2
舞鶴 Maifor	95	732	371	361	7.7
米崙 Pazik	34	157	81	76	4.6
十六股 Sinsya	37	147	65	82	4.0
歸化社 Sakor	96	470	255	215	5.0
月眉 'Apalu	90	427	214	213	4.7
北埔 Hupo'	5	13	7	6	2.6

　　「加禮宛事件」後，清廷文獻中提及「巾老耶社人數較少，並未遠逃，仍散附各社」，與黃金文耆老口述的情形基本吻合——戰爭中逃散的撒奇萊雅人主要還是在花蓮平原（今花蓮市郊區）範圍內活動。從廖守臣、李景崇等人於上世紀 1990 年代左右的調查資料來看，「加禮宛事件」後至日據時期乃至 1945 年國民黨接管臺灣時，撒奇萊雅人主要是在逃亡、尋求耕地及合適的生存空間（躲避水災）的過程中發生遷徙，在遷徙過程中聚落的人口隨之發生變動和重新組合。值得注意的是，雖然聚落已分散於各處，但基於血親或姻親基礎上的社會關係仍在維持著人群之間的聯繫，也是促進聚落之間人員流動的最主要因素。廖守臣、李景崇所著的《阿美族歷史》一書中，記述了撒奇萊雅各主要

〔註67〕黃德勇 2004 年於撒固兒部落口述，見楊仁煌：《撒奇萊雅無形文化建構之研究》，《臺灣原住民族研究季刊》2010 年第 4 期，第 115 頁。

〔註68〕資料來源：《高砂族調查書》（第一編），臺灣總督府警務局，1936，第 29～31 頁。

聚落的變遷情形〔註69〕：

Sakol（撒固兒）：「加禮宛事件」中，達固湖灣部落被攻破後，族人四散逃亡。戰事平定後，一部分社眾返回原處接受招撫，重新建社，自稱為「sakol」（意為茄苳樹），清廷則將其命名為「歸化社」，為歸服之意。1937年，日本人改稱「佐倉」，今屬花蓮市國慶、國福兩里。1944年，由於颱風暴雨引發洪水和土地流失，社人大部分遷至Cupo'（也稱Cepo'）。不久，一部分社人又回遷。

Cupo'（或Cepo'主布）：位於娑婆礑溪左岸，在花蓮市西郊加禮宛山腳下，現屬花蓮市國富里。最早遷來此地的撒奇萊雅人原居於三仙和，即位於歸化社北邊約五六百米處的地方。1943年，因遭遇大洪水，土地流失。頭目Dihag-Komod率領族人移居國富大橋西南，建立部落，取名Cepo'，意為「乾燥之地」。其後，因耕地貧瘠，作物歉收，生活貧困，大部分社人又遷返歸化社，或移居太昌，更遠的甚至去到溪口、光榮等地。1960年左右，七腳川、Falangao（馬蘭支系）及太巴塱三社的阿美人遷來此處同住。Cepo'遂成為一個阿美人與撒奇萊雅人混居的部落。

Hupo'（或Hopo'）：位於新城鄉公所西南方不遠處，今新秀農會以南，屬北埔村。住在這裡的撒奇萊雅人原居Kofo，在今花蓮市郊豐川北方約500米處。「加禮宛事件」中，有位名為Polily的人逃到薄薄社避難，至日據初期，為尋找耕地維生，舉家南移至馬立雲部落。不久後，Polily之子Atok入贅給Cirakayan（山興社）人Olao為夫。婚後，因耕地不足，Atok與其妻商議後，決定遷回花蓮故土尋找土地墾殖。當他們回到花蓮後，發現原有荒地多已被闢為水田，且已私有化，只好移居北埔村做日人佃農。Atok夫婦當時定居在今天主教堂附近，不久其妻之姊Dongi、兄Saomah也從山興、飽干兩地遷來投奔。1940年後，Pazik社（米崙）的一部分撒奇萊雅人，因住區缺水，遷居順安。因該地人煙稀少，居住環境惡劣，於是南移至北埔投靠Atok，此後北埔的撒奇萊雅人數略增，超過阿美人，成為北埔村的主流。

Pazik（米崙）：位於美崙溪畔，美崙山西北面山腳下，現屬花蓮市國民里。流傳在撒奇萊雅人當中的Alikakay傳說發生的地點就在這裡。這裡的人原居達固湖灣部落，加禮宛事件後被招撫於歸化社。不久，社眾遷居軍威（原住民稱為Kano，今尚志橋稍西）。日據時期，因社址被日人徵收為軍用地，社眾遷

〔註69〕參見廖守臣、李景崇：《阿美族歷史》，師大書苑有限公司，1998，第42～51頁，具體內容筆者進行了再整理。

徙至兩處，一為農濱里，一為 Pazik（米侖社）。據 1936 年的人口統計，戶數 34 戶，人口 157 人。至 1983 年底，戶數增加至 37 戶，人口 198 人。

Sinsya（豐川）：位於花蓮火車站西北約一公里地。清朝時，漢人稱該地為十六股或復興，1937 年改稱今名。豐川部落所在地，原屬撒奇萊雅人的住區，光緒四年社人因「加禮宛事件」失利，流散他處。不久，接受清廷招撫，住在歸化社三仙和一帶。1944 年，因暴風雨引發洪水，土地流失，一部分社眾遷返此地至今。

Kalingan：現屬新城鄉嘉新村管轄，位於花蓮變電所稍北，為日據時期成立的新部落，該社人原居達固湖灣部落，「加禮宛事件」後被招至歸化社，後移居軍威（今國聯里）。日據末期，因土地被轉讓，無地可耕，遷移到農濱（今國民里），其地在今農濱橋南端臨美侖溪岸。1945～1946 年間，因颱風侵襲，溪水暴漲，農地被侵蝕，社中勢力者 Putal 帶領大部分社民遷至當時人煙稀少，尚屬荒野的 Kalingan。四年後，留在原地未遷的 Tulao 等二戶也遷至 Fanao（今壽豐鄉池南村），原地遂被廢棄。

Katangka（或 Kasiusiuwan/Kasyusyuan 茄苳腳）：原址位於北回鐵路北埔站南方約二公里餘地，加禮宛山南麓，隔著無名溪與花蓮市國福里相接。該地昔時盛產茄苳樹，漢人稱「茄苳腳」，1937 年，日人改稱「大山」，1945 年建制村，名「佳林」，隸屬新城鄉。

1924 年，日人修築從吉安、慶豐至新城鄉北埔的道路，招募奇美、豐川等地的阿美人及撒奇萊雅人為勞工。在施工期間，有位家住豐川的撒奇萊雅人 Kafos-Putal，因見道路兩旁的原野土地肥沃，於是向日本包工頭西村小一郎提議開發，闢為田地。西村遂函請花蓮港廳申請使用該處土地，獲核准將 20 公頃地劃為自耕地，規劃為水稻區，由受雇的 Kafos 經營。西村又另招募四戶阿美人前來協助開墾，這四戶分別是：Taluko-Kacao、Taima、Lalin-Mahong 及 Donge-Ngayao，後來他們的後裔就就留在當地居住。太平洋戰爭爆發後，日人因無力繼續經營農場，陸續把土地轉售給先住者及居住於大山附近的漢人。1946 年，因颱風暴雨，溪水漫漲，沖毀佐倉的堤防及屋舍，有 Deang、Kopa、Looh-Tao 三戶撒奇萊雅人遷來 Katangka 定居。日據末期，又有名為 Osing-Hino 的撒奇萊雅人遷入，其後裔現居國福里。Katangka 的一部分人後來遷至花蓮市西郊的加禮宛山麓，另建 Cisiyowan 社。1984 年，因所在地被徵用為軍用機場，Katangka 被迫遷社，社民分散移居至北埔等地。

Towapon（大笨）：文獻上通常稱為「花蓮港」，現屬花蓮市民意里。該地的撒奇萊雅人原居達固湖灣部落，「加禮宛事件」時避難至卡來萬。日據初期，有 Perac-Karang、Kacao-Emang、Perac-Emang、Gayao-Hangla 及 Tarik 等人於農閒時至海濱捕魚，發現土地廣闊，適於耕作，乃於 1922 年攜眷移居竹港附近，即今花蓮港稍北之濱海處。不久，又有數戶加禮宛人及達固湖灣的撒奇萊雅人相繼遷入，人口略增，成一小社，名為 Towapon。1931 年，因日人在 Towapon 社南邊興建港口，社人被迫遷至港口以西一公里地，社名仍為 Towapon。其後，因日人招募薄薄、里漏、達固湖灣等社的人前來充當雇工，該社人口逐漸增加，至 1936 年時，戶數增至 17 戶，35 人。二戰後，國民黨政權接管臺灣初期，社眾異動頻繁，社內的撒奇萊雅人有的遷返故居，或因薄薄、里漏、荳蘭等社的人入贅，導致戶口銳減。據 1938 年的統計，該社共有 23 戶，僅三戶為撒奇萊雅人，其餘均為吉安鄉遷來的南勢阿美人。

Karoroan（加路蘭）：位於豐濱鄉北方濱海處，加路蘭山東麓之段丘上。「加禮宛事件」後，有名為 Adop-Fonga 者，因擔心族人被清軍追殺，帶領族人相繼南移，經臺東縱谷抵卑南，再折北沿海岸北上，最後來到磯崎。當時跟隨 Adop-Fonga 一同遷到磯崎者有 Kacao-Atapa、Kacao-Pona、Ciripon、Adop-O-Toko、Angao-Kiday、Pokao-Toyao，他們在加路蘭溪口北岸濱溪處興建房屋，成為一社。相傳此地曾有位名為加路路的人在此製鹽，撒奇萊雅人即以 Karoroan 為社名，漢譯為「加路蘭」。該社創建後，由 Adop-Fonga 擔任頭目，Adop 也被後人尊為開拓加路蘭社之祖。

加路蘭建社之初，社人在附近山地砍伐林木，開墾田地，引水灌溉，種植稻作，閑暇之餘下海捕魚，過著漁獵農耕的生活。日據末至光復初，有秀姑巒阿美族的太巴塱、烏漏兩社的人陸續遷入，人口突增，至 1956 年，人口達 257人。其中，太巴塱社遷來的阿美人是繼撒奇萊雅人之後第二批遷來者，目前是該社人口最多的阿美族。

Cirakayan（山興）：阿美語意思是「三面環山」，因該地有六座山阜，延伸至花蓮溪旁，勢如突鼻，故漢人稱為「六階鼻」。1937 年，日人改稱「山崎」，光復後易名「山興」，屬鳳林鎮山興里。據當地人介紹，有位名叫 Kalas 的撒奇萊雅人，原住在花蓮市豐川一帶，「加禮宛事件」後，率妻兒避難至山興，是第一個來到此地的人。他在今聚落北方的山麓住下，因有山泉可供灌溉，就在附近開墾水田。Kalas 在此地定居後，擔心泰雅族突襲，以及光復鄉境內太

巴塱、馬太鞍兩社的侵擾，於是赴薄薄社邀請「加禮宛事件」後投靠薄薄社的親友前來山興居住。當時有八戶跟隨他移來山興，分別是：Tecikah、Komod-Toda、Kacao-Toda、Komod-Toni'、Kacao-Tipos、Tipos、Cikah、Tekao-Lafay（父為七腳川社人，母為撒奇萊雅人），於是撒奇萊雅人的勢力增加了，從此他們安心地定居在 Cirakayan，並推舉開拓者 Kalas 為首任頭目管理社務。

Maifor（馬立雲）：行政區屬於瑞穗鄉舞鶴村管轄，maifor 的阿美語意思是「物品交換的地方」。相傳過去有位漢人居住在今花東鐵路舞鶴站附近出售日用品，阿美人常來此處交換物品，故建社時，稱此地為「maifor」。馬立雲由撒奇萊雅人所建，他們遷來時此地已有阿美人居住。遷來馬立雲的撒奇萊雅人原為達固湖灣社及飽干社人，約有 60 戶。後因耕地有限，又有部分人遷返花蓮附近的北埔或里漏。據傳，最初遷來時，遭到同族人反對，甚至派人到舞鶴強迫他們遷回花蓮，但遭到拒絕。當時雙方在紅葉大橋北端談判不成，險些發生格鬥衝突，後經日本警察疏導後才平息。

三、身份的隱匿與「集體失憶」

「加禮宛事件」次年（1879）五月，為使各社番眾深刻反省、體認對抗官軍之罪行的嚴重性，吸取加禮宛、巾老耶「喪身滅社」的教訓，順服清國的統治，清廷官員吳光亮向各社、各學頒發了《化番俚言》，嚴厲告誡、威懾各番社民眾：

> 其有兇殘頑梗、抗拒官軍、不受招撫者，亦皆親統大軍，嚴加痛剿，以張天威。如阿棉山、納納、加禮宛等社，均經掃穴搗巢，擒渠斬擾。爾等番眾，或得之目擊、或得之耳聞，可為殷鑒。……安分守己，以保身家。……如爾等不聽告誡，任性妄為，殺人放火、鬥毆傷人，以及藐視官長、凌辱軍民，干犯前事，便是不法之人。一經頭目拿獲送案，定必按法懲治。如該社頭目番丁不肯捆送兇犯，以致官軍到社拘拿，該社番眾膽敢奪犯拒捕，致傷官軍者，悉照上年烏漏、阿棉、加禮宛等社糾眾反撫故事，一體嚴加懲創，決不姑寬。前車可鑒，爾各戒之，切切勿踏喪身滅社之罪！（《化番俚言》）〔註70〕

除此之外，清廷還採取「以蕃制蕃」策略，暗中煽動、培植歷來與加禮宛

〔註70〕吳光亮：《臺灣番事物產與商務、臺灣生熟番紀事》，臺灣省文獻會，1999，第37～49頁。

人和撒奇萊雅人為敵的太魯閣人，打擊、削弱加禮宛人的勢力，迫使他們進一步分散，遷徙至花東海岸地帶：

> 加禮宛社和竹高宛社被討平後，負責統治後山的清軍仍然施行暴政，族人不堪其擾，再度前往更南方之地。他們在「秀姑巒方面」的海岸，形成數十個部落居住。至此，曾經一度和阿眉蕃（阿美族）同時稱霸於岐萊的加禮宛蕃，已步上衰微之路。原來，加禮宛蕃和漢人在歷史上是生存競爭的對手，照清軍的想法，即使局於阿眉蕃的竹窩宛社已被討平，其他的阿眉蕃社也許會再度與加禮宛蕃連手復仇。為了一勞永逸，統治後山的清軍想出一計，命太魯閣蕃通事李阿隆「操縱」太魯閣蕃，利用太魯閣蕃勢力，向平地的加禮宛蕃及阿眉蕃施壓。於是太魯閣蕃在清人的煽動和後援之下，常常下山加害加禮宛蕃及阿眉蕃。清國當局聽到太魯閣蕃對平地蕃造成人員的傷亡與物質上損害，就秘密地將火槍和火藥賞給加害者，也就是說，用武器獎勵太魯閣蕃逞兇暴行。另外，假如太魯閣蕃受到平地蕃所加的損傷，則對加害者（平地蕃）嚴加懲罰。清人推行這種政策的結果，太魯閣蕃突然大舉地向平地逞兇暴行，勢力突然增大，所以，據說太魯閣蕃逞兇犯法的禍源，是當時清國政府所培植的。……加禮宛社和竹窩宛社的勢力被挫以後，太魯閣蕃獲得清國政府的後援，一面和平地蕃對抗，另一方面逐漸過居於三棧溪以北，面臨海岸的山地。這就是太魯閣蕃開始向花蓮港方面伸展其勢力的契機，也就是清國政府為了爭取漢人的利益，利用太魯閣蕃勢力的結果。因此，太魯閣蕃的勢力逐漸向南伸展，族人甚至行獵到加禮宛附近。他們橫行於新城附近和古魯山、九宛山一帶。〔註71〕

　　戰爭過程中被清軍四處追殺的逃亡經歷，戰事平定後清廷的嚴厲訓誡、威嚇與監控以及宿敵太魯閣人在清廷的支持下不時地下山逞兇加害……對於幸存的撒奇萊雅人和加禮宛人而言，大部分人戰後的生活狀態，大概只能用戰戰兢兢來形容，命在旦夕的死亡威脅籠罩在他們身上，成為他們日後難以抹去的生命記憶。為了躲避清廷的報復性懲罰，更為了生存下去，許多人選擇了隱姓埋名，不敢再透露自己的身份。

　　在當代撒奇萊雅後裔中，流傳著一段由當年親歷過戰爭的耆老口述的歷

〔註71〕森丑之助：《生蕃行腳》，楊南郡譯，遠流出版有限公司，2000，第437～38頁。

史傳說，敘說戰敗後達固湖灣部落頭目 Kumud Pazik 及其夫人 Icep Kanasaw 被清軍處死的悲慘經歷。這段口述史，日後也成為散居各處的撒奇萊雅後裔凝聚族群認同，重塑和再造集體記憶的論述依據：

> 當時因為達固湖灣部落附近有刺竹保護，使得清軍傷透了腦筋，後來因為居住在七腳川的 vaguai 與撒奇萊雅人不和，向清軍通報撒奇萊雅部落有兩個入口：第一個靠 bazaiwan（今美侖溪附近靠變電所的地方），第二個在四維高中附近，因此清軍從四維高中這個門魚貫進入，但當清軍一進入部落就被砍殺，使得入口處的屍體堆積如山；後來清軍改採火攻，在箭頭點火射進部落裏來，使得刺竹、茅草房子都被燒毀，為了避免被滅族，五個頭目在商議之後開門投降，結束此次戰役。戰爭結束後，達固湖灣的頭目 Kumud Pazik 及其妻 Icep Kanasaw 被清兵處以死刑。當時，清兵為了達到殺雞儆猴的效果，還叫附近的南勢阿美族前來觀看。Kumud Pazik 被處「凌遲」，相當殘酷。他被綁在茄苳樹上用刀片慢慢割，從早上大概九點左右到下午太陽下山才死；其夫人 Icep Kanasaw 則被放在劈開的圓木上，再蓋上另一半的圓木，然後由清兵踩在上面，大約二十分鐘後，Icep Kanasaw 氣絕身亡。由於戰爭挫敗，在撒奇萊雅人的心中留下難以抹滅的傷痛，加上恐嚇於清軍的壓迫，族人不敢說自己的族語，改說阿美族語，遵從阿美族的習俗，漸漸被阿美族同化。〔註72〕

對於多數幸存的撒奇萊雅人而言，戰爭帶來的巨大心理創傷，不僅長期未能平復，而且成為了一塊敏感而疼痛的「記憶傷疤」：

> 我們老人家記得沒有和書上寫的一樣清楚，但是他們都有記得以前達固湖灣的事，我們以前人很多，那時四年種一次刺竹，我們種到 50 圈，你算算看我們有多少人，因為我們的刺竹那麼密，別人都不知道我們在裏面做什麼，後來清兵就用火攻燒我們。有沒有真的割一千刀我們不知道，可是老人家都記得頭目和他太太，一男一女被掛在樹上。我之前有訪問過 Ciyaw Saru 阿嬤，那時她 89 歲了，她是民國前 29 年生的，也就是事件後 3 年。她說她爸爸 16 歲就被

〔註72〕 本段文字由撒奇萊雅已故耆老 Tiway Sayion 根據其祖母 Rutuk Sayion 的口述記錄並潤飾，參見撒韻‧武著：《撒奇萊雅的精神：族群認同與文化實踐》，臺灣東華大學族群關係與文化學系碩士學位論文，2014，第 39～40 頁。

流放南下，後來因為很想念族人才偷偷跑回來，回來的時候，因為大家都分散了，找了很久才找到他姊姊，他們就決定住在 Sakol 不要再離開家人。每次老人家講到以前祖先的很可憐的事，都會很難過的一直哭。〔註73〕

在戰爭記憶帶來的恐怖陰影下，談論撒奇萊雅的身份曾經是一種禁忌，因為很可能因此招來殺身之禍：

我住在七腳川，爸爸是七腳川人，媽媽是撒奇萊雅，小時候我阿媽就告訴說：不可以告訴別人你是撒奇萊雅。……那個時候我們也都不敢問呀，阿媽叫你不要說就不要說，根本就不知道為什麼，就只知道長一輩的說不要說，那我們就不要說呀。〔註74〕

我小時候家裏是講日語的，沒有撒奇萊雅話的環境，所以我不會講撒奇萊雅話，但因為聽到親戚在講撒奇萊雅話，我就回家去問我爸爸那是什麼意思，結果我爸爸馬上就打我一巴掌，告訴我不要講自己是撒奇萊雅，否則會被殺頭。因為我爸爸在日本時代的時候有當警察，那時我還以為是不是什麼白色恐怖的關係，就真的完全都不敢告訴別人。〔註75〕

當然，也不是在所有的撒奇萊雅後裔中，都禁忌談論這一話題。是否被視為禁忌，應該是與撒奇萊雅後裔所處的環境有關。黃金文耆老表示：

這和住在部落裏的人有關，因為都是自己人就沒有關係，可是對外就會害怕，因為如果是和外面比較少和人接觸的人說，就會怕被外族發現。我之前去長濱訪問時，還有阿媽說：不行，說那個會砍頭。〔註76〕

另外，還有些撒奇萊雅後裔，如居住在磯崎、馬立雲等地的撒奇萊雅後人，其生活經驗中不僅沒有聽過「不能告訴別人自己是撒奇萊雅」的告誡，甚至對於祖先經歷過的那場戰爭以及遭受的創傷，也都未曾聽聞過。〔註77〕

〔註73〕王佳涵：《撒奇萊雅族裔揉雜交錯的認同想像》，東臺灣研究會，2010，第126頁。

〔註74〕王佳涵：《撒奇萊雅族裔揉雜交錯的認同想像》，第124～125頁。

〔註75〕王佳涵：《撒奇萊雅族裔揉雜交錯的認同想像》，第126頁。

〔註76〕王佳涵：《撒奇萊雅族裔揉雜交錯的認同想像》，第126頁。

〔註77〕陳逸君：《招郎與結盟：加禮宛事件對噶瑪蘭族與撒奇萊雅族交互關係之影響》，載潘朝成、施正鋒主編《加禮宛戰役》，臺灣東華大學原住民民族學院，2010，第197頁。

上述對於戰爭記憶不瞭解、甚至未曾聽聞的情形也普遍存在於在當代的加禮宛後裔中。相對於撒奇萊雅後裔對清軍攻打達固湖灣部落、頭目夫妻被折磨慘死等傳說細節的清晰瞭解，加禮宛後裔無論是對於戰爭的記憶還是逃亡的記憶都少有人提及或是記得。加禮宛後裔對加禮宛事件「集體失憶」的主要原因是什麼呢？為何經歷過同樣遭遇的兩群人，對於各自歷史的記憶卻有如此大的差異呢？對於這個疑問，新社的舊任頭目陳國先和耆老偕萬來是這樣解釋的（以河洛話／閩南語）：

陳國先：「因為彼當時清兵刣去太多人，阮才戰敗，予人監視，真驚會擱予清兵鎮壓。所以，不止不敢講，甚至會掩蓋家己是噶瑪蘭人的身份。」

（筆者譯文：因為那時候被清兵殺掉太多人，我們才戰敗，被人監視，真的害怕會再被清兵鎮壓。所以，不止不敢講，甚至會掩蓋自己是噶瑪蘭人的身份。）

偕萬來：「另外擱有一點，加禮宛事件了後，清兵一直住值加禮宛內底，不像港口事件，清兵並無一直駐在港口；無清兵的威脅了後，阿美族會使慢慢回到港口住下來，不過阮就沒法度，加禮宛這個所在，加禮宛人不敢轉去住，大家攏散開去，值其他的村社內底，阮的人數也無多，當然嘛不敢擱講這件代志。」〔註78〕

（筆者譯文：另外還有一點，加禮宛事件後，清兵一直住在加禮宛村社裏面，不像大港口事件，清兵並沒有一直駐在港口。沒有了清兵的威脅後，阿美族人可以慢慢回到港口住下來，但我們就不行。加禮宛這個地方，我們不敢回去住，大家都散開去到其他的村社裏面，我們的人數也不多，當然也不敢再講這件事。）

2017年6月，撒奇萊雅領袖督固·撒耘在接受訪談的過程中，向我提起一位阿美族女同事。督固懷疑她可能不是純粹的阿美族，而是有噶瑪蘭或者漢人血統。這位女士的母親是在光復的拉索艾（音）部落長大（拉索艾部落就是許多文獻上提到的「鎮平社」），與噶瑪蘭人自己建立的打馬煙社相距五六公里遠。「鎮平社」是加禮宛事件後清朝把一部分噶瑪蘭人強制遷徙到光復後建立的聚落，賜名「鎮平社」，其性質跟撒奇萊雅人的「歸化社」是一樣的，後來清廷安排馬太鞍的阿美族去監管它。當時被強制遷徙的人以青壯年為主，也包

〔註78〕康培德等：《加禮宛事件》，「原住民族委員會」，2015，第164～165頁。

括了撒奇萊雅人。但現在那裡已經找不到噶瑪蘭人（加禮宛人），督固認為應該是加禮宛後代不願意承認，並且由於跟阿美族或漢人通婚嚴重，所以也就慢慢忘記了以前的歷史。類似的情形在別的地方也有出現。據新社已故耆老偕萬來介紹，日據時期新社的頭目李太郎曾經憶起，加禮宛事件後族人分散，清兵怕年輕人再和撒奇萊雅組織起來對抗，所以把年輕人抓走，帶到壽豐、支亞幹流等地流放，最遠的流放到水尾。所以當時去到沙老社、大巴塱社的加禮宛人就跟當地的阿美族通婚，在那邊開墾很多的水田，後來在族別上也被視為阿美族了。〔註79〕

　　對於加禮宛後裔為何會對「加禮宛事件」集體失憶，督固從先住民和移民的角度，認為撒奇萊雅人與加禮宛人，一個世居花蓮，一個則是從宜蘭移居而來，兩者對於土地和家園的感情態度迥然不同，因而面對戰敗的心情也有所差別：

> 因為撒奇萊雅是第一次打敗。……噶瑪蘭人是 1830～1840 年才來（花蓮），還有很多更晚才來。最早的也不過 1830 年，到 1878 年才 40 幾年。那還是最早的一批，後面陸陸續續來到。為什麼（當時）加禮宛社會越來越大，變成六個社，甚至人口數都快超過撒奇萊雅，因為他們是遷過來的，不是當地生的。他們在 40 年之間陸陸續續移民進來，所以他們對當地土地的概念或者感情並沒有那麼深。不是他家啦，即使丟掉，只是租的地方，換個地方而已。對撒奇萊雅來說，是我家被人拿走。對噶瑪蘭人（加禮宛人）來說，我是租的，租期到了我就走了而已。所以，那四十幾年之間來的，有的人可能很早就來，可能對土地的感情會比較深。如果是十年、二十年前來的，只有一代而已，也許對土地的感情可能沒那麼深。而且他們的想法可能也不同，或許想著有一天要回去宜蘭，有的人說也許這不是我長久居留的地方，可能將來還會換地方。因為他們是後來才來的，所以他們對土地的感情跟未來可能都沒有那麼深刻、那麼重。所以即便打敗戰逃走，他們也不會覺得那件事情是很重要。在宜蘭已經輸過一場，在這邊再輸一場小的，也沒什麼。反而他們對宜蘭的土地才是耿耿於懷。你隨便去問哪一個，每個都記得自己是宜蘭人。對噶瑪蘭人來講，不會像撒奇萊雅這樣印象深刻，也不會太多

〔註79〕康培德等：《加禮宛事件》，「原住民族委員會」，2015，第 164 頁。

的流傳。頂多會跟他們的下一代講，我們是宜蘭來的，加禮宛這個
部分可能提都沒提。不過住在那裡一二十年，再換個地方。說不定
從宜蘭到加禮宛（花蓮），中間也換過很多地方，不一定直接就來的。
（2017/06/22 訪談督固）

對於偕萬來長老以及潘繼道、李宜憲等學者提出的關於加禮宛人對加禮
宛事件「集體噤聲」乃至於後來「集體失憶」的原因，是由於事後遭到清廷嚴
厲處分和監管〔註80〕的關係，督固也提出了自己不同的見解：

這個部分我還在懷疑當中。他（清廷）有分啦，當時七飽干的
薪水跟歸化社的不太一樣。南勢阿美的，飽干社的，豆蘭社的，歸
化社的薪水不太一樣。噶瑪蘭的把它取消。清兵的假想敵原來就是
噶瑪蘭，並不是撒奇萊雅，撒奇萊雅是附帶的，本來就要搶這塊地，
遲早會處理，因為噶瑪蘭的關係，只好硬幹。他們也很清楚，噶瑪
蘭是這場戰爭最重要的導火線。雖然也許受最大傷害的不見得是噶
瑪蘭，反而是撒奇萊雅，所以他可能就會做這樣的區分。（事件後）
很嚴格被監管的噶瑪蘭人，那是非常少數的。真正被監管的只有歸
化社跟鎮平社，其他的他根本管不到。（2017/06/22 訪談督固）

根據督固的說法，儘管清廷在事件後對戰敗的加禮宛人採取了集中監管、
強制流放、扣除頭目月薪等種種懲治措施，然而對於逃散到東海岸地帶生活
的那一部分人，清廷對他們的實際控制力其實是比較弱的，但正所謂鞭長莫
及，清廷的威懾力再大，應該也不至於讓這些人私底下絕對不再談論戰爭的
事情。

雖然無論在奇萊平原還是東海岸的加禮宛後裔中，都很少聽到有「加禮
宛事件」的傳說流傳，但這是否意味著加禮宛後裔對戰爭就全然失憶呢？如
果事實的確如此，倒真的是不合常理了。因為當時無論戰爭還是戰後逃難的
過程，撒奇萊雅人與加禮宛人都是共同經歷的，沒有理由其中的一方會全然
無知。

……當時人到處跑，跑到你找不到，有些是跑到阿美族部落，
其實阿美族部落不是只有撒奇萊雅，噶瑪蘭人也有進去。還有自己

〔註80〕見潘繼道：《「加禮宛事件」後奇萊平原與東海岸地區的原住民族群活動空間
變遷探討》，載潘朝成、施正鋒主編《加禮宛戰役》，東華大學原住民民族學
院，2010，第45～46頁；康培德等：《加禮宛事件》，「原住民族委員會」，2015，
第87頁。

去建立小部落的也很多，而且兩族都一起跑。所以只要有噶瑪蘭的地方一定有撒奇萊雅。比如像打馬煙，他用的是宜蘭的老地名，可是那邊也有撒奇萊雅，我有親戚在那邊。沙勞馬佛那邊，也是噶瑪蘭建立的小聚落，那邊也有撒奇萊雅，只是當時起發言權或領導的人是噶瑪蘭人（加禮宛人），所以他去主導建村的事情，用他們的名字。所以那邊不是只有葛瑪蘭人。像新社那邊也是一堆撒奇萊雅啊，要不然潘烏吉、潘金榮的父母親不會是撒奇萊雅，只是那邊的主導是噶瑪蘭人而已。（2017/06/22 訪談督固）

督固的上述談話，講述了戰後逃亡途中兩群人患難與共的經歷，從側面說明兩群人在其後共同尋求生存空間的過程中依然維持著密切的關係，不論是共同建立聚落還是之後的通婚。2000 年左右，調查「加禮宛事件」的學者李宜憲在訪談新社部落耆老的過程中，從當時的頭目陳國先那裡採集到如下一則關於「加禮宛事件」的口述資料（以河洛話／閩南話）：

加禮宛事件發生的時，阮阿公抑小漢，予人抱走，才有今日的後代。當時掠到彼陣，頭目一工才死，清兵是用一塊一塊肉割起來，叫荳蘭、里漏來看，若是反抗，以後就是這樣。

頭目殷某，是用一支樹身，對中央剖開，給人夾植中央，叫兵士值頂面跳予荳蘭、里漏、撒奇萊雅看。結果，撒奇萊雅不敢出聲，偷偷仔幫忙；不過七腳川從後面過來，Holam 對頭前進入，七腳川、太魯閣佇後面打，所以阮老爸講：「不通做什麼頭目，愚愚仔作人就好。」實在死得很慘。這是聽阮老爸講的。

我媽是里漏，合會來。沒讀冊，不通做頭人。

彼當時的部落，是用刺竹仔圍社，大陸來的槍子沒辦法打進去，所以就用火燒掉。〔註81〕

（筆者譯文：加禮宛事件發生的時候，我爺爺還小，被人抱走活下來，才有今天的後代。當時頭目被抓後，過了一天才死，清兵是用刀把他的肉一塊一塊割下來，叫荳蘭社、里漏社的人來看，說要是敢反抗朝廷，就是這樣的下場。

頭目的妻子，是用一棵樹幹，從中間剖成兩半，把她夾在中間，叫士兵跳到上面，給荳蘭、里漏、撒奇萊雅社的人看。結果，撒奇

〔註81〕康培德等：《加禮宛事件》，「行政院原住民族委員會」，2015，第161頁。

萊雅不敢出聲，偷偷地幫忙；不過七腳川從後面過來，清軍從前面攻擊，七腳川、太魯閣在後面助戰。所以我爸爸說，「不要當什麼頭目，傻傻地做個普通人就好。」實在死得很慘。這是聽我爸爸講的。

我媽媽是里漏人，跟我爸合得來。沒有讀書，不能做頭人。

那時候的部落，是用刺竹圍起來，清軍的子彈沒辦法打進去，所以就用火燒掉。）

這則口述資料講述的情節與在撒奇萊雅後裔中流傳的「清軍火攻部落、頭目夫妻受難」的歷史基本傳說一致，唯一的不同是被清軍處死的頭目夫妻變成了加禮宛社的。根據清廷文獻的記載，戰爭時清軍是先攻打撒奇萊雅巾老耶社，之後再打加禮宛社。陳國先所提到以前的部落用刺竹圍起來以及清軍火燒刺竹林等情形，似乎更符合撒奇萊雅耆老對達固湖灣部落以及戰爭過程的描述，並且在撒奇萊雅人的傳說中，頭目夫妻都是有名有姓的人，似乎真實感更強。所以，傳說中受難的頭目夫婦從撒奇萊雅變成加禮宛，推測應是傳播過程中的口誤所致。據陳國先所言，這個故事是他父親告訴他的。「加禮宛事件」發生時，他的祖父年紀還小，因被抱走而存活下來，顯然不太可能記得事件的過程。所以比較大的可能是，陳國先的父親從老一輩加禮宛人或是撒奇萊雅人那裡聽來這個故事，因講故事的人口誤或是有意為之（如告誡子孫後代），把其中的撒奇萊雅頭目夫婦替換成了加禮宛社的頭目夫婦。

無論如何，這則口傳資料的發現，已足以證明加禮宛後裔對戰爭事件並非完全無記憶。加禮宛後裔很少有人記起這場戰爭的原因，也許只是因為對於這段悲傷的歷史，他們從一開始就選擇了隱藏，讓其在隱藏中慢慢被淡忘，這是一種主動的遺忘過程。在我的田野調查過程中，曾有多位撒奇萊雅人曾向我表達，「撒奇萊雅人性情剛烈、講話比較大聲」的性格特徵。或許，相對於個性強勢的撒奇萊雅人而言，噶瑪蘭人歷來隱忍低調，隨遇而安的群體性格，才是真正決定他們對於這段歷史選擇沉默的原因吧。

第四章　族群運動與「噶瑪蘭族」、「撒奇萊雅族」的生成

　　發生於 1878 年的「加禮宛事件」過去將近一個世紀後，時間來到了 1980 年代。在過去的一百年中，消失在歷史舞臺的加禮宛後裔和撒奇萊雅後裔，目睹失掉主權的清朝政權退出臺灣，隨後又經歷了日本殖民者長達五十年的殖民統治。日據初期，日本學者基於現代民族學調查所建構的學術分類體系，將加禮宛後裔和撒奇萊雅後裔分別歸入阿美族（南勢阿眉蕃和海岸阿眉蕃）。對新社的噶瑪蘭後裔而言，加禮宛事件的戰火和硝煙已成為父輩遙遠的記憶，只有少數耆老依稀記得祖先來自宜蘭，而自己是加禮宛人的後代，但很少有人瞭解「加禮宛事件」的歷史。他們是被前來進行田野調查的日本學者告知，才知道自己是「噶瑪蘭族」；撒奇萊雅後裔中，則是因「加禮宛事件」中達固湖灣大部落被清軍燒毀，頭目夫妻被清軍處死的故事仍有流傳，而有人不忘自己的祖先是 Sakizaya。在 1980 年代興起的本土化風潮和 1990 年代開始的原住民運動轉向的刺激和影響下，加禮宛後裔和撒奇萊雅後裔分別展開尋親、尋根活動，進而演變為要求臺灣當局恢復、認定其為「原住民族」的族群「復名」、「正名」運動。

　　日據時期殖民地人類學研究所產生的族群分類知識與體系，是對臺灣原住民進行族群化建構的重要歷史實踐，其形成的族名、分類標準，奠定了當代臺灣原住民族群分類的基礎架構。本章的目的是考察當代噶瑪蘭後裔及撒

奇萊雅後裔聚合、團體化,並透過「復名」、「正名」運動形塑族群性,獲得當局所認定的「原住民族」身份的過程。本章首先回溯了日據以來臺灣原住民族群分類體系的形成過程以及噶瑪蘭人和撒奇萊雅人在此一分類體系中的位屬,接著結合田野調查與文獻資料,呈現噶瑪蘭後裔和撒奇萊雅後裔在特定的政治社會環境下,「發現」、尋找、重新定位自己的「族群身份」並由此展開推動族群「復名」、「正名」運動的實踐過程。在回溯族群運動的過程中,本章的書寫著重關注個體如何在特定社會脈絡中協商(negotiate)、定位自己的身份認同以及在此過程中人群的聯結、族群意識的生成等,從而呈現族群性的形塑過程。

第一節 原住民族群運動的歷史背景

一、原住民族稱與分類體系的歷史演變

(一)日據以前對原住民族群的認知與分類

漢唐宋明期間,以華夏、漢文化為核心的中央王朝逐步將臺、澎島嶼納入行政管轄,但這一時期由於大陸漢人與臺灣原住民少有接觸,對其認知尚處於模糊、無知的狀態,因此多從漢文化中心主義的角度出發,以「夷」、「東番」、「東番夷」、「番」、「土人(民)」、「土番」等集合稱謂統稱臺灣島上的先住民。[註1]

清朝統一臺灣之後,隨著大陸漢人大規模移墾臺灣,清政府的行政體系也隨即延伸至臺灣島。康熙二十一(1683)年,清廷正式設立臺灣府,下轄臺灣、諸羅、鳳山、彰化等縣。由於早期清廷行政力量的控制範圍主要在西部平原地區,因此對原住民採取隔離「教化」,分而治之的「理番」統治策略。在漢人強勢文化的衝擊下,居住在西部平原地帶的平地原住民較早實現了「歸化」。總體上,清代前期仍以「土番」統稱原住民,其後隨著清廷「理番」事業的推進,對原住民認知的逐步深入,又從「土番」中區分出「生番」和「野番」,用於指稱居住在偏遠山區,不與漢人往來、尚未「歸化」的原住民群體。至康熙晚期,隨著漢人移民群體對西部開發的深入以及清廷對平地原住民社群控

〔註 1〕關於上述稱謂的考釋,潘英、吳春明等學者已做過詳細梳理,詳見潘英:《臺灣原住民的歷史源流》,臺原出版社,1998;吳春明:《跨文化視野下臺灣原住民的族群認知與族稱》,《臺灣研究集刊》2009 年第 4 期。

制力的加強，平地原住民的漢化速度趨於加快，開始形成「生（野）番」與「熟（化）番」兩大類別的明確區分。其中，服從政府「教化」、與漢人往來密切的「歸化」土番被稱為「化番」、「熟番」，而不服「教化」、不與漢人往來的則為「生番」、「野番」。上述原住民稱謂的變化，充分反映了原住民社會在接觸清朝統治力量以及漢文化之後被「教化」、「歸化」的歷史過程。〔註2〕

總體而言，明清時期有關臺灣原住民的記載散見於史志、劄記、遊記、奏摺等文獻中，這些文本的撰述者多為民間士人和駐臺地方官員，他們為了稱呼的方便和管理的需要而創造了上述對原住民進行區分的名稱。不過，受限於當時的社會條件，無論是政府還是民間士人由於缺乏對原住民社會文化的系統性認知，使得這些帶有「分類」指向的稱呼方式不僅隨意性很強，而且缺乏科學依據，更帶有明顯的漢民族文化中心主義色彩。〔註3〕

在清代漢文史籍中，雍正二年（1724）黃叔璥所著的《臺海使槎錄》中的《番俗六考》，首次超脫了前人狹隘的「生、熟」或「野、化」的二分法，而注意到原住民社會文化的群體性差異，並依其地緣關係進行分類。黃氏將原住民分為「北路諸羅番」十種和「南路鳳山番」三種，共計13類，依次敘述他們的居處、飲食、衣飾、婚嫁、喪葬、器用、番歌等不同的文化事象。〔註4〕《番俗六考》可說是清代漢人關於臺灣原住民人群最深入細緻的描述、分類與認知，也是有史以來首次對臺灣原住民族作出的較具學術意味的分類。潘英指出，黃氏的分類，不僅有若干地方與百餘年後由日本人建立起來的分類相吻合，對於一部分文化關係相對複雜，在分類上存在爭議的族群，黃氏的分類方式尤其顯現出其獨到的一面。〔註5〕從書中的表述來看，黃叔璥應該是在一定程度的觀察和比較基礎上，對所掌握的資料進行分類。雖然他沒有現代人類學或民族學知識，但不可否認的是，與同時期的同類著作相比，《番俗六考》中對資料的處理方式已經很接近現代民族志田野資料的風格，在18世紀初期能夠做到這樣，實屬難能可貴。

〔註2〕吳春明：《跨文化視野下臺灣原住民的族群認知與族稱》，《臺灣研究集刊》2009
　　　　年第4期，第57頁。
〔註3〕黃海純：《臺灣原住民族別認定的歷史過程》，中央民族大學碩士學位論文，
　　　　2013，第19～20頁。
〔註4〕黃叔璥：《臺海使槎錄·番俗六考（卷五，卷六，卷七）》，大通書局，1984，
　　　　第94～160頁。
〔註5〕潘英：《臺灣原住民的歷史源流》，臺原出版社，1998，第76頁。

（二）日據以來族群分類體系的確立

1. 日據時期族群分類體系的形成

　　1895 年，在甲午戰爭中戰敗的清政府與日本簽訂《馬關條約》，將臺灣割讓給日本作為殖民地，由此開啟了臺灣長達五十年的「日據時期」。日據初期，殖民總督府基本延續清代將原住民分為「生番」、「熟番」的認知，只是將「番」改為「蕃」，稱為「生蕃」、「熟蕃」，並以「蕃人」統稱原住民。由於歷經清朝的統治，「熟蕃」已經高度漢化，因此日據時期所指的「蕃人」，通常是指「生蕃」，是殖民總督府實施「理蕃」政策、執行「蕃地行政」以及日本人類學者調查研究的主要對象。在日據初期日本學者出版的書籍文獻中，均以「蕃族」稱謂臺灣原住民，且所指的「蕃人」基本上都是山地原住民，即「生蕃」。〔註6〕

　　1935 年起，「臺灣總督府」正式以「高砂族」取代「生蕃」、「蕃人」對原住民的總稱。據說改稱「高砂族」是因 1923 年（大正十二年）日本裕仁親王訪臺時，認為稱呼原住民為「生蕃」、「蕃人」帶有侮辱性含義，指示改用「高砂族」一詞替代。從相關文獻的考證可知，日本人自 16 世紀以來一直以「高砂」稱呼臺灣島，其日語為 Takasago（他卡沙古）。伊能嘉矩認為，高砂一詞的日語發音 Takasago 與 Tokasago（雞籠頭）的發音相近，在古籍中，「雞籠頭」應是指「雞籠」無疑。因此，Takasagun（高砂）作為地名，原本是指雞籠，後來才轉變成為對整個臺灣島的稱呼。〔註7〕「高砂族」一詞啟用之後，日本學者的一系列關於臺灣原住民研究的著作也相繼冠以「高砂族」之名，如當時臺北帝國大學土俗人種學研究室的移川子之藏、宮本延人、馬淵東一三人合著的《臺灣高砂族系統所屬的研究》（1935）、語言學研究室的小川尚義和淺井惠倫合著的《原語高砂族傳說集》（1935）、馬淵東一的《中部高砂族的祭團》（1937）、《中部高砂族父系中的母系地位》（1938）、臺灣總督府《高砂族調查書》（1936～1939）等，均以「高砂族」命名。〔註8〕

　　目前仍被普遍使用的「平埔族」一詞，同樣誕生於日據時期。「平埔族」一詞是從清代的「平埔番」轉化而來，「平埔番」意指「住在平地的番人」。

〔註6〕吳春明：《跨文化視野下臺灣原住民的族群認知與族稱》，《臺灣研究集刊》2009
　　　年第 4 期，第 60 頁。
〔註7〕潘英：《臺灣原住民的歷史源流》，臺原出版社，1998，第 57 頁。
〔註8〕潘英：《臺灣原住民的歷史源流》，第 57 頁。

清代的「熟番」、「化番」都屬於「平埔番」的範疇，不過到了日據初期，除了東部的阿美、卑南等族外，其餘的平埔化番已和熟番無異。殖民總督府將「生番」、「熟番」改為「生蕃」、「熟蕃」的同時，也改稱「平埔番」為「平埔蕃」。日本學者則根據實際調查的情形，將「平埔蕃」與「熟蕃」混同，創造出「平埔族」一詞，使得「平埔族」、「平埔蕃」與「熟蕃」三者的內涵趨於一致，實際上等同於一個詞。值得注意的是，無論是「平埔族」、「平埔蕃」還是「熟蕃」，均不包含東部地區的阿美、卑南等族在內。在實際使用中，「平埔族」多為學術界使用，日本官方文書則多採用「平埔蕃」、「熟蕃」的稱謂，直到日據後期才取消帶有歧視意味的「蕃」字，正式改用「平埔族」一詞並沿用至今。〔註9〕

　　日本割據臺灣後，在殖民統治方面十分重視人類學知識的應用。在殖民地管理模式上，其仿傚和複製了英國等資本主義國家的做法，將殖民主義、人類學科學與殖民行政相結合。日本人深知其在臺灣的殖民統治，除了需要建立高效的行政系統之外，更離不開對「蕃地蕃情」的準確把握，殖民地人類學的知識生產因而成為殖民當局開展「理蕃事業」的一種必須。早在1895年接管臺灣當時，在隨日軍赴臺的若干學者中，便包括了伊能嘉矩和森丑之助兩位人類學者。次年，為了對臺灣的生態環境及各類資源做詳細探查，日本又繼續有計劃地向臺灣派遣動物、植物、地質及人類學四大部門的研究人員，著名人類學者鳥居龍藏便是在當年來到臺灣，此後長期在臺灣開展研究。

　　1884年成立的東京人類學會是東亞地區最早的民族學研究機構。日本領臺後，臺灣順理成章地成為該機構民族學者調查研究的主要對象。之後，「總督府臨時臺灣舊慣調查會」、「臺北帝國大學土俗人種學教室」暨「語言學教室」，也相繼成為日據時期臺灣原住民調查研究的中心。隨著日本人類學者針對原住民族調查研究的全面展開，使得臺灣人類學研究在日據後約十年便奠定了基礎，而根據現代民族學、人類學知識對臺灣原住民的社會文化進行識別後的「科學」分類體系，也在這個時期開始形成。

　　日據初期，以鳥居龍藏、伊能嘉矩、粟野傳之丞、森丑之助等為代表的一批學者，成為臺灣原住民民族學、人類學研究的先驅，東京人類學學會則成為他們交流學術成果的一個平臺。明治三十二年（1899），伊能嘉矩、粟野傳之丞合著的《臺灣蕃人事情》一書，首次根據實地調查觀察到的語言、風俗習慣

〔註9〕潘英：《臺灣原住民的歷史源流》，臺原出版社，1998，第56頁。

的異同,從學術角度對臺灣原住民族進行了分類。該書將平埔族分為十個小群,平埔族之外的族群則分為泰雅、布農、鄒、澤利先、排灣、漂馬、阿美七族。賽夏族則被視為平埔族道卡斯(Taokas)小群的分支,稱之為 Amtura,後改稱 Saisiett,未給予獨立地位。〔註10〕這一分類成果的誕生,開臺灣原住民族群的學術分類之先,為日後其他學者提出有關高山族及平埔族的分類奠定了學術性基礎,具有重要的學術地位。

1896～1900 年間,鳥居龍藏先後前往臺灣東部、紅頭嶼(即蘭嶼)、東南部及西部山地和平地調查,撰寫了關於紅頭嶼、排灣、魯凱、畢南、阿眉、阿里山、布農、鯨面、埔里社、平埔等地原住民的九部調查報告。1910 年,他以法文發表 Etudes Anthropologigues：Les Aborigénes De Formose(《臺灣原住民的人類學研究》)一文,將「生蕃」分成 Taiyal(泰雅)、Bounoun(布農)、Niitaka(新高,即鄒族)、Saou(邵)、Tsarisen(澤利先,即魯凱)、Paiwan(排灣)、Pyouma(漂馬,即卑南)、Amis(阿美)、Yami(雅美)九族。此一分類系最初的「九族分類」,在伊能氏的基礎上增加了雅美族和邵族,並改稱鄒族為新高(Niitaka)族。原來被伊能氏歸為平埔族的邵族,則被鳥居氏劃分為高山族,賽夏族仍屬於平埔族。〔註11〕

1912 年,森丑之助在三省堂出版的《日本百科大辭典》第六卷「臺灣蕃族」中提出了新的分類法,共分 Taiyal(泰雅)、Bunun(布農)、曹(Tsauo)、Paiwan(排灣)、Ami(阿美)、Yami(雅美)六族,魯凱、卑南合併為排灣族,賽夏族則被排除。1913 年,蕃務本署刊發的《理蕃概要》採用了這一分類,不過,在同年稍後由殖民總督府警務局理蕃課刊印的《蕃社戶口》中,又再次把賽夏族加入,成為七族分類,並將其確認為此後官方通行的分類。1915 年,小島由道在《蕃族慣習調查報告書第一卷》中提出八族分類法,即在上述官方七族分類的基礎上,從泰雅族中分出賽德克族。而同時期的佐山融吉也在《蕃族調查報告書》中,將「生蕃」分成八族,分別為:太麼(泰雅)、沙績、獅設(賽夏)、武崙(布農)、曹(鄒)、排灣、卑南、阿眉。不過,森丑之助在1917、1918 年出版的《臺灣蕃族志》(第一卷)、《臺灣蕃族圖譜》(第一、二卷)中,仍堅持其最初的六分法。〔註12〕

〔註10〕潘英:《臺灣原住民的歷史源流》,臺原出版社,1998,第 78 頁。
〔註11〕潘英:《臺灣原住民的歷史源流》,第 79 頁。
〔註12〕潘英:《臺灣原住民的歷史源流》,第 80 頁。

1928 年,「臺北帝國大學土俗人種學教室」和「言語學研究室」的設立,將日據時期對臺灣原住民族的研究推進到一個新的階段,這一階段研究工作的重點是對各族群的分層譜系進行更加詳細的考察,並發展出基於語言差異的分類法。1935 年,移川子之藏、宮本延人、馬淵東一合著的《臺灣高砂族系統所屬的研究》一書出版。該書以各社的口傳資料,尤其是所傳承的系譜知識為線索,探討高山族各族社、部落的遷徙、分化、融合過程,重構了各族人群以遷徙為中心的歷史,將高砂族分成泰雅、賽夏、布農、鄒、魯凱、排灣、卑南、阿美、雅美九族。該書最大的貢獻,在於對各民族的內在群體構成進行了分層分析,並嘗試建構其譜系,這是原住民分類研究上的一個突破。另外,這一分類對幾個族名做了更改,將 Tsarisen(澤利先)改為 Rukai(魯凱),Piyuma(漂馬)改為 Panapanayan,Ami(阿美)則改為 Pangtsah(邦查)。其中 Pangtsah 族分為南勢阿美群、海岸阿美群、秀姑巒阿美群和恒春阿美群四個亞群。〔註 13〕

同樣在 1935 年,在臺北帝國大學文政學部工作的小川尚義,基於與淺井惠倫共同調查的資料,提出根據語言使用情況的分類法,將原住民族群分成三類。第一類是仍然在使用其固有語言的,有 Atayal(泰雅)、Seedeq(賽德克)、Saisiat(賽夏)、Tsou(鄒)、Kanakanabu(卡那布)、Saaroa(沙阿魯阿)、Rukai(魯凱)、Paiwan(排灣)、Puyuma(漂馬)、Ami(阿美)、Yami(雅美);第二類是平常有限度使用固有語言,但河洛語(閩南話)已經成為其日常使用的語言的,有 Kavalan(噶瑪蘭)、Pazch(巴則海／巴宰)、Sao(曹／邵);第三類,已幾乎不使用固有的語言,並且語言傳承已經接近消亡的,有 Ketagalan(凱達格蘭)、Taokas(道卡斯)、Papora(巴布拉)、Babuza(巴布薩)、Hoanya(洪雅)、Siraya(西拉雅)。〔註14〕小川尚義的分類特色在於以語言的使用程度作為區分各民族的唯一標準,因此其分類包含了「高砂族」和「平埔族」的所有族群,未對二者進行區分。

1936 年,臺北帝國大學言語研究室教授淺井惠倫在他的一篇蘭嶼島雅美語研究論文中,也提出了基於語言差異的一套相對複雜的族群分類,將高砂族分成五大群、15 族(或亞群)、近 30 個方言。五大群分別為北部群(NorthernGroup),布農群(BununGroup),鄒-排灣群(Tsou-PaiwanGroup),

---

〔註13〕潘英:《臺灣原住民的歷史源流》,臺原出版社,1998,第 81～82 頁。
〔註14〕小川尚義:《臺灣高山族傳說集》,臺北帝國大學言語學研究室,1935,第 3～4 頁。

阿美群（AmiGroup）和巴丹群 BatanGroup。其中，北部群內含純泰雅、賽德克和賽西亞特族（Saisyat，即賽夏族）三族。布農群（BununGroup）為獨立一族，含北、中、南三個方言群。鄒-排灣群（Tsou-PaiwanGroup）由鄒族（Tsou）、原沙阿魯阿-卡那布族（OriginalSaarua-Kanakanavu）、原排灣族（OriginalPaiwan）和原魯凱族（OriginalRukai）四個亞群構成。其中，鄒族亞群和原沙阿魯阿-卡那布族（OriginalSaaruaKanakanavu）亞群都被歸為獨立的族，各自包含兩個方言小群；原排灣族亞群分為純排灣族和漂馬族，其中排灣族內有北、中、南三個方言群；原魯凱族亞群則細分為 RukaiProper（純魯凱）、Taromaki（大南）、TordukanaKongadavanu（下三社）和 Mantaolan（馬道朗）四個小群。阿美群（AmiGroup）內的北、中、南三個方言群，共同構成阿美族。巴丹群（BatanGroup）含二族，即純巴丹族（BatanProper）和雅美族（Yami）。雖然淺井惠倫以語言為依據做出的族群分類存在一些爭議之處，卻也開闢了族群分類標準的另一股潮流。

　　繼淺井惠倫之後，生物地理學專業出身的學者鹿野忠雄也提出了一套新的分類法。鹿野對於族群分類的理解，是希望借鑒生物學的分類方法，按部族（Tribe）—亞族（Sub-Tribe）—群（Group）—蕃社（Village）的順序，並綜合體質、語言、習俗等因素來建構族群分類的譜系。在《東南亞細亞民族學先史學研究》（1939）這部巨著中，他將高砂族分成八族、七亞族、24 群，即泰雅族（含泰雅、賽德克二個亞族）、賽夏族、布農族、鄒族（北鄒、南鄒二個亞族）、排灣族（魯凱、排灣、斯卡羅卡羅三個亞族）、漂馬族、阿美族、雅美族，這一分類以層次化的結構揭示了多樣族群的內在譜系關係，體現了日據後期日本學者在原住民分類研究領域的新水平。

2. 1945 年後至今的稱呼與分類

　　1945 年，臺灣回歸中國，由當時的南京國民政府接收臺灣的主權。在臺灣原住民問題上，國民黨政府基本襲了日本殖民政府的管理體制。由於平埔族在日據時期已被視同漢人，被編入一般行政區域，因此「平埔族」的稱呼雖得以保留，但在官方文書中很少出現。當局對於原住民事務的行政管理實際上也僅及於日據時所謂的「高砂族」系統原住民。在 1946 年 8 月頒行的《高山族地方之鄉調解委員會暫不受鄉鎮調解委員會組織規程第八條之限制電》中，「高山族」一詞首次出現，用以替代日據時「高砂族」對原住民的統稱。但在次年頒發的《山地附近荒蕉無人耕種土地應租奧山地同胞耕租代電》中，又改

稱原住民為「山地同胞」。〔註15〕1951年，「山地同胞」（簡稱「山胞」）一名正式被確定為臺灣原住民的總稱。不過，「山地同胞」的身份認定標準相關文件卻遲至1980年4月8日才正式發布，在《臺灣省山胞身份認定標準》中，「山胞」被進一步區分為「平地山胞」和「山地山胞」。其中，「山地山胞」是指居住在30個山地保留地內的原住民；而「平地山胞」則是指居住在保留地以外的原住民。〔註16〕根據此一「山胞」的區分標準，阿美、卑南、賽夏等族大部分被歸為「平地山胞」，其餘各族大部分被劃為「山地山胞」，但各族群仍有小部分被劃於不同範疇。

1949年國民黨政權遷臺後，當時的中央研究院民族學研究所、臺大考古人類學系等學術單位在日本學者研究成果的基礎上，繼續開展對臺灣原住民族的研究。對於高山族的分類，衛惠林在鹿野忠雄的基礎上，於1950年代初提出修正後的分類法。衛氏的分類共分三個層級，第一級以文化類型為基礎；第二級單位是最基本的，為自然民族群（EthnicGroup），有種族、語言、文化的三重基礎；第三級單位為第二級的次級單位，其性質大致相同；第四級單位為方言群與社群。在地域上，將所有族群劃分為北部諸族、中部諸族、南部諸族、東部諸族和蘭嶼群。〔註17〕

北部諸族包括泰雅族和賽夏族，分布於埔里花蓮線以北的北部山地，以紋面、織貝、祖靈崇拜為共同文化特徵：

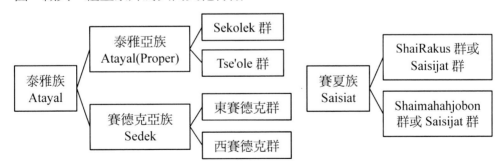

中部諸族包括布農族和曹族，以父系外婚氏族及母族尊重、皮套袖套褲、護陰袋為其共同文化特徵：

〔註15〕臺灣省政府：《臺灣省單行法規彙編第一輯》，臺灣省政府秘書處，1950，第804頁。
〔註16〕臺灣省政府：《臺灣省單行法規彙編第一輯》，第806頁。
〔註17〕潘英：《臺灣原住民的歷史源流》，臺原出版社，1998，第90～93頁。

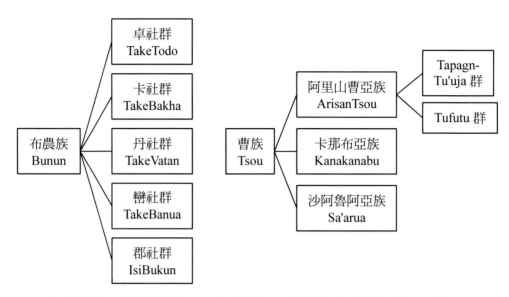

南部諸族，包括排灣族，以貴賤階級及貴族的土地特權、雙系宗族、蛇崇拜、太陽崇拜、喪服飾、琉璃珠（eyebead）、花環頭飾、木石雕刻尤其祖先像獨石、青芋栽培與燻製為共同文化特質：

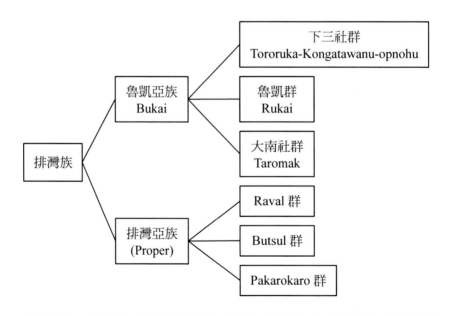

東部諸族，包括卑南族和阿美族，以母系親族、年齡階層、燒疤紋身、倒鉤子、風箏為共同文化特質。其中卑南族由知本、卑南、呂家、射馬乾等八社構成；阿美族則分北部、中部、南部群。

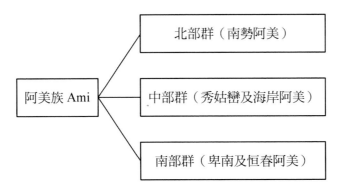

蘭嶼群主要是雅美族（Yami），共有六個村社分布在蘭嶼島的周圍，西南面有紅頭社（Imourod）和漁人社（Iratai），西海岸中北部有椰油社（Yayu），北岸中央部有朗島社（Iraralai），東岸東清灣內有東清社（Iranumilk）與野銀社（Ivarina），以漁團組織、棕櫚布、銀飾、土偶、獨木笠或銀頭盔、短甲胄式背心、水芋栽培、拼板木舟、魚鉤與漁網為文化特質。

衛惠林之後，陳奇祿等學者在移川子之藏的九分法基礎上加上邵族，提出十族分類法。李壬癸則延續了日本學者小川尚義基於語言的分類方式，將泰雅族分為泰雅與賽德克兩個語群，將鄒族分為鄒、卡那卡那與沙阿魯阿三個語群，合計共有 12 語群。其分類只是將衛惠林分類中的「亞族」提升為「族」，改稱「語群」，體現出與小川尚義同樣的語言分類思路。

在 1950 年代初衛惠林提出其新分類之時，臺當局「官方」仍在沿用日據時期的七分法。直到 1954 年 3 月 14 日，當局「內政部」才正式核定、採行臺灣省文獻委員會基於歷史、文化與血統所擬定的分類法，確認泰雅族、賽夏族、布農族、曹族、魯凱族、排灣族、卑南族、邦則族（改稱阿美族）、雅美族九族為「官方」認可的原住民族，即所謂的「山胞九族」，此九族分類此後便成為臺灣社會對高山族認知的一種「通說」。

從以上對不同時期民間、學界和「官方」對臺灣原住民的認知、分類體系形成過程的回顧可以看出，歷史上無論原住民的稱謂，還是其在分類體系中的名稱與位置，無一不是外來者基於自身的認知、管理的方便性或是學術研究目的所進行的命名與分類。這種外來者基於統治權力或是話語權力而進行的命名與分類，在技術操作層面上本身很難在體質、語言與文化三個方面做到完全的科學與客觀。同時，由於這些命名與分類方式忽視了原住民自身的主觀認同，因此即便其聲稱分類如何「客觀」，如何具有「學術性」和「科學性」，也不能完全獲得原住民的認同與接受。這種命名者與被命名者之間由於權力關

係不平等而累積的矛盾，也成為上世紀 1980 年代興起的原住民「族群正名」
運動抗爭的矛頭所向。

（三）噶瑪蘭人與撒奇萊雅人在族群分類體系中的位屬

1. 噶瑪蘭在族群分類體系中的位屬

康熙三十六年（1697），郁永河所著的《裨海紀遊》中，將原住民分區為
「土番」和「野番」，文中涉及噶瑪蘭人的內容寫道：「……蛤仔難等三十六社，
雖非野番，不輸貢賦」〔註18〕，當時的噶瑪蘭人被歸類為不輸貢賦的「土番」。
康熙五十六年（1717），周鍾瑄《諸羅縣志》中，首次對「生番」、「熟番」作
了一番界說：「內附輸餉者曰熟番，未服教化者曰生番或曰野番」，〔註19〕「生
番」、「熟番」此後成為漢人對原住民的基本認知。由於清朝政府遲至嘉慶十七
年（1812 年）才正式將行政管轄範圍擴展至噶瑪蘭（宜蘭），因此可以推測在
《諸羅縣志》成書之時，噶瑪蘭人應該還未被歸為「熟番」，仍維持「土番」
的身份。

雍正八年（1730），陳倫炯在《東南洋記》中說：「臺灣西南一帶沃野，
東面俯臨大海，附近輸賦應瑤者名曰平埔土番」，這是「平埔」一名最早見
於文獻中。其中的「平埔土番」指的是「熟番」，也就是後來的「平埔族」。
道光十七年（1837），柯培元《噶瑪蘭廳志略》稱「蘭地三十六社」原住民
為「化番」，又曰：「俗又謂之平埔番，實以其居於荒埔平曠之地，為土番而
非野番。」咸豐二年（1852），陳淑均《噶瑪蘭廳志》仍稱噶瑪蘭人為「化
番」或「平埔番」，顯示這一時期，「平埔番」並未完全等同於「熟番」。雖
然「熟番」就是後來的「平埔族」，不過，清代所謂「熟番」的範疇比後來
的「平埔族」要小，換言之，現今所說的平埔族，在清代並不必然就包含在
「熟番」的範圍內。〔註20〕

日據初期，日本「官方」對原住民沿襲「生」、「熟」的區分，改「番」為
「蕃」，稱為「生蕃」、「熟蕃」。清代被歸入「平埔番」的「化番」，日人多歸
入「熟蕃」，「熟蕃」的範疇因而擴大，「平埔蕃」也因之等同於「熟蕃」。1935
年（昭和十年）6 月 4 日，臺灣殖民總督府公布《戶口調查規定》，改稱「生

〔註18〕郁永河：《裨海紀遊》，臺灣省文獻委員會，1950，第 20 頁。

〔註19〕周鍾瑄：《諸羅縣志（第二冊）》，臺灣銀行經濟研究室，1962，第 154～155
頁。

〔註20〕潘英：《臺灣平埔族史》，南天書局，1996，第 18～25 頁。

蕃」、「熟蕃」為「高山族」、「平埔族」，「平埔族」一名正式產生。〔註21〕

　　將平埔族納入民族學、人類學意義上的分類，肇始於伊能嘉矩的研究。伊能嘉矩與粟野傳之丞在 1900 年（明治三十三年）出版的《臺灣蕃人事情》一書中，將臺灣原住民分成泰雅（Taiyal）、布農（Vonum）、曹（Tso'o）、澤利先（Tsarisen）、排灣（Paiwan）、漂馬（Pyuma）、阿美（Amis）、平埔（Peipo）八族。〔註22〕1904 年，伊能嘉矩又在《臺灣蕃政志》書中，首次提出將平埔族分為 10 族：凱達格蘭族（Ketagalan）、卡瓦蘭族（Kavamalawan）、道卡斯族（Taokas）、拍宰海族（Pazeh）、拍瀑拉族（Vapulan）、阿里坤族（Alikun）、巴布薩族（Poabaso）、魯羅阿族（Iostua）、西拉雅族（Siraya）、馬卡道族（Makatastuo）。繼伊能嘉矩的「十族說」之後，伊能嘉矩、小川尚義、移川子之藏及馬淵東一等學者也都分別提出自己的分類，基本都不出八族、九族、十族之間。其中較為通行的是八族說，將平埔族分為：（1）西拉雅族（Siraya 或 Siraiya），內部又分為西拉雅、馬卡道（Makatao 或 Makatau）、四社平埔（Taivora）等三支族。（2）洪雅族（Hoanya）：又分為魯羅阿（Lloa）、阿里坤（Arikun）二支族，（3）巴布薩族（Babuza 或 Poavosa），（4）拍宰海族（Pazeh 或 Pazex）：內部又分為岸里、撲仔籬、阿里史、烏牛欄四社群，（5）拍瀑拉族（Papora 或 Paposa），（6）道卡斯族（Taokas），（7）凱達格蘭族（Ketatangalan），（8）卡瓦蘭族（Kavalan）。〔註23〕其餘的九族說和十族說的歧異之處，主要在於四社平埔（四社熟番）和邵族的歸類上。

　　在各家的分類中，雖然譯名書寫有所不同，使得噶瑪蘭分別以「卡瓦蘭族（Kavamalawan）」、「卡瓦蘭族（Kavalan）」、「噶嗎朗族（Kavalan）」等名稱出現，但是將噶瑪蘭視為獨立一「族」的分類是非常清楚的。不過，值得注意的是，十族說中，也出現了將 Kaliawan（加禮宛）單獨列為「卡列溫族」的情形〔註24〕，說明當時的學者注意到了花蓮地區的加禮宛人在社會文化上存在構成一族的可能性，但對其作為噶瑪蘭分支的從屬關係尚未有清楚的認識。

　　1945 年，國民政府代表中國接管臺灣後，延續了日據時期對原住民族的高山九族分類法以及單獨設立「蕃人所要地」（簡稱「番地」）的做法。1947 年，

〔註21〕潘英：《臺灣平埔族史》，第 25 頁。
〔註22〕翁佳音：《日治時代平埔族的調查研究史》，載莊英章主編《臺灣平埔族研究書目彙編》，「中央研究院」民族學研究所，1988，第 51 頁。
〔註23〕轉引自潘英：《臺灣平埔族史》，南天書局，1996，第 35～36 頁。
〔註24〕衛惠林：《埔里巴宰七社志》，「中央研究院」民族學研究所，1981，第 2 頁。

當局將該項土地更名為「山地保留地」並於次年公布施行，其範圍大致與日據時期劃定的區域一致。〔註25〕不僅如此，對於原住民族群的辨識及分類方式，也完全延續日據時期的標準。1954 年國民黨政府「民政廳」所採行的九族名稱，便是依據日據時期的分類進行統一命名後核定的官方名稱。因平埔族被認為已經「漢化消失」，除了學界仍保留「平埔族」一詞作為學術用語之外，此後當局的原住民行政事務主要是以處理「山胞」九族的問題為主。而花東地區的噶瑪蘭人（主要為加禮宛人的後裔）因分布零散，且長期與阿美族通婚、混居，使得這些原噶瑪蘭加禮宛社的後裔隱藏在阿美族裏面。在日據時期，他們被劃入普通行政區內，歸屬於「南勢阿美蕃」、「海岸蕃」的分類，因而進入國民黨統治時期後，擁有阿美族的平地原住民身份。〔註26〕

2. 撒奇萊雅在族群分類體系中的位屬

有關 Sakizaya（撒奇萊雅或沙基拉雅）的文字記載，最早出現在 17 世紀的荷蘭與西班牙文獻中，當時撒奇萊雅人的聚落被記錄為 Saccareya、Zacharija 和 Saquiraya。在清代的文獻中，則先後以「筠椰椰」、「筤耶耶」、「根耶耶」、「巾椰椰」、「根老耶」、「巾老爺」等名稱為外人所知。〔註27〕文獻中呈現的連續性顯示，撒奇萊雅的先民群體，至少從 17 世紀或是更早以前就已經居住在花蓮平原，並且在不同歷史階段都維持著作為一個獨立社群的辨識度。從已有的研究來看，無論是族源傳說、語言差異還是撒奇萊雅後裔的主觀認知，都證明了撒奇萊雅自古以來便是一個與南勢阿美人具有明顯差異的人們共同體。

日據時期流傳於南勢阿美族各社的族源傳說，在族源譜系的敘述中明顯表現出對撒奇萊雅的區隔，並未將撒奇萊雅視為其同源共祖譜系中的成員。佐山融吉的《蕃族調查報告書》與河野喜六的《蕃族慣習調查報告書》中所收錄的各社族源傳說，雖然在內容上不盡相同，但基本都存在南勢各社共祖同源的說法，可看出它們屬於同一系統。而撒奇萊雅的歸化社，在敘說過程中或者被視為異族後裔，或者是未將其置於洪水劫後餘生、兄妹繁衍的共祖脈絡中進行敘述。類似的情形，在移川子之藏、宮本延人等人在《臺灣高砂族所屬系統之研究》一書所收錄的各社族源傳說中也可以看到。撒奇萊雅在薄薄、荳蘭兩社

〔註25〕臺灣省民政廳：《發展中的臺灣山地行政》，臺灣省政府民政廳，1971。
〔註26〕詹素娟：《族群、歷史與地域——噶瑪蘭人的歷史變遷（從史前到 1900 年）》，臺灣師範大學歷史研究所博士學位論文，1998，第 303～304 頁。
〔註27〕詹素娟：《族群、歷史與地域——噶瑪蘭人的歷史變遷（從史前到 1900 年）》，第 212 頁。

的傳說中均屬於知之不詳的異族系統，而里漏社和七腳川社在敘述各自的族源時，則沒有提及撒奇萊雅。〔註28〕

另外，從撒奇萊雅系統採集到的族源傳說稱，南勢阿美七社共源於美崙山之東的 Na-raratsan-an 之地，但歸化社與其他社群似乎有所區別，而祖源地在 Na-raratsan-an 的說法也未見於其他南勢社群的傳說中；一則流傳於秀姑巒阿美族織羅社的族源傳說，則指明撒奇萊雅人的祖先之地為 Sanasai，顯示撒奇萊雅是東臺灣諸族中擁有 Sanasai 傳說的一員，極有可能屬於 Sanasai 傳說圈族群系統中的一支。〔註29〕

詹素娟指出，雖然近代以來，撒奇萊雅人在風俗、習慣等方面，和一般的南勢阿美人似乎已經很難區分，但這應該是由於撒奇萊雅人在近代與阿美人普遍混居的結果。在語言方面，針對撒奇萊雅語與阿美語的比較研究也已經證實，兩者之間存在著相當明顯的差別。日據時期，移川子之藏、馬淵東一等學者就已提出，若將阿美語做一分類，則撒奇萊雅語大概可以和其他阿美語分別為兩支。而在後裔的主觀認同方面，1933 年（昭和八年）馬淵東一的調查提到：（撒奇萊雅人）自身與其他的 Pangtsah 族（即南勢阿美族）作區別時，在飽干社與舞鶴社稱為 Sakizaya，歸化社稱為 Sakidaya，而其他的 Pangtsah 族則稱他們為 Sakiraya……。〔註30〕由此可看出，無論是自稱 Pangtsah 的南勢阿美人還是撒奇萊雅人，雙方在互視的情況下，我群與他群的區隔意識是相當清晰的，並不認同雙方具有從屬的關係。

雖然早期撒奇萊雅的聚落鄰近南勢阿美族社，但是在村社關係上，撒奇萊雅與南勢諸社實際上也是不相從屬的。詹素娟以嘉慶十七年（1812）漢人向南勢阿美諸社購買土地為例對此進行說明。當時來自宜蘭的漢人李享、莊找等人，以布匹折價 5250 銀元，向「奇萊五番社」通事購買土名為「祈來」的土地一塊。這五社分別為：豆欄（即荳蘭）、薄薄、美樓（即里漏）、拔便（飽干）和七腳川。依據地契所指稱的範圍，所買的地，東至海，西至七腳川山，南至覓鼇莕溪（今茗溪），北至豆欄溪（今七腳川溪）。借由買地的聯合關係，可以

〔註28〕劉秀美：《日治時期花蓮阿美族群起源敘事中的撒奇萊雅族》，《中國現代文學》2009 年第 16 期，第 52～57 頁。
〔註29〕詹素娟：《族群、歷史與地域——噶瑪蘭人的歷史變遷（從史前到 1900 年）》，臺灣師範大學歷史研究所博士論文，1998，第 218 頁。
〔註30〕移川子之藏等：《臺灣高砂族系統所述の研究》，臺北帝國大學土俗人種研究室，1935，第 504 頁。

看到 19 世紀初以七腳川溪為界的沙基拉雅與奇萊五社，並不存在進一步整合的關係。〔註31〕再者，「加禮宛事件」中，撒奇萊雅人與加禮宛人結盟抗清，南勢各社開始均抱持觀望態度，後見到撒奇萊雅和加禮宛戰敗，隨即轉變態度，不僅沒有助戰，反而拒絕兩社逃亡人群避難。此一行為也可從側面說明撒奇萊雅與南勢諸社相當疏離，並沒有深度整合的關係。

　　1875 年（光緒元年），羅大春在《臺灣海防與開山日記》中，首次將「根老爺」與飽干、薄薄、斗難（荳蘭）、七腳川、理劉（里漏）和脂屘屘七社，合稱為「南勢番」，此「南勢番」所包含的村社，大致上已和後人通稱的「南勢阿美」的主要聚落沒有什麼差別。羅大春之後，沈葆楨於同年在《福建臺灣奏摺》的兩封奏書中也採用了「南勢番」這一名稱。1879 年（光緒五年），夏獻綸的《臺灣輿圖》以「南勢七社」指稱羅大春在《臺灣海防並開山日記》中提到的「南勢番」七個村社。一直到 1894 年（光緒二十年），胡傳在其所著的《臺東州採訪冊》中仍沿用「平埔南勢七社」與「南勢」用語，而該詞所指涉的村社，與前期相較亦無變動。1895 年（光緒 21 年），日本割據臺灣後，對「蕃地」開展了大規模的人口與社會文化調查工作。1900 年（明治 33 年），田代安定在《臺東殖民地豫察報文》附錄的「臺東現在住民戶口數人口統計表說明」中，使用了「南勢阿眉蕃」、「奇萊南勢蕃」等用語，所指稱的聚落與清代的漢文記錄相同。此後，移川子之藏與馬淵東一合著的《臺灣高砂族系統所屬の研究》（1935），也沿用了「南勢阿眉」一稱。由此，「南勢」一詞，從一個沿用在一般官方文獻、奏摺到調查報告書中泛論性的指稱，逐漸演變成在民間和學術界通用的集稱。〔註32〕值得一提的是，移川子之藏在調查中最早注意到了撒奇萊雅的特殊性，並在《臺灣高砂族系統所屬の研究》書中對其歷史、口頭傳說與語言專門進行了討論，然而他並沒有將撒奇萊雅獨立出來，仍然歸入南勢阿美。

　　對阿美族內部的分群問題，最早給予關注的學者是鳥居龍藏。早在 1897 年，他在《東部阿眉種族の土器製造に就て》一書中，就以秀姑巒溪為界，把阿美族分成兩群，並指出兩群的差異性。1899 年，伊能嘉矩的《臺灣蕃人事

〔註31〕 詹素娟：《族群、歷史與地域──噶瑪蘭人的歷史變遷（從史前到 1900 年）》，臺灣師範大學歷史研究所博士論文，1998，第 219 頁。

〔註32〕 康培德：《殖民接觸與帝國邊陲：花蓮地區原住民十七至十九世紀的歷史變遷》，稻香出版社，1999，第 133 頁。

情》將阿美族分成恒春阿美、卑南阿美、海岸阿美、秀姑巒阿美和奇萊阿美（南勢阿美）五群。雖然伊能氏強調這種分類只是為了說明上的方便，並不是基於人類學的分類標準，然而這一五群分類法卻成為日後學者對阿美族的分類標準。其後，鹿野忠雄也提出以地理區域作為劃分標準的北部阿美群（即南勢阿美）、中部阿美群（包含秀姑巒阿美）和南部阿美群（包含卑南阿美與恒春阿美）的三群分類法。在其分類中，南勢阿眉同樣被視為獨立的一群。〔註33〕

1945 年後，臺灣學者仍舊沿襲前期日本學者的用詞，如李亦園於 1957 年發表的《南勢阿美的部落組織》，林憲探討「南勢阿美」飲酒行為的文章《南勢阿美族人的飲酒問題》，基本都沿用了日據時期的指稱。

1954 年以來，由於臺當局採行了「九族」分類法，因此，撒奇萊雅一直被歸類於阿美族中，被視為南勢阿美中較為獨特的一支。〔註34〕一直到 1990 年代，日本語言學者土田茲才從語言差異的角度，提出另一套阿美族的分類，他把阿美族語言分成最北方的 Sakizaya 方言、北部方言（南勢阿美）、TavaLong-Vatan 方言和中部方言（海岸與其他的秀姑巒阿美）、南部方言（卑南阿美與恒春阿美）。臺灣語言學者李壬癸亦採納其分類標準，使得撒奇萊雅的分類位階獨立出來，與南勢阿美、海岸阿美等處於同一層級，這就為此後撒奇萊雅人尋求「族群正名」的合理性提供了重要的學術依據。

二、原住民族主義的興起與「族群正名」風潮

（一）1980 年代以來泛原住民運動的歷程

上世紀 70 年代末至 80 年代初，臺灣島內政治局勢發生劇變。隨著臺灣國民黨政權被驅逐出聯合國（1971 年），以及接踵而來的臺日斷交（1972 年）、臺美斷交（1973 年）等一系列外交潰敗的衝擊，國民黨政權自持的中華道統地位不復存在，而其建立的威權一黨專政體制也遭遇到來自臺灣社會的空前挑戰。在內外形勢均發生重大變化的情況下，為擴大臺灣島內居民對其「執政」合法性的認同，蔣氏政權開始走出「反攻大陸的迷思」，提出「向下扎根、向

〔註33〕陳俊男：《奇萊族（Sakizaya 人）的研究》，臺灣政治大學民族學系碩士學位論文，1999。收於林修澈《Sakizaya 族的期末認定期末報告》，參見第 131～132 頁。

〔註34〕如廖守臣、李景崇合著的《阿美族歷史》中，專門以一節介紹撒奇萊雅群的移動與分布，見廖守臣、李景崇：《阿美族歷史》，師大書苑有限公司，1998，第 35～51 頁。

上發展」的口號，著手於本島的大規模經濟建設，在實行「本土化」政策的同時，開始放鬆對社會的全面控制，努力化解島內社會日益加深的社群矛盾——省籍矛盾。與此同時，以臺灣本省新生代為主力的反對派政治運動在「要自由、爭民主」的口號下復甦，並以公職選舉、議會講壇、街頭運動為戰場對國民黨政權進行挑戰。80 年代以前，國民黨政權對這一挑戰一貫採取高壓性政策，加劇了矛盾衝突，「中壢事件」、「高雄事件」等大規模暴力事件相繼爆發。80 年代以後，蔣經國逐步放棄高壓政策，採取了一系列緩和社會矛盾的政治改革措施。

　　1986 年以來，臺灣社會被「戒嚴戡亂」體制長期壓抑的社會矛盾日益表面化，各種社會抗爭運動層出不窮。據統計，從 1987 年 7 月 15 日結束戒嚴後短短一年間，民眾集會遊行活動高達 1957 次，其中可稱之為社會運動的、有組織的活動就有 14 類。〔註35〕新一代主張革新的學者、政治精英透過輿論來主張推動當局的政策變革，興辦了《大學雜誌》、《臺灣政壇》、《美麗島》等刊物。1979 年，《美麗島》雜誌的創刊展現出 70 年代黨外運動的大團結，也是朝向組黨發展的嘗試。黨外反對派政治運動因此而發展、壯大，並在 1986 年 9 月成立第一個在野政黨——民主進步黨（民進黨）。〔註36〕民進黨的成立，意味著臺灣自 1949 年以來建立的一黨專權的政治格局宣告終結。

　　蓬勃興起的社會運動，爆發出臺灣社會長期被壓抑的社會力，而同處於這片土地的原住民社群自然也不例外，在如火如荼的民主改革運動聲浪的影響下，他們開始自省在主體社會的處境。一般認為，當代臺灣原住民運動肇始於《高山青》雜誌的創刊。1983 年初，臺灣大學的原住民大學生伊凡‧諾干等人在黨外反對派民主運動的影響下，針對原住民在政治、經濟、文化上日益邊緣的境況，創辦了《高山青》雜誌。該雜誌以發表專題文章的形式，抨擊國民黨當局長期實施民族同化政策，指出「高山族」正面臨種族滅亡的危機，提倡山地同胞自救、自覺與自決。〔註37〕1983 年 5 月 1 日，第一期《高山青》雜誌發行 300 冊，並在原住民學生中傳閱，引起很大反響。由於當時仍處於戒嚴

〔註35〕徐正光、宋文禮：《解嚴前後臺灣新興社會運動》，巨流圖書公司，1990，第 27 頁。

〔註36〕姚禮明：《在東西方的結合點上：臺灣政治體制變遷研究》，中國廣播電視出版社，1994，第 179～180 頁。

〔註37〕阮俊達：《臺灣原住民運動的軌跡變遷（1983～2014）》，臺灣大學社會學系碩士學位論文，2015，第 6 頁。

時期，作為非法刊物的《高山青》從創辦直到 1988 年停刊，總共只發行了 6 期，但卻造成了很大的影響。「《高山青》就像一把野火，引燃了當年許多有志之士的熱情，自此之後 20 年，臺灣原住民運動展開……。」〔註 38〕

《高山青》及其背後的原住民知識精英的影響力很快引起在野政治勢力的關注，1984 年 4 月 4 日，以謀求「臺獨」為理念的「黨外編輯作家聯誼會」成立「少數民族委員會」，並拉攏原住民知識精英加入。6 月 24 日，該機構發表成立宗旨，並印發《臺灣高山族自救解放宣言》，正式開啟了原住民運動與黨外反對派政治運動之間的互惠發展關係。同年 12 月 29 日，在《高山青》及黨外編輯作家聯誼會「少數民族委員會」的基礎上，由原住民知識精英與漢人共 24 名成員組成的「臺灣原住民權力促進會」（簡稱「原權會」）在臺北馬偕醫院成立，確立以「服務、文字、言論、和平行動等方式，保障並促進臺灣原住民之權利」為宗旨。「原權會」的成立，是臺灣原住民運動史上的重要里程碑，它標誌著原住民運動開始正式以組織化的形式，從不同面向為原住民爭取權益。〔註 39〕

「原權會」成立後，一方面與黨外反對運動形成結盟關係，雙方密切配合，擴大動員、共同批判國民黨專政體制；另一方面，則秉承其「以服務的方式，保障和促進原住民權利」的宗旨，在都市推行個案服務，協助原住民個體維權，並向其傳播權利觀念，以更切實地瞭解他們受壓迫的處境，為日後由個人生存權進展到民族集體發展權論述奠定基礎。1987 年，「原權會」將其名稱中的「原住民」改為「原住民族」，隨後發表 17 條宣誓原住民族基本權利的《臺灣原住民族權利宣言》，此後的 10 年，「原權會」的主要工作是帶領原運走向抗爭、倡議及憲政改革。從 1980 年代中期至 1990 年代中期，以「原權會」為領導核心的原住民自主團體，先後發起追求「正名」與自治的四次「憲法運動」、三次「還我土地運動」，以及「破除吳鳳神話」、「反挖掘東埔祖墳事件」、「紀念霧社抗暴事件」等集體行動，其中尤以「正名」及「還我土地運動」最激烈也最能凝聚各族共識。〔註 40〕

〔註 38〕夷將・拔路兒等：《臺灣原住民族運動史料彙編（上）》，國史館，2008，第 15 頁。

〔註 39〕周典恩：《臺灣原住民運動的訴求與困境》，《重慶社會主義學院學報》2013 年第 6 期，第 51 頁。

〔註 40〕阮俊達：《臺灣原住民運動的軌跡變遷（1983～2014）》，碩士學位論文，臺灣大學社會學系，2015，第 6 頁。

　　謝世忠認為，原運是「某一國家或地區內被征服的土著後裔，以優勢或統治民族為對象，對政治、社會地位與權利的要求，以及對自身文化、族群再認同的運動。」〔註41〕臺灣原運是在本土化運動和政治改革運動背景下，由原住民知識精英（主導機構是「原權會」）發起的不分族別，為所有原住民族群爭取生存發展權益和政治社會地位的社會運動，因此，有學者將原運稱為「泛原住民族運動」或「泛原住民主義」。〔註42〕就其歷史意義而言，原運一方面喚醒了原住民的權利意識，促進了泛原住民認同的形成，同時也極大提升了原住民族作為弱勢群體在臺灣社會的影響力。透過媒體的宣傳報導和學術界的研究與關注，原住民作為臺灣社會的主體成員之一得到主流社會的廣泛認知，而原住民族知識精英群體作為一支不可忽視的政治力量也登上了當代臺灣的政治舞臺，參與到臺灣族群政治的角力中。另一方面，原運取得了一些積極而重要的成果，促進了原住民族自身權益保障的法制化。經過十餘年的不懈抗爭，臺當局在體制上對原運提出的部分訴求作出了回應：「憲法」修改方面，1994年及1997年進行了兩次「修憲」，將帶有同化色彩的「山胞」稱謂改為「原住民族」，並保障原住民族的部分權利；立法方面，1998年通過《原住民教育法》、1999年訂立《原住民族教育法實施細則》，也針對《原住民族發展法》等法規有多種版本草案討論；最後，在行政體制方面，1996年起「行政院」成立「部會級」的機構——「原住民族委員會」（簡稱「原民會」），各縣市也陸續升級原住民行政機關，使得原住民比過去享有更多行政輔助與信息管道。〔註43〕

　　從上述回顧中可以看到，從1980至1990年代，歷時十餘年的泛原住民運動雖然難以撼動臺灣社會以漢人為主體的社會結構，運動的訴求也並未全部得到體制的回應和解決，但不可否認的是，原運的抗爭確實深刻改變了當代臺灣原住民的社會處境：首先，泛原住民族運動形塑了不分族別的「臺灣原住民」認同感和命運共同體意識，原住民的權利意識大大提升。隨著1987年《臺灣原住民族權利宣言》的提出，標誌著原運從追求「泛原住民族群平等權」開始

〔註41〕謝世忠：《認同的污名：臺灣原住民的族群變遷》，自立晚報社，1987，第61頁。

〔註42〕參見謝世忠：《認同的污名：臺灣原住民的族群變遷》，自立晚報，1987；汪明輝：《臺灣原住民運動的回顧與展望》，載張茂桂、鄭永年主編《兩岸社會運動分析》，新自然主義股份有限公司，2003，第95～135頁。

〔註43〕阮俊達：《臺灣原住民運動的軌跡變遷（1983～2014）》，臺灣大學社會學系碩士學位論文，2015，第7頁。

轉向謀求自治、自決等「準民族主義」集體權利，顯示出運動路線已趨於成熟，凸顯出原運的特性。其次，運動促使臺當局從體制上變革法規與政策，使原住民的部分權益得到保障，原住民政府機構和民間組織在質與量上的顯著成長，使得原住民族獲得了比以往更多的政府資源與維權渠道。最後，1990 年代中後期的「部落主義」論述與社區營造風潮的興起，帶動了族群重構、民族主義以及自治倡議團體的出現，進而推動今日各地原鄉部落產生文化自覺，普遍重視傳統文化復振與社區營造的景況，原運集體行動的理念與訴求更加切合在地化需求，回歸部落、經營草根成為各地行動者的普遍共識。隨著族群意識與民族主義在集體層面上得到認同，原運的草根動員具備了廣泛的群眾基礎。

（二）原運轉型背景下的民族主義與族群正名運動

原運是在 1970 年代臺灣本土運動和 1980 年代展開的政治改革運動的大環境下孕育產生，本質上屬於臺灣本土運動的一個面向，它以言論宣導和街頭運動的方式提出訴求，明顯是受到臺灣本土運動思潮，特別是自決（self-determination）理念的影響。〔註44〕正如早期原運領導者夷將‧拔路兒所言，「原運是被征服、統治的原住民後裔，從族群集體苦痛中覺醒，以組織化的行動爭取歷史解釋權、傳統土地權並促進整體社會地位的提升與文化、族群再認同的運動，而原運的最終目標乃是追求民族自決。」〔註45〕

原運追求民族自決的理念，集中體現於「正名」運動的實踐——對自我命名權的追索。所謂「正名」，是指根據「名從主人」的原則，在法律上重新確定臺灣原住民族的名稱。「正名的意義不僅在改正族名，更在於原住民所具有的權利意義，以及提供各種原運之正當性基礎，即真理性，所以是一切原運之始。」〔註46〕1984 年 12 月「原權會」的成立，可以說是原住民族正名運動的開端。該會成立時，即宣告摒棄他者命名的稱謂，自稱為「原住民」的立場：

> 原權會在原運發展的歷程上有一項重要的工程，即排除過去「高
> 山族」、「少數民族」、「山胞」等稱謂，讓我們自稱為「原住民」。1984
> 年，臺灣原住民權利促進會章程的第一條即明文定義「原住民一詞，
> 包含平埔族、阿美族、泰雅族、布農族、排灣族、卑南族、魯凱族、

〔註44〕徐正光、宋文禮：《解嚴前後臺灣新興社會運動》，巨流圖書公司，1990，第 149 頁。

〔註45〕徐正光、宋文禮：《解嚴前後臺灣新興社會運動》，第 4 頁。

〔註46〕汪明輝：《鄒族之民族發展——一個臺灣原住民族主體性建構的社會、空間與歷史》，臺灣師範大學地理學系博士學位論文，2001，第 83 頁。

賽夏族、曹族、雅美族、邵族等十一族」。⋯⋯在原權會訊創刊號我特別以《原住民——為什麼我們選擇這個名稱》這篇文章清楚界定自稱「原住民」的立場與意義，作為組織化原運的起步。〔註47〕

「原權會」成立後，隨即發起將「山胞‧番人‧山地人」正名為「原住民」的運動。確定將「原住民」一詞作為臺灣境內南島語族的稱謂後，社會各界的反應不一。新聞媒體率先在報導時使用「原住民」稱謂，而後，宗教界、在野黨派（民進黨）與學術界也尊重原住民對自稱的選擇，認可和採用了「原住民」一詞。1987年10月26日，「原權會」召開第二屆第一次會員大會，對「原住民」和「原住民族」兩個詞的意涵進行界定——「原住民」定義為跨族別的個體性身份自稱，而「原住民族」則是泛指臺灣南島民族的集體性自稱。儘管如此，臺當局卻一直未予承認。1998年4月8日召開的「第一屆國民大會憲政會議」上，「平地山胞」和「山地山胞」的稱呼被列入「《中華民國憲法》」增修條文第一條及第二條。會後，「原權會」即發表嚴正聲明，並推派代表前往陽明山請願，要求「國民大會」以「臺灣原住民族」替代「官方」沿用的「平地山胞」與「山地山胞」稱呼，同時要求「立法院」及「國民大會」增加原住民族代表的席位，各族至少一人。此後，為爭取「官方」的法律認可，「原權會」又組織了一系列大規模的抗爭活動，其中以1992年5月21日的「爭取憲法原住民族條款入憲」和1994年6月23日爭取「正名權、土地權、自治權入憲」的兩次遊行示威最具代表性。1997年，「原權會」再次發動「616原住民族上草山」大遊行，繼續要求「正名」為「原住民族」，保障原住民土地權、參政權、發展權，以及廢除「平地原住民與山地原住民」的不當區分。臺當局終於被迫接受了原住民的部分訴求。1994年7月，「國民大會」在新修的「憲法」條文中終於把「山地山胞」改為「原住民」，1997年，又修正為「原住民族」。〔註48〕

1993年第三次「還我土地運動」之後，臺當局雖然對原住民土地問題作出回應，如制定「原住民保留地開發管理辦法」，但由於這一辦法只是位階較低的行政命令，不受法律的保護，且與「水土保持法」、「森林法」、「野生動物保護法」、「海岸管理法」等法律存在衝突，因此「還我土地」運動的抗爭未能

〔註47〕夷將‧拔路兒等：《臺灣原住民族運動史料彙編（上）》，國史館，2008，第23頁。
〔註48〕田哲益：《臺灣原住民社會運動》，臺灣書房，第51～59頁。

從根本上解決原住民的土地問題，只能暫時擱置。〔註49〕而此時，「原權會」由於前後任會長皆因違反集會遊行法被判入監，人心開始渙散。部分原運成員為了參政，紛紛加入民進黨等在野黨派，熱衷於參加「國家」體制內的公職競選，在這種情勢下，「原權會」的領導力開始步入衰微之路。1990 年代中期開始，體制外的原住民集體抗爭行動的聲勢逐漸變小，雖然後面又有一些原住民小團體出現，但因議題繁多，利益訴求難以達成統一，抗議行動也是零零星星，缺乏單一團體的主導，影響力十分有限。

　　在泛原住民運動逐漸沉寂下來之後，一些原住民精英也開始反省過去的運動存在的缺失，如侷限於政治路線，忽略草根群眾的動員以及部落議題等，提倡重視原鄉部落的文化傳承及草根經營。臺邦・撒沙勒、瓦歷斯・尤乾和利格拉樂・阿鳥等人，透過《原報》、《獵人文化》等刊物，圍繞「抗爭」和「回歸」的議題，繼續思索新階段原運的轉型與發展路徑，倡導原運團體和精英人士回歸原鄉，重建部落文化，圍繞草根民眾生活中的實際問題去實踐。其中，臺邦・撒沙勒對「原權會」主導的原運進行了嚴肅批判，稱之為「臺灣民主運動的附庸」，認為過高的政治目標不僅脫離草根群眾，也忽視了民族實踐的主體性。臺邦並據此提出他的「原鄉戰鬥」和「部落主義（tribalism）」主張：

> 　　「部落主義」就是我們的實踐哲學，是我們對原運長期發展的攻堅戰略，我們主張，原住民的運動團體和運動家們，應全面放棄在都市游離而回到原鄉部落；遠離霓虹燈彩的迷惑，投向山海的懷抱，去實踐自我，去耕耘土壤，去擁抱基層，去關切民眾基本的生存問題，這才是擴大原運實踐空間、充實原運內涵、強化原運實力的根本之道。〔註50〕

　　臺邦・撒沙勒以《原報》為陣地，積極宣傳其「部落主義」理念，並發起「重返舊好茶」運動，鼓勵年輕人重返原鄉，參與部落公共事務及文化重建，「試圖實踐以土地為基礎、以部落族人為主體的民族再生運動」。〔註51〕1994

〔註49〕2016 年 7 月 24 日訪談撒奇萊雅族裔領袖督固・撒耘的田野筆記。督固甚至還認為，原住民土地問題得不到解決，「恐怕也是政府刻意為之」，因為土地問題涉及到原住民與漢人之間錯綜複雜的利益關係，非常棘手，因此政府不願意去提高「原住民保留地管理辦法」的位階。

〔註50〕臺邦・撒沙勒：《尋找失落箭矢：部落主義的視野和行動》，財團法人「國家」展望文教基金會，2004，第 7～8 頁。

〔註51〕阮俊達：《臺灣原住民運動的軌跡變遷（1983～2014）》，臺灣大學社會學系碩士學位論文，2015，第 8 頁。

年起，臺當局「行政院文化建設委員會」推出「社區總體營造計劃」以及 1996
年「原民會」成立後，對社區營造及傳統文化活動提供的資源補助，讓「部落
主義」獲得了實踐的可能，各地原住民團體隨後大量湧現，開啟了文化復振、
重建部落的熱潮，〔註52〕歷史文獻的搜集與整理、田野調查與文化的記錄，成
為復振族群尊榮感的基礎性工作，也促使各部落興起尋根的熱潮。〔註53〕總體
而言，1990 年代開始的原運在「部落主義」思潮的帶動下，逐漸轉向回歸地
方、關注原鄉部落的文化重建以及維護在地原住民生存和發展權益的行動路
線。隨著前期由都市精英與泛原住民族團體發起、主導的運動漸漸式微，以族
群意識和文化認同為紐帶形成的社會群體慢慢聚合起來，並透過在地實踐和
集體行動向外傳達其影響力。基於歷史記憶與文化符號再建構的文化復振行
動進一步豐富了個體對歷史和族群的想像與認同，促發了以部落為主體的人
群走向聯合與實體化，並由部落主義逐漸發展出尋求「族群」自治的原住民族
主義，最終促發申請「正名（復名）」的族群運動。

　　「族群正名運動」的產生，一方面凸顯出舊有的命名─分類體系作為一種
他者強加的分類方式與原住民主觀認知之間存在著極大的落差。「舊有的分類
方式遮蔽了原先族群關係的複雜性，而造成此遮蔽現象的最主要因素，則是國
家以強權改變了原住民對自身的分類。」〔註54〕因此，「正名運動」從本質上
說，是對歷史以來學界或「國家」機器將其視為客體而非主體的不對等權力發
出挑戰〔註55〕，希望以政治協商的方式取回天賦的自然權利──決定自己的
族名。另一方面，泛原住民族運動十餘年的持續抗爭，並未從根本上改變原住
民族被「國家」統治的事實，原住民族既無獨立自治權，更無力與「國家」進
行長期對抗，為了延續「族群」命脈，通過「復名」或「正名」運動接受「國
家」的整合成為法定的「原住民族」，反而不失為理性的權宜之計。正是基於
此，有學者認為，「部分族群透過各式符碼與抽象論述成功地將個人自我認同
跨越空間的隔離與歷史記載的『謬誤』，凝聚鬆散的個體，進而將過去模糊的
族群面貌給予新的精神與定義，同時借著官方認可的『新身份』爭取政府資源

〔註52〕孫大川：《夾縫中的族群建構》，聯合文學，2000，第 61 頁。
〔註53〕靳菱菱：《族群認同的建構與挑戰：臺灣原住民族正名運動的反思》，《思與言》
　　　　2010 年第 2 期，第 137 頁。
〔註54〕黃宣衛：《文化建構視角下的 Sakizaya 正名運動》，《考古人類學刊》2008 年第
　　　　68 期，第 82 頁。
〔註55〕靳菱菱：《文化的發現與發明：撒奇萊雅族群建構的歷程與難題》，《臺灣人類
　　　　學刊》2010 年第 3 期，第 120 頁。

分配，作為鞏固或延續族群命脈的手段。」〔註56〕

　　從2000年至2014年，邵族（2001年）、噶瑪蘭族（2002年）、太魯閣族（2004年）、撒奇萊雅族（2007年）、賽德克族（2008年）、拉阿魯哇族（2014）、卡那卡那富（2014）七個原住民族的「正名」或「復名」申請先後獲得臺當局通過，成為法定的「臺灣原住民族」。

　　邵族是第一個突破「九族」分類，被官方認定為「原住民第十族」的原住民族。邵族人居住在日月潭附近，因很早就與漢人接觸，所以漢化比較嚴重，導致有人提出他們應該歸入平埔族，也有些人把他們和阿里山鄒族（曹族）混為一談，甚至還有人認為他們是布農族的一支。〔註57〕在日據時期以來的族群分類體系中，邵族的地位也是一直比較模糊，很少被提及，在「官方」的九族分類中，更沒有他們的位置。〔註58〕事實上，在文化方面，邵族人一直保留著自己的語言、氏族姓氏，以及傳統的祭典和宗教信仰（祖靈籃信仰），這些獨特的文化傳統足以將其與外族區隔開來。雖然外界對于邵族的分類有多種不同的聲音，但邵族人卻有十分強烈的自我認同和族群意識。在邵族人向「原民會」提交的《邵族原住民定位問題請予肯定並予正名》文書中，陳述了其申請「正名」的五條理由〔註59〕：

　　　　由於文獻資料的錯誤，自日治時期其日月潭地區的邵族人即以被冠以「曹族」名義，邵族人的法定地位即依附在曹族（鄒族）的名分之下。

　　　　從文化人類學和民族志學的學術觀點而論，其語言、習俗、祭儀、宗教，均不同於曹族，與事實相違。

　　　　從體質人類學和遺傳學的立場，邵族的族群特徵也有別於曹（鄒）族，從人類淋巴組織抗原（HLA）和遺傳基因（DNA）的醫檢資料中均有充分之證明。

　　　　從社會及行政系統來說，在族群延續和傳統文化發展上缺乏政策與法律保障，無法永續保存邵族特有文化及謀求族群經濟的自立發展。

〔註56〕靳菱菱：《文化的發現與發明：撒奇萊雅族群建構的歷程與難題》，第120頁。
〔註57〕田哲益：《臺灣原住民社會運動》，臺灣書房，第70頁。
〔註58〕潘英：《臺灣平埔族史》，南天書局，1996年，第95頁。
〔註59〕田哲益：《臺灣原住民社會運動》，臺灣書房，第70～73頁。

　　　　邵族內部的族群意識強烈地自我認同於「邵族」的族群名稱，
　　因而特地提出正名之呼籲和需求，並請主管機關予以更正，實為當
　　務之急。

　　經過三年的不懈努力，2001 年 9 月 22 日，臺灣當局終於正式宣布邵族成為「臺灣原住民族」第十族。邵族「正名」成功，為其他原住民族起到了示範作用。從 2002 年開始，噶瑪蘭、太魯閣、撒奇萊雅、賽德克、拉阿魯哇族、卡那卡那富等族也分別成功「正名」或「復名」，獲得法定的「臺灣原住民族」地位。上述七個民族的「正名」與「復名」申請，是在首次政黨輪替，民進黨上臺「執政」期間獲得通過。2016 年，民進黨籍的領導人蔡英文再次「執政」，當年 8 月 1 日，在代表「政府」向原住民道歉的講話中，蔡英文表示，未來將「讓沒有被承認的平埔族群，在身份上，在權利上，都不再受到忽略和歧視」，這對於一些希望恢復原住民身份的平埔社群來說無疑是一個非常積極的消息。從目前正在醞釀和籌劃中的「平埔族正名運動」來看，未來原住民社會的族群再分類現象還會持續，「臺灣原住民族」的數量還會在當前 16 族的基礎上繼續增加。

第二節　「返去做番」：噶瑪蘭人的「復名」運動

一、潘朝成及其家族的尋根之路〔註60〕

　　1956 年 5 月，潘朝成（Bauki Angaw）出生在花蓮港附近一個叫做「鳥踏石仔」的漁村，成為潘家的第六個小孩。潘家的祖輩世居宜蘭「奇立板」社（今宜蘭縣壯圍鄉東港村），潘朝成的祖父潘木枝十幾歲的時候，因家中耕地不足，去了加禮宛社（今宜蘭縣五結鄉季新村）偕龍爻家當長工。幾年之後，潘木枝入贅偕龍爻家，與偕家的獨生女偕路得結婚。那個時期，漢人的勢力已經深入宜蘭噶瑪蘭人的領地，加上日本殖民者實施殖民地經營政策，處在雙重壓力下的噶瑪蘭人生存境況日益艱難，已經到了「宜蘭無粒飯」的貧窮化生存狀態。1925 年，在耕種的土地已經難以維持一家人生活的情況下，潘木枝和偕路得決定離開故鄉，到後山尋找新的謀生手段。他們帶著獨生子潘清泉，從南方澳

〔註60〕資料來自潘朝成（Bauki Angaw）的攝影集《噶瑪蘭族：永不磨滅的尊嚴與
　　　　記憶》，原民文化，1999；紀錄片《鳥踏石的噶瑪蘭》以及筆者的田野訪談
　　　　筆記。

搭乘火船（燃煤的蒸汽客貨輪），沿著蘇花海岸南下，在花蓮溪口上岸後，先在舊港（南濱）落腳，不久搬到北濱，居住了一年多後，又遷到更北方的「鳥踏石仔」漁村定居。

初到「鳥踏石仔」的時候，潘木枝搭蓋了一間簡陋的茅草屋居住，後來又更換了幾個住地，最後他選擇在漁村最南面「造船株式會所」的水泥牆邊，蓋了一棟較為堅固、可以遮風避雨的木造房子，終於安定下來。同一時期，約有十戶人家和潘家一樣從宜蘭來到花蓮，但有些人因難以適應後山的生活又返回宜蘭，有的人則繼續南遷。潘木枝搬到花蓮的那個年代，同族人在一起時仍會用噶瑪蘭語交談，但他們也可以說流利的福佬話（閩南話）。而在周邊居住的漢人則常會有意無意地說他們是「番仔」，在背後指指點點。後來，潘木枝和偕路得為了避免子孫被漢人欺負，也希望將來子孫們能夠安心地在社會上立足，決定不教導後代母語及傳統的生活習慣，而這樣的後果，是多年以後，他們在子孫面前也不得不隱瞞自己是噶瑪蘭人的事實。

1943 年，22 歲的潘清泉娶了年紀小他四歲的邱瑞香，婚後他們一共生了七個孩子。1957 年，潘家的第六個小孩、一歲多的 Bauki 還在學爬的時候，他的祖父潘木枝在異鄉「鳥踏石仔」漁村過世，他的墓碑上方左右兩側刻有「滎陽」兩個醒目的字。在墓碑上刻漢人宗族的堂號，是臺灣許多漢化的平埔族人的做法，由於「漢尊番卑」觀念的影響，生存在漢人主流社會夾縫中的平埔族人，為了免於被漢人歧視，只能無奈隱藏自己的原住民身份。

在長輩的刻意影響下，潘家的七個孩子中沒有一個會說噶瑪蘭話，並且都以為自己是福佬人的後裔。不過，孩子們有時發現祖母偕路得會用聽不懂的話罵人，家裏偶爾有老一輩的親戚來訪，也會聽到他們用陌生的語言小聲交談，甚至還聽過他們用福佬話談到「背祖」（背棄祖先）的事情，讓他們覺得頗為奇怪。老二潘美玉曾聽祖母說過：「阮是平鋪仔，住在宜蘭加禮宛社的都是自己的族人。」不過，聽歸聽，她從未想過要去深究。但是因為長相帶有原住民的特徵，潘美玉小時候常會因為被漢人說「你番仔啦」而和人打架。對老六潘朝成來說，讓他從小就記憶深刻的一件事，是他有著客家人血統的母親，有一次曾語氣平靜地對她說：「朝成，你是平埔仔哦！」那時的潘朝成，還在需要母親幫忙穿衣服的年紀，並不知道「平埔仔」是什麼，他懵懂地問母親，「媽媽，你說那個平埔仔是什麼意思？」面對潘朝成的疑問，母親只是淡淡地回答：「啊，就是平埔仔啊！」雖然年幼的朝成沒有弄明白「平埔仔」到底是什麼，

但母親說過的這句話，卻從此印刻在他的心裏，時常在他的腦海中浮現。後來，到了上國小的時候，潘朝成也曾為了弄清楚自己是不是「山地人」而去向祖母詢問過「我們是哪里人」的問題，而祖母給她的回答是，「憨孫咧，阮是福建人啦！」〔註61〕

　　1973年，在花蓮高工讀二年級的潘朝成，用一張大霸尖山的黑白照片首次投稿參與攝影比賽，雖然沒有獲獎，但他往後的攝影生涯卻由此開始。1983年，從軍隊退役的潘朝成加入「花青攝影學會」，學習拍攝彩色沙龍照片。1989年1月，他成為這個學會有史以來最年輕的榮譽博學會士。此後的兩三年間，潘朝成參加各種攝影比賽頻頻獲獎。進入1990年代後，潘朝成的興趣開始轉向紀實攝影。1993年1月開始，他所拍攝的反映臺灣東部本土性的攝影作品陸續在報刊雜誌發表。當年7月份，他的《異鄉人》專題攝影作品獲得「臺北攝影節」攝影創作獎第一名。之後，他決定到花蓮和臺東去拍一拍原住民，於是在兩地「到處跑、到處拍」。

　　　　有一天去豐濱鄉新社，去找一個名叫偕萬來的長者。聊的過程
　　　　當中，因為他姓偕，我的阿嬤也姓偕，他就說：「我跟你講喔，姓偕
　　　　的都是噶瑪蘭啦！」那我是噶瑪蘭嗎？阿嬤那時候跟我說不是，心
　　　　裏就有一點懷疑。可是想起家裏以前長輩吃的食物，有時候會覺得，
　　　　怎麼吃的都不一樣？是不是跟原住民有關係？後來偕萬來就跟我
　　　　說：「8月18日有一個豐年祭，這個豐年祭是比較擴大舉行的，宜
　　　　蘭、臺東的噶瑪蘭都會一起來參加！」我就說那天我一定去。〔註62〕

　　1993年8月18日，潘朝成如期來到新社部落，準備拍攝阿美族豐年祭攝影專題。然而始料未及的是，在豐年祭現場，他遇到了來自宜蘭老家「奇立板」社同宗的伯父和堂兄以及臺東縣長濱鄉三間屋的伯父等人。回憶起當時的情形，潘朝成說：

　　　　　　真的是祖靈在拉我去，拍豐年祭那時候剛好看到我宜蘭的親戚、
　　　　臺東的親戚，我會說福佬話啊，我就問他們：「阿伯，阿哥，你們來

〔註61〕 《「國家相簿訪談計劃」──深度訪談木枝‧籠爻（潘朝成）導演（上）》，《紀
　　　　工報》第四十四期，http://docworker.blogspot.com/2013/07/blog-post_9293.html
　　　　#!/2013/07/blog-post_9293.html，2018年1月22日最後訪問。
〔註62〕 《「國家相簿訪談計劃」──深度訪談木枝‧籠爻（潘朝成）導演（上）》，《紀
　　　　工報》第四十四期，http://docworker.blogspot.com/2013/07/blog-post_9293.html
　　　　#!/2013/07/blog-post_9293.html，2018年1月22日最後訪問。

這邊做什麼呢？這原住民的豐年祭你們來做什麼？」「來玩啦……」
他們回答。（2016/09/29訪談潘朝成）

　　長輩們在豐年祭現場的出現，讓潘朝成感到很意外。他一邊拍攝，一邊滿
腹狐疑地尋思著，這些年紀七八十歲的「漢人」長輩為什麼會頂著大熱天來參
加「番仔」的豐年祭活動，而且還都坐在貴賓席上。他心想，「哪有這種事，
實際就是人家邀請他們嘛。他們當然知道自己是噶瑪蘭啊，只是不講而已。」
豐年祭結束後，在回家路上，他反覆思索自己的家族歷史與噶瑪蘭的關係。回
到家，他劈頭就問父親，「阿爸，咱是不是噶瑪蘭啊？」他的父親起先低頭苦
笑不語，後來經不住潘朝成的追問，才慢吞吞說了句，「大概是吧……」。父親
的回答，像一聲悶雷，讓潘朝成的內心無比震撼——這意味著，過去幾十年來
從祖父潘木枝開始，潘家父輩苦心營造的「漢族」身份被徹底打破了。

　　在自己的身世之謎解開之後，潘朝成的人生路徑開始轉向，探索家族的歷
史與「族群」的身份，成為他最關注的問題。為了追查自己的身世，潘朝成跑
到戶政事務所去申請查閱日據時期的戶籍登記資料，「哇！一看，爸爸、阿公、
阿嬤都是『熟番』，也就是噶瑪蘭族。」那時候，潘朝成只知道自己的家族原
來居住在宜蘭的「加禮宛社」，但為何後來會遷移到花蓮呢？為何家中的長輩
要故意隱瞞自己的原住民身份？潘朝成內心仍有許多待解的疑團。

　　　　當你知道你是原住民，而長輩又刻意隱藏原住民身份的時候，這
　　中間一定出了問題。不過當時我們知道原住民、山地人是被歧視的。
　　這個歷史還蠻久了，因為如果你是被點名做記號，說你是原住民或是
　　山地人的話，恐怕會影響你去外面找工作，人家指指點點會罵你，有
　　時候跟你講話不客氣的時候，或是有一點衝突的時候就會說：
　　「啊……你番仔啦！死番仔、憨番仔」，聽起來很不舒服。……不過
　　我是覺得，它背後一定有原因，既然現在知道是原住民了，那到底我
　　們噶瑪蘭到底發生什麼事情？以前住在宜蘭，又跑到花蓮，這個很奇
　　怪，宜蘭為什麼不住呢？後來我就去瞭解，去讀一點書。〔註63〕

　　潘朝成下定決心，要去尋找關於這一切的真實歷史，去重新發現噶瑪蘭人
在歷史上的不幸遭遇以及長輩們刻意隱瞞的心酸，也決定去學習和瞭解噶瑪

〔註63〕《「國家相簿訪談計劃」——深度訪談木枝‧籠爻（潘朝成）導演（上）》，《紀
　　　　工報》第四十四期，http://docworker.blogspot.com/2013/07/blog-post_9293.html
　　　　#!/2013/07/blog-post_9293.html，2018年1月22日最後訪問。

蘭的文化是怎樣的。正如他後來為自己的尋根故事攝影集《鳥踏石的噶瑪蘭》所取的副標題「永不磨滅的記憶與尊嚴」一樣，在他看來，原住民（噶瑪蘭）的尊嚴與記憶是不可磨滅的，他要以自己生命的實踐去捍衛屬於自己的那一份尊嚴，去減少主流人群對少數人群的壓迫與歧視，去增加大眾對少數人群文化的認知。這種從生命深處迸發出的衝動，是推動他將後半生的精力傾注在「族群復振」事務的原動力。所以，當有人問，既然知道原住民身份是會被歧視的，為什麼還願意從漢人的身份轉回原住民身份時，他如此回答：

> 這個要問祖靈耶！有時候我問祖靈，為什麼我要這樣？我也不知道啊！我知道我是噶瑪蘭的時候，我一直想要瞭解噶瑪蘭，但是我會覺得說，如果我是噶瑪蘭，我為什麼不能認同我是噶瑪蘭？我當時加在自己身上有一個責任就是說，如果大家不瞭解我們原住民的話，那我們就應該提供一些信息，讓大眾社會多瞭解我們。所以我在公視的時候，拍的都是平埔族，大部分都是平埔族的影片、小短片。當時我就以照相機為主，拍噶瑪蘭的各種生命禮俗、祭典文化，有空就寫一些短文，大部分都投到《中國時報》的寶島版，還有《臺灣時報》的土地文學，目的就是要讓大眾社會比較瞭解噶瑪蘭。當外界說平埔族或是噶瑪蘭族已經漢化消失的時候，我們就是被逼不得已要提出證據說我們沒有，是因為他們對噶瑪蘭一點都不瞭解。〔註64〕

找回族群身份的潘朝成，為自己取了一個原住民名字：Bauki Anao（木枝‧龍爻）。此後，他一邊在新社瞭解和學習噶瑪蘭文化，一邊持續透過報刊媒體進行傳播，希望讓大眾認識到噶瑪蘭人和他們的文化仍然真實地存活著。1994年9月，潘朝成進入「公共電視籌備委員會」接受電視影像訓練，開始用攝相機拍攝視頻記錄平埔族群。兩年後，他正式以平埔族群專任記者的身份在「公共電視臺」工作，同時獲得「國家文化藝術基金會」的贊助經費拍攝噶瑪蘭族。

1996年的除夕，潘家恢復了的傳統祭祖儀式 Palilin，家人從大到小依序祭拜祖先，這是中斷了兩代人之後，潘家子孫第一次重新學習噶瑪蘭人敬拜祖先的方式。他們以這樣的方式認祖歸宗，向祖先表明自己「返去做番」的身份

〔註64〕《「國家相簿訪談計劃」——深度訪談木枝‧籠爻（潘朝成）導演（上）》，《紀工報》第四十四期，http://docworker.blogspot.com/2013/07/blog-post_9293.html#!/2013/07/blog-post_9293.html，2018年1月22日最後訪問。

認同，也決定第二年要返回宜蘭原鄉尋根。

　　1997年8月9日，潘家族人一行沿著蘇花公路返回祖先之地「噶瑪蘭」，這一天，恰好是潘清泉的生日。當天晚上，家族成員在冬山河的發源地梅花湖的水上餐廳聚餐。第二天一早，他們出發前往祖父母（潘木枝、偕路得）以前生活過的加禮宛舊社。在宜蘭縣史館噶瑪蘭文史研究者邱水金的陪同下，他們沿著冬山河，經過噶瑪蘭族的珍珠里簡社和里腦社，最後抵達加禮宛港的親水公園。在親水公園的草地上，一家人圍坐在草地上，聽邱水金講述噶瑪蘭人過去的文化與生活習慣：溪南（蘭陽溪以南）的噶瑪蘭人主要的生活空間就在加禮宛港旁邊，他們的衣食住行與生老病死乃至娛樂，都與加禮宛港息息相關。潘朝成的舅公偕文龍拿著米酒，到河邊做了簡單的祭拜祖先儀式。之後，家族人員搭乘兩艘馬達竹筏，順流而下，往河口的清水海邊駛去。在靠近河口的沙灘，他們下了竹筏，再次灑酒祭拜祖先。最後，一行人終於到達這次返鄉尋根之旅的目的地——加禮宛舊社所在地，這是他們第一次以「噶瑪蘭後裔」的身份來到原鄉。懷著複雜的心緒，潘家子孫們在邱水金和潘清泉的帶領下，行走在故鄉的土地和巷弄裏，一起尋訪阿公阿嬤住過的老厝，聆聽家族的遷徙故事，在陌生的原鄉接受了一次特別的家族史教育。

　　1997年下半年，以潘朝成自己的家族尋根故事為藍本的《鳥踏石仔的噶瑪蘭》紀錄片拍攝完成，該片於次年二月獲得「文建會」地方文化紀錄影帶佳作獎。此後，隨著對噶瑪蘭歷史文化瞭解的深入，潘朝成又陸續在報刊雜誌發表關於平埔族、噶瑪蘭文化及其「復名」訴求的文章，引起廣泛的關注，以至於在公眾的視野中，他儼然成為平埔族群和噶瑪蘭族的代言人：

　　　　很多媒體會找我，常常登（文章）好像變成平埔族群的一個青
　　　年領袖一樣，有人一提到平埔族問題或噶瑪蘭的問題，立刻想到我。
　　　因為我們年輕嘛，可能看得也多，所以可以多講一點。那時候也經
　　　常參加研討會，認識了詹素娟、劉益昌這些人，他們也幫助我們很
　　　多啦。有歷史的問題就直接問他們就好了。後來就出了攝影集，那
　　　時候在公共電視臺上班，會比較多去拍有關噶瑪蘭的東西，在《中
　　　國時報》發表關於祭祀啦，正名運動啦，還我尊嚴啦類似這樣的文
　　　章。（2017/06/20訪談潘朝成）

　　2000年，臺灣首次實現政黨輪替，民進黨籍領導人陳水扁上臺「執政」。在當時的「原民會」主委尤哈尼‧伊斯卡卡夫的邀請下，潘朝成進入「原民會」

擔任學者專家代表委員。由於當時還未有平埔族群被認定為法定原住民族，所以這個席位實際上是代表平埔族。於是，在噶瑪蘭人大力要求「復名」的背景下，潘朝成順勢利用在「原民會」的提案權利，為噶瑪蘭族「復名」運動助力：

> 邵族被打破了以後，變成第十族的時候，那時候我還當委員，我在現場，我心裏很難過。我說，第一個我們人口比你們多，部落比你們多，語言保留比你們多，祭典比你們多，為什麼不先承認我們呢？那很簡單嘛，那是政治的考量嘛。所有的民族認定都是政治考量，不是民族學，不是人類學，一定是這樣的。邵族成立以後，第二年就是我們。為什麼？陳水扁八月份跑到我們新社，就把陳情書寫好了，我們部落的人不會寫，就讓我來寫，我說好。我就去找了陳逸君老師幫忙寫陳情書，弄完了以後，不是各部落代表都簽嗎？簽完以後，陳水扁來部落前的一個禮拜，他們不是有總統府高層的人會來嗎？我就跟他們說，當天我們會有陳情。他們說，幹嘛要陳情，我們就是來關心你們啊！我說好啊，沒有關係，你不給我們陳情，我們那一天就請阿扁留步！！陳水扁留步！！我看他留不留。我說你不要緊張，我準備好了，陳情書在這邊。我做球給你嘛！我說這裡有一本攝影集，你帶回去看一看。噢，拿回去看了，所以到了那天阿扁就很開放啊，說噶瑪蘭不久的將來會怎麼樣怎麼樣……阿扁一講，原民會主委馬上說，年底以前。沒多久，就來召開座談會，討論正名以後族名要變成什麼。大家就說，我們要叫「加禮宛」（Kaliawan）啊，有人說 Kavalan（噶瑪蘭）。為什麼要叫 Kaliawan，因為當地人稱噶瑪蘭人都叫 Kaliawan，Kaliawan 人也會自稱 Kaliawan，但也會說是 Kavalan。但是有些人也說，哪裏，你們一直都叫 Kaliawan，哪裏有噶瑪蘭，我就說，一直都有噶瑪蘭，我沒有騙你們！因為 Kavalan 這個音一直存在嘛。後來果然沒有錯，幾個月以後就承認了。哇，他媽，怎麼一夜之間我們就是原住民了？媽的，昨天還不是！以前原民會一直打壓打壓打壓，我在原民會當委員我就提案啊，我一提案大家就要討論吶……所以我說，民族認定不是法律問題，是政治問題。政治路線一確定，法律就是技術面而已嘛，它就配合嘛。（2016/09/29 訪談潘朝成）

潘朝成及其家族的尋根故事，是花東地區的噶瑪蘭後裔重新「發現」自己

的「族群身份」,「返去做番」〔註65〕的一個典型例子。長久以來,在漢人佔據社會主流地位,對原住民「另眼相看」的歧視眼光下,許多平埔原住民只好選擇性遺忘自己祖先的身份,卑微地隱藏在漢人之中,即便是死後,也要假扮成是漢人的子孫,在墓碑上刻上代表漢人宗族源流的堂號。潘朝成及其家族的尋根,是當代臺灣原住民社群在「本土化」轉型過程中,經過原住民運動的「去污名化」之後,萌發「族群」意識,並以自我認定的方式回歸原住民身份認同的主體性實踐。

二、新社加禮宛後裔的族群意識轉化

「加禮宛事件」後從花蓮加禮宛社南遷到豐濱鄉新社村的那一群加禮宛人(Kaliawan),為噶瑪蘭人在後山的繁衍留下了重要一脈。當年,乘船浮海而至的加禮宛人,來到這片面海的臺地後,為之取名為 patorogan〔註66〕。他們趕走原先居住於此的阿美族人,拓荒開墾田園,引武加塱溪與新莊溪灌溉田地,讓 patorogan 逐漸成為狹窄海岸上盛產稻米的一方富庶之地。數百甲良田在水稻收割季節,需要大量的勞力,因此不斷有族人前來做長工或是入贅加禮宛人的家庭,使得新社成為加禮宛人最多的聚落,後來形成了新社、新豐、小湖、新莊四個小聚落,而噶瑪蘭的語言、文化也在此得以休養生息。〔註67〕

在目前的行政建制上,新社是一個包含多個聚落的行政村,除了上述四個噶瑪蘭後裔的聚落之外,還有復興、東興和富光三個小聚落,其中東興的居民以太巴塱社阿美族為主,復興是撒奇萊雅和阿美族混居,富光則是 1960 年代才形成的,居民以漢人為主。當地人通常概念上的新社,一般僅指新社、小湖、新豐、新莊四個地方,Kaliawan 後裔約占整個行政村人口的三分之一〔註68〕,是東海岸噶瑪蘭後裔最大的聚居地。1980 年代開始,從花蓮最南端的噶瑪蘭聚落延燒至宜蘭原鄉的噶瑪蘭族文化復振運動之火,便是起源於這裡。由於噶瑪蘭文化復興的活動和政治訴求的造勢都是由新社的加禮宛人組織與發動,因此新社在整個族群復振運動中扮演著向外界報導和詮釋「噶瑪蘭族正統文

〔註65〕「返去做番」是臺灣閩南話的說法,就是「做回原住民(「番人」)的意思。
〔註66〕形容船漸靠岸停泊之意,也有研究者寫成「Batohongan」。
〔註67〕阮昌銳:《蘭陽平原上的噶瑪蘭族》,《臺灣文獻》1965 年第 1 期,第 52～53 頁。
〔註68〕陳逸君:《現代臺灣族群意識之建構——以噶瑪蘭族為例》,「行政院原住民委員會」,2002,第 113 頁。

化」的角色，而對於散居在花蓮縣其他地方的噶瑪蘭後裔而言，新社則是一個有著特殊象徵意義的「噶瑪蘭人新故鄉。」

　　在「噶瑪蘭」作為一個族群名稱被重新提出之前，這個詞彙對於生活在東海岸的人群而言其實有些陌生。在日常生活中，大多數人只知有加禮宛人，而不知有噶瑪蘭人。由於受到「加禮宛事件」所帶來的「喪身滅社」的戰爭記憶影響，加禮宛人對此一事件的記憶都是刻意隱藏起來。李宜憲曾就「加禮宛事件」歷史記憶的問題對東海岸的加禮宛後裔進行訪談，發現大多數受訪者幾乎都不知道此事，或者僅知祖先與清兵衝突後，有的南下到縱谷再轉入東海岸地區，有的則是直接從海路直奔東海岸一帶。結合田野訪談，李宜憲認為，造成加禮宛後裔遺忘「加禮宛事件」的最大因素，可能與清兵事後為保障糧食補給而持續留駐加禮宛村社有關。由於清軍的駐紮，使得事件後逃散的人群不敢再回去原地，從而陸續移住東海岸各加禮宛聚落。「加禮宛事件」作為逃散的加禮宛人不能公開講述的禁忌，或是回憶起來令人痛苦的戰爭記憶，遂逐漸在他們的記憶中淡化，只剩下強烈的逃難印象而已。〔註69〕

　　在噶瑪蘭族「復名」之前，新社人平日裏與阿美族人交往時，多以 Kaliawan 自稱，也有不少人以平地人自居。雖然大部分老年人仍會流利地聽、說噶瑪蘭語，一些傳統的祭儀，如歲末祭祖的 Palilin，治病儀式 Kisaiiz，除瘟祭 Pagalavi 以及超度祭 PatuRungan 等也仍在堅持舉行著，老一輩人也依稀記得他們的祖先最初來自宜蘭，然而他們並未想過要「返去做番」，因為在他們看來，那已經是屬於遙遠的祖先的歷史。儘管如此，由於新社地方保有著屬於噶瑪蘭人獨有的語言、祭儀、習俗等文化特質，因此持續吸引了不少研究噶瑪蘭的學者前來探訪，而新社加禮宛後裔的噶瑪蘭族群意識，也在學者們的調查、研究和啟蒙下逐漸萌發。

　　田野調查中發現，與新社相鄰的阿美族人，只知道住在他們附近的鄰居叫做 Kaliawan，對於「噶瑪蘭」是什麼人並不瞭解，這是因為新社部落的人一直都以 Kaliawan（加禮宛人）自稱，他們只是被來到新社做調查的學者告知才知道自己是「噶瑪蘭」人的後代。〔註70〕來到新社調查的學者們，依據日據時期

〔註69〕李宜憲：《加禮宛事件暨加禮宛意識之形塑》，載潘朝成、施政鋒主編《加禮宛戰役》，臺灣東華大學原住民民族學院，2010，第104～105頁。

〔註70〕李宜憲曾經在訪談中詢問耆老偕萬來：「你們自稱加禮宛，鄰近的阿美族也叫你們 Galiauwan，為什麼在爭取成立第十一族時，你們會選擇用噶瑪蘭？」偕長老的回答是：「因為早期來過新社的土田滋說我們是噶瑪蘭，而接著來新社

的族群分類結果，首先對新社的加禮宛後裔進行了「正名」，指稱他們是「噶瑪蘭族」的後裔。因此，學者帶有知識權威的說法，對一些有心的噶瑪蘭後裔造成了重要的思想啟蒙，讓他們意識到傳承「噶瑪蘭文化」的重要性，也為日後的「族群復名運動」埋下了一顆種子。

　　雖然在外界的印象中，新社的噶瑪蘭後裔就是加禮宛的後代，但實際上，如果對人群歷史上的來源加以細分，會發現他們實際上源自不同的系統，其內部存在著外人難以察覺的語言和文化上的差異。這些噶瑪蘭後裔中，除了有原先來自花蓮的加禮宛人的後裔之外，還包括源自宜蘭的哆囉美遠系統的人，這兩個人群早年曾使用不同的語言，但後來噶瑪蘭語佔據了主導地位，原因是哆囉美遠的人口在新社只有六七戶，遠少於加禮宛人。他們必須學習和使用噶瑪蘭語才能方便與其他人交流，而這使他們的母語能力逐漸衰退。根據語言學者的研究，哆囉美遠人的祖先是居住在北臺灣地區的凱達格蘭人。雖然新社的哆囉美遠人已基本失去了其母語能力，與加禮宛後裔同樣使用噶瑪蘭語作為日常交流語言，但這並不意味著他們認同自己就是同一個「族群」的後裔。在日常生活的一些場合裏，哆囉美遠人仍保持著屬於他們自己的一些獨特習俗，例如，他們除夕之夜舉辦的 Palilin 儀式就和加禮宛人的做法不同。他們會將一只會啼叫的公雞撞門弄昏或不弄昏，以雙手抓雞來回翻轉火燒，直到雞毛燒乾，拔掉乾毛以水煮熟並分食雞肉和內臟。這個習俗只有同一個家庭的成員才允許參加，並且嚴禁外人觀看，而加禮宛人就沒有這種在他們看來有點「怪異」的習俗。在平時的交往中，加禮宛人和哆囉美遠人對彼此也各有評判，並形成刻板印象。加禮宛人對哆囉美遠人的評價是「小氣」，因為他們從不允許外人觀看或參加他們的新年祭典；而哆囉美遠人則認為，加禮宛人太以自我為中心。〔註71〕儘管如此，加禮宛人和哆囉美遠人認為自己不同於阿美族的事實，以及彼此的祖先都源自宜蘭的歷史，讓他們形成一種共享的情感，加上長期通婚、在新社共同相處的歷史經驗，這些都足以讓他們忽略彼此之間微小的差別。在 1990 年代噶瑪蘭族群意識的萌芽初期，鑒於學者以「權威」的研究資料指出他們的祖先都來自宜蘭的事實，自那時起，新社的加禮宛和哆囉美遠後

　　　　的清水純也說我們是噶瑪蘭。」見李宜憲：《加禮宛事件暨加禮宛意識之形塑》，載潘朝成、施政鋒主編《加禮宛戰役》，臺灣東華大學原住民民族學院，2010，第 24 頁，注 24。

〔註71〕陳逸君：《現代臺灣族群意識之建構——以噶瑪蘭族為例》，「行政院原住民委員會」，2002，第 120、123～124 頁。

裔便將自己歸入同一個「族群」之下，並向外界一致宣稱自己是「噶瑪蘭族」的後代，他們仍在傳承噶瑪蘭人「正統的族群文化」，「噶瑪蘭族」是一個有著自己語言和文化傳統的活著的「族群」，並不是外界認為的「已經完全漢化消失」。而由於他們的群體心理和文化傳統都與阿美族存在明顯的區隔，他們也不願意被歸在阿美族名下，希望政府重新認定他們的身份，並恢復他們「原來的族名」，這便是「噶瑪蘭族正名運動」的基本訴求。

「噶瑪蘭」由宜蘭「三十六社」人群的部分後裔對祖源的認定，變成被認知為從宜蘭分出於各地的平埔後裔對所屬族群的自我命名，這一「想像的共同體」並不是原本就有，而是在原住民族群「正名」運動風潮的影響下，分散於各地的共享歷史情感與經驗的人群，[註72] 在重構的「集體記憶」的召喚下，試圖改變舊有秩序，尋求新族群認同的開始。經由學者以及田野工作者對歷史的重新整理，以及部分部落耆老對殘留的傳統生活文化碎片進行拼接和修補，使得族群歷史記憶與「文化傳統」得以再現於世人面前，經過不斷的展演，漸漸成為可感受的、活生生的族群認同象徵。劉文桂指出，新社噶瑪蘭人的文化復振現象，是多元行動者在文化實踐中互動所建構出來的，「對話中的族群認同與文化生機，使有意無意來相遭遇者得以借由這個機緣反省實踐活動的各個價值層面，並在互動中構造自我認同。」[註73] 隨著「噶瑪蘭族裔」的身份認同內化到每一個參與者身上，為「噶瑪蘭族」的「復名」而努力也便成為眾望所歸的目標與願景。

三、偕萬來尋親與「噶瑪蘭族」的「復名」

被外界稱為「噶瑪蘭族之父」的偕萬來，是噶瑪蘭族「復名」運動的「靈魂人物」。1932 年 2 月 16 日出生於新社的偕萬來，其父偕八寶是一名牧師，於 1907 年奉派到花蓮加禮宛社傳道，創立加禮宛教會（花蓮港教會的前身）牧養南遷的噶瑪蘭信徒，並擔任首任牧師。偕萬來的祖父偕九脈是宜蘭東山河

[註72] 1896 年田代安定的統計數據顯示，東海岸地區的「加禮宛人族共計百三十九戶、六百四十三人」，其中有七成以上（人數為 469 人）住在純「加禮宛人族」聚落內，只有不足三成的人（174 人）散居於混居型的聚落內。據此，李宜憲認為，海岸加禮宛人因同族聚居的高密集度，應是其維繫我族認同的一個重要條件。見李宜憲：《加禮宛事件暨加禮宛意識之形塑》，載潘朝成、施政鋒主編《加禮宛事件》，臺灣東華大學原住民民族學院，2010，第 86～87 頁。

[註73] 劉文桂：《偕萬來生命史與 Kavalan 文化復振》，花蓮師範學院多元文化研究所碩士學位論文，2002，第 18 頁。

畔「噶瑪蘭三十六社」之貓里霧罕社頭目，於馬偕（George Leslie Macay）牧師到宜蘭傳教期間率社眾受洗入教，並由馬偕牧師為其族人改姓偕。據偕萬來介紹，1883 年馬偕到宜蘭行醫傳教，就住在他阿公（偕九脈）家，他阿公是部落頭目，每天晚飯後，阿公會請人吹海螺召集族人到廣場聽馬偕佈道。他說，噶瑪蘭人沒有取名規則，有一次馬偕要叫助手「wudie」，竟同時有三個族人跑出來，於是馬偕就建議阿公為族人取漢名，並寫了一些漢姓讓大家選。他阿公當晚就召集族人抽籤，自己抽到「偕」，從此整個家族就姓偕。〔註 74〕

　　偕萬來投身噶瑪蘭族群復振運動的起點，便是從尋找偕姓族人開始。萬來的童年時期，正值日本人統治臺灣，因此他最早接受的是日本教育。在水璉尾番人公學校（今水璉國小）就讀期間，母親因過度勞累而過世，任職新社保甲書記的哥哥承擔起家計，全家遷到水璉。不久後，二戰爆發延燒至臺灣，平民百姓的生活陷入混亂。1944 年，在美軍大轟炸臺灣全島的戰火陰影下，父親用了十個晚上的時間教他認讀羅馬字、閱讀《聖經》，將基督教信仰帶入他的生命。〔註 75〕學習羅馬字以及輾轉於新社和水璉的這段成長經歷，對萬來產生了深刻的影響，父親對他的教誨，讓他念念於心，無法忘懷。

　　　　爸爸交代，「有機會要和咱房頭內的人認親」。我爸爸是經過基
　　督教的洗禮，而當一名基督教的傳教士。他所留給我的是：「信基督
　　教絕對不會退縮，做人要誠懇，心中不可有貪念」，而這三點交代就
　　成了我一生中的人生信仰。〔註 76〕

　　生在一個動盪的年代，注定了偕萬來的人生旅途不會是四平八穩。臺灣光復初期，考入鳳林初中的萬來未及讀完二年級，便因交不起學費而輟學。此後的十年間，他的人生軌跡轉入波折的謀生階段。從 1947 年起，他先後當過分駐所工友，農夫，鄉公所隊丁，補充兵，鄉公所兵役課雇員，代理村幹事（1954年，港口村），鄉公所雇員（1954.07～1957.06）等。一直到 1958 年 8 月，他參加臺灣省特種公務人員招考及格，正式擔任新社村村幹事之後，生活才真正安定下來。這一時期，已經成家的偕萬來為了在社會上和他人齊肩，與妻子一

〔註 74〕薛雲峰：《嘗盡百年孤寂噶瑪蘭族復名》，自由電子新聞網，2002 年 12 月 26 日，http://old.ltn.com.tw/2002/new/dec/26/today-c5.htm，2018 年 1 月 23 日最後訪問。
〔註 75〕劉文桂：《偕萬來生命史與 Kavalan 文化復振》，花蓮師範學院多元文化研究所碩士學位論文，2002，第 31 頁。
〔註 76〕1991 年 9 月 22 日楊功明訪談偕萬來資料，參見楊功明：《一人尋根，全族尋根》，臺灣東華大學族群關係與文化學系碩士學位論文，2011，第 56 頁。

起為發展家庭經濟認真打拼,除了兼顧公務之外,以包山包海為主業,務農(種果樹等經濟作物)、捉魚苗、養豬、打米、做生意,多種生計門路全面開花,大大改善了家庭生活。〔註77〕

萬來當兵前,基督教展望教會在新社設立美援物資發放點,由他哥哥負責,後交給他接手。1963 年,臺北總會批准在新社成立佈道所,地點就設在他家。此後,因信徒越來越多,萬來發動信徒上山砍樹籌建教堂,次年 3 月教堂落成。教會的服侍和村幹事深入基層的各項業務持續開展,使得萬來對村裏的情況瞭如指掌。他長於應對村中各種人情世故,也有膽識和能力與外界交涉,逐漸成為新社村頗具威望的人物,在村中「喊水水會凍」。

1970 年 1 月起至 1987 年底,偕萬來調任鄉公所兵役課,其工作內容轉向負責兵役課的送兵任務。這一階段,因子女成長,在社會上也受人敬重,萬來世俗上的人生可算是達到「功成名就」階段了。不幸的是,1976 年底,他被診斷出腎臟病,數次住院也無法療癒,只能強忍病痛繼續打拼。身體上的病痛激發起他對於生命的思考。基督信仰的感召與俗世價值的剝落,讓萬來不斷憶起父親對他的囑咐。

> 我在宜蘭雖然有很多親屬,但是從來沒有見過。我爸爸在世時,除了交待我上述的三點外,還特別交代:「凡是姓偕的,都是我們噶瑪蘭人的親族,叫做房頭內,有機會要去認親」。有了這個交待後,我就經常把這句話放在心裏。但是那時因為職務、身份、交通上很不方便,沒辦法實現我爸爸的交待,而感到很遺憾。〔註78〕

1981 年北回鐵路通車,偕萬來在兵役課的送兵路線更動,無意中給他尋找族親帶來了新的契機。在行駛的列車上,看到阡陌遼闊的蘭陽平原,更加喚起他對父輩的記憶,父親交代過的話時常浮上心頭。

> 都有機會,在車上看到宜蘭的平原!看到宜蘭的平原就回憶我爸爸先前講的,住在宜蘭的情形,慢慢地浮在心裏上,……說「我們房頭內這個親戚,姓偕的是我們自己人!」所以那當時,我知道宜蘭還有很多姓偕的,但是直接到宜蘭去,要到哪裏去?大海撈針!所以我就從民國七十年之後,我開始從花蓮縣,耐心先找,先從新

〔註77〕劉文桂:《偕萬來生命史與 Kavalan 文化復振》,花蓮師範學院多元文化研究所碩士學位論文,2002,第 143~144 頁(附錄三:偕萬來生命史紀事)。

〔註78〕1991 年 9 月 22 日楊功明訪談偕萬來資料,參見楊功明:《一人尋根,全族尋根》,臺灣東華大學族群關係與文化學系碩士學位論文,2011,第 56 頁。

社同村的偕老金、偕阿良問起，新城、花蓮市、吉安鄉、壽豐鄉、光復鄉、臺東的樟原，這個期間，我差不多……共找了三年姓偕的，去到哪裏，打探到哪裏……。

　　我是民國七十七年退休的，退休前五年，因為我在兵役課做事，當時全省有三百三十四個鄉鎮兵役課，為了兵役業務，我們彼此間都有連絡。於是，我便利用職務上的方便，將信封連同表格寄給宜蘭、花蓮、臺東各縣市各鄉鎮兵役課的同仁，請他們幫忙找姓偕的親人。在礁溪、基隆、桃園鶯歌都有找到，兵役課的同仁也寫了地址給我，我就利用出差的幾個機會按址去認親，而那些親族也知道自己的祖先來自宜蘭。就這樣一個一個的找，找到了三百多個。〔註79〕

　　偕萬來踏上尋親之路的初衷，是希望實現父親的遺願，那時他的心中還沒有很明確的噶瑪蘭族群意識。他曾說：「我的目的就是要實現我爸爸的遺言：『姓偕的是我們這個房頭內的人，就要去認親！那時唯一的目標只有這個，沒有想到我們噶瑪蘭要尋根。』」他的尋親足跡踏遍了宜蘭、花蓮、臺東、臺北各縣市，「去到哪裏，打探到哪裏」，所找到的偕姓族親分布在宜蘭縣（宜蘭市、羅東鎮、三星鄉、蘇澳鎮、五結鄉、冬山鄉、礁溪鄉、大同鄉、頭城鎮……），花蓮縣（豐濱鄉、新城鄉、花蓮市、吉安鄉、壽豐鄉……），臺東縣（臺東市、成功鎮、東河鄉、關山鎮、卑南鄉、長濱鄉……）以及其他縣市（臺北市、臺北縣、三重、鶯歌）、彰化縣、高雄縣、臺南市、基隆市等，共計300多人。〔註80〕

　　偕萬來此後從尋親轉向推動語言和文化復振，主要是受到土田滋等日本學者的啟發。新社由於相對完整地保存著噶瑪蘭人的語言與文化，自1960年代起，土田滋、阮昌銳、森口雄稔等學者前來新社調查研究。1980年代，土田滋的學生清水純到新社做調查，住在蔡阿生家裏。清水純對於噶瑪蘭傳統儀式以及家屋結構的研究資料，讓偕萬來對噶瑪蘭文化有了更多的瞭解。日本學者深入田野，虛心求教的嚴謹態度和專業精神，令偕萬來十分佩服，也讓他從最開始的好奇到陷入深思——為什麼日本人把噶瑪蘭文化當作寶一樣重視，千里迢迢前來研究，而臺灣政府卻對噶瑪蘭族「視而不見」？也正是日本學者的「啟蒙」，開啟了偕萬來的「文化自覺」，讓他重新審視噶瑪蘭文化的價值。他

〔註79〕1991年9月22日楊功明訪談偕萬來資料，參見楊功明：《一人尋根，全族尋根》，臺灣東華大學族群關係與文化學系碩士學位論文，2011，第56頁。

〔註80〕楊功明：《一人尋根，全族尋根》，臺灣東華大學族群關係與文化學系碩士學位論文，2011，第75頁。

曾多次表示，自己從事噶瑪蘭文化傳承，最重要的影響人是土田滋。1962 年，土田滋來到新社調查，在與偕萬來交談中，曾對他說，「你身為噶瑪蘭人，應該以噶瑪蘭人為榮，這個文化語言消失掉，是沒有辦法彌補的一個損失！」〔註81〕這句話，不僅激勵偕萬來開始向老人家學習噶瑪蘭語，也成為引導他日後傾注心力於噶瑪蘭族「復名」運動的精神信念。

　　偕萬來一人尋親，帶動噶瑪蘭後裔尋根的故事發生的時期，正值宜蘭縣政府推行創新「執政」理念，推行民主治理，力圖建構富於黨外政治理想的「執政」模式的轉型階段。1980 年底，陳定南當選宜蘭縣長，在八年任期內，推行了一系列挑戰「國家」威權，強調自治的政策措施，如嚴格監督公共工程品質，抗拒六輕高污染工業進駐，取消升旗及「國定」假日等。作為地方行政官員，陳氏意圖從整體環境保育、地方發展自主、人文歷史重構以及民主政治實踐各層面，積極打造一個重視地方主體性，本土化、親民、廉潔的「政府」形象。1989 年底，民進黨再度「執政」宜蘭，為了抵禦「中央」利用資源控制地方發展，防止北宜高速公路通車後帶來的開發壓力，時任縣長游錫堃提出「文化立縣」，定意把鄉土情感作為蘭陽人思考發展價值時「最堅實的心防」。〔註 82〕1984 年，宜蘭縣文化中心開館，積極開展地方文史的整理與研究工作。1987 年 5 月，宜蘭縣文化中心史蹟文物小組正進行「草嶺碑林研究」項目之時，偕萬來的重要助手、女婿楊功明即前往文化中心碑林小組拜訪相關人員。6 月 10 日，偕萬來也親赴宜蘭縣文化中心查閱噶瑪蘭人的相關資料，並請求他們協助尋找族親，受到周家安、潘寶珠、許惠隆等工作人員的熱誠接待。〔註 83〕這也是他首次以噶瑪蘭後裔的身份與宜蘭官方文化機構進行接觸。

　　新社噶瑪蘭後裔第一次以「噶瑪蘭族」的身份出現在社會公眾面前，始於 1987 年 11 月 23 日舉辦的「豐濱之夜」晚會。當時，臺灣省立博物館計劃將在新社出土的一具史前石棺送到臺北新公園展出，鄉公所希望藉此機會宣傳豐濱，在新社女婿、人類學者阮昌銳〔註84〕的倡議下，經與博物館協商後，

〔註81〕楊功明：《一人尋根，全族尋根》，臺灣東華大學族群關係與文化學系碩士學位論文，2011，第 71 頁。

〔註82〕劉文桂：《偕萬來生命史與 Kavalan 文化復振》，花蓮師範學院多元文化研究所碩士學位論文，2002，第 101～102 頁。

〔註83〕楊功明：《一人尋根，全族尋根》，臺灣東華大學族群關係與文化學系碩士學位論文，2011，第 76 頁。

〔註84〕阮昌銳是與土田滋同時期研究噶瑪蘭歷史文化的臺灣學者，1963 年就開始在新社做調查，其妻子是新社的噶瑪蘭人。

決定策劃籌辦「豐濱之夜」晚會，邀請豐濱鄉各村派隊各表演一個有當地特
色的歌舞節目。由於其他村都表演阿美族舞蹈，為了突出新社的特色，經過
多次開會商討後，決定把噶瑪蘭的「kisaiz」（除瘟舞）搬上舞臺。朱阿比、潘
烏吉、李金梅、潘老毛幾位巫師一同商議後，將「除瘟祭」中的儀式舞步、祭
典歌與生活風俗片段進行融合，化成展演的「祈安舞」，再由熟悉樂舞編排的
天主教傳道人潘金榮以羅馬拼音進行記錄整理，形成噶瑪蘭傳統文化展演的
腳本。〔註85〕為了展示「族群」的特殊性，服裝方面，楊功明經多方查考資
料後，建議以李亦園《臺灣土著民族的社會與文化》一書中從宜蘭採集的「漢
式」噶瑪蘭族婦女服飾圖片為樣本，製作代表噶瑪蘭族的服飾。衣服以白色
作為主色，意在表現噶瑪蘭人厭惡不潔的文化。考慮到要讓部分阿美族親有
認同感，又發揮創意，配上了阿美族的腳縛。「豐濱之夜」演出當晚，頭目、
長老和巫師穿著黑衣黑褲，其他人就以這套新設計的「族服」登場。頭目潘
清波頭戴一頂年代久遠的藤編塗獸血的頭目帽，手持造型特別的權杖，顯得
架勢十足，吸引了全場目光。〔註86〕舞臺上巨大的傳統木刻圖騰，表演者低
沉哀婉的吟唱，配合著整齊的步伐與動作，營造出噶瑪蘭獨特的族群意象，
節目成為晚會上備受矚目的焦點。當天晚上，許多旅北的新社子弟也聞訊前
來觀看，擠滿了臺下，偕萬來長老抓住這一難得的機會，登臺詳細解說「噶
瑪蘭族除瘟舞」的文化意義。

　　「豐濱之夜」的演出，讓新社噶瑪蘭後裔首次以「噶瑪蘭族」的身份重返
歷史舞臺。透過大眾媒體的報導，臺灣社會公眾驚訝地發現原來還有一個叫做
「噶瑪蘭」的「原住民族群」生活在東海岸的社區裏，並保留著自己的語言和
傳統。噶瑪蘭人因漢人壓迫而流離花東的歷史，偕萬來拖著病體四處尋親的故
事都成為報導的重點，這些信息的傳播，不僅讓大眾重新認識噶瑪蘭這個陌生
的「族群」，他們的歷史遭遇更是博得大多數人的同情。與此同時，由於媒體
的關注，新社加禮宛後裔開始重新審視他們的身份和過去一直被忽視的傳統。
「豐濱之夜」後，新社結合年齡階層制度的復振，遴選頭目作為族群的精神領
袖，同時成立顧問小組組織運作社區權力中心，一切事情交由頭目和代表等顧
問小組成員議定推行。為了復振部落社會的秩序，籌辦豐年祭等傳統祭典，潘

〔註85〕劉文桂：《偕萬來生命史與 Kavalan 文化復振》，花蓮師範學院多元文化研究所
　　　　碩士學位論文，2002，第 39 頁。
〔註86〕劉文桂：《偕萬來生命史與 Kavalan 文化復振》，第 79 頁。

金榮重新組織年齡階層以配合活動運作。〔註87〕

　　如果說1987年的「豐濱之夜」是噶瑪蘭後裔首次自發地「出現」在公眾面前，那麼1991年10月受邀參加宜蘭「縣政府」舉辦的「開蘭195週年慶」，則是地方「政府」首次對噶瑪蘭後裔存在的事實予以認證。原本旨在紀念漢人「開蘭195週年」的活動，宜蘭「官方」特別為噶瑪蘭後裔策劃了名為「讓我們回到先祖的故鄉──後山噶瑪蘭人返鄉尋根」活動。由偕萬來的外甥陳建忠擔任會長的「花蓮縣噶瑪蘭族協進會」組織了160人的返鄉團，乘坐四部遊覽車前往宜蘭。這是花東地區的噶瑪蘭後裔經歷了一個多世紀的流散後，再次返回原鄉並與當地的族親相會。主辦方策劃的活動內容，包括製作噶瑪蘭人傳統住屋模型、噶瑪蘭人傳統文化展、噶瑪蘭人懇親會、縣境參觀拜會、「噶瑪蘭之夜」晚會以及探訪噶瑪蘭舊社等。宜蘭「縣政府」試圖通過這個活動，表達「尊重少數族群」和「體驗多元文化」的理念。尤其在10月15日舉辦的噶瑪蘭人懇親會上，游錫堃代表「縣政府」向所有因漢人入墾而被迫流徙花東的噶瑪蘭人致歉，肯定漢人入蘭之前噶瑪蘭人對宜蘭平原的開拓功勞〔註88〕。游錫堃以「縣長」身份公開致歉，讓許多在場的噶瑪蘭後裔流下了感動的眼淚，83歲高齡的耆老陳抵帶甚至因情緒激動而向游錫堃跪下，感謝他對噶瑪蘭人的關心和尊重。宜蘭「官方」對噶瑪蘭後裔的態度，大大提振了他們的自信心，也一定程度上洗刷了長期存在的「污名感」。新社噶瑪蘭後裔也借助這個機會，有意識地展現噶瑪蘭文化，並提出「族群復名」的訴求。返鄉活動經由媒體廣泛而持續的報導，讓社會公眾瞭解到噶瑪蘭人的歷史，從而省思漢人中心主義歷史觀的侷限性。同時，通過媒體的報導，尋根活動在更大範圍內激發出噶瑪蘭後裔的認同意識，「族群復名」議題也得到旅北噶瑪蘭青年群體的普遍支持。在返鄉尋根的各項活動中，偕萬來為了向公眾宣傳噶瑪蘭文化，頻頻被推舉上臺發表解說或接受媒體採訪，逐漸成為噶瑪蘭文化的重要報導人。

　　「豐濱之夜」演出後，短短十年間，新社噶瑪蘭後裔以文化復振重新建構族群形象的實踐持續落實在祭典、語言、樂舞、手工藝等傳統的傳承與再造各個層面。「豐濱之夜」的展演團隊頻頻受邀，現身於各項文化活動的舞臺

〔註87〕劉文桂：《偕萬來生命史與Kavalan文化復振》，第70頁。
〔註88〕楊功明：《一人尋根，全族尋根》，臺灣東華大學族群關係與文化學系碩士學位論文，2011，第83頁。

和媒體報導中。母語和文化的傳承工作，也借由研習的方式回流宜蘭，〔註89〕香蕉絲織布等物質文化則被恢復成為「族群」的象徵，改編與新作的母語歌謠更為族群認同傳唱新聲，豐年祭、海祭等大型祭典的舉辦，〔註90〕進一步凝聚了宜蘭、後山以及其他各處的噶瑪蘭後裔，逐漸形成一個共享噶瑪蘭身份認同的主體。

　　後山噶瑪蘭後裔的串連以及宜蘭原鄉與花東噶瑪蘭後裔關係新整體的形成，宜蘭「縣政府」及文化中心在此間扮演了重要角色。1992 年 8 月，新社舉辦首屆全部落豐年祭，旅北青年積極返鄉投入工作，而宜蘭族親也應邀前來共襄盛舉。1993 年，噶瑪蘭族協進會組織了 40 餘人，赴宜蘭參加冬山河龍舟大賽，宜蘭的噶瑪蘭族親及宜蘭人也積極前來鼓勵或以實際行動給予支持。1995 年，宜蘭文化中心為籌備「宜蘭 200 年」紀念日活動，再度邀請後山噶瑪蘭人開意見徵詢會，會議決議成立「噶瑪蘭文化基金會」，希望基金會能成為進一步凝聚族人、推展各項文化活動的組織。基金會籌備會第一次會議時，更名為「噶瑪蘭族文化基金會」，審議組織章程草案並開始募款，此後的兩年間，基金會籌備會在宜蘭、花東各噶瑪蘭後裔聚落共舉辦了七次說明會，在各方響應下籌備金達到 200 萬元，原本可以正式申請為基金會，卻因種種原因沒有提出申請，最終沒有運作出面向整個噶瑪蘭族人的企劃組織。〔註91〕

　　在持續進行文化復振與文化展演「現身」的同時，從 1994 年開始一直到 2002 年 12 月「復名」成功，偕萬來、潘朝成等運動領導者除了繼續不斷向社

〔註89〕1991 年 8 月底，楊功明在宜蘭舉辦「噶瑪蘭夏令營」，對象以國小學生為主，並邀請偕萬來前去教授噶瑪蘭語。授課地點選在加禮宛（舊）社和流流（舊）社附近的利澤國小；1996 年 3 月 21 日，在宜蘭縣教育局的協助下，偕萬來與潘金英一同在公館國小教授噶瑪蘭母語班，學生來自三星國小、利澤國小和公館國小，共計 50 餘名。見楊功明：《一人尋根，全族尋根》，碩士學位論文，臺灣東華大學族群關係與文化學系，2011，第 96 頁。另外，1992 年左右，新社國小古樂恒校長也積極整理噶瑪蘭語相關資料，並邀請偕萬來一同編撰族語教材，第一冊教材於 1995 年出版。後期參與族語教學的人員，除了偕萬來，還有潘金英、李文盛等人。母語及文化教學活動的開辦，起到一種「文化反哺」的效果，透過母語的學習，宜蘭族裔對噶瑪蘭文化的認同感大大增強，不少人希望有機會能夠到新社參與傳統祭典，瞭解鄉親的生活，而他們的認同與熱烈響應亦讓母語教學團隊深受鼓舞。

〔註90〕陳逸君：《現代臺灣族群意識之建構──以噶瑪蘭族為例》，「行政院原住民委員會」，2002，第 223～233 頁。

〔註91〕劉文桂：《偕萬來生命史與 Kavalan 文化復振》，花蓮師範學院多元文化研究所碩士學位論文，2002，第 70 頁。

會公眾表達噶瑪蘭族「復名」的訴求，也利用各種機會向各級「政府官員」陳情，並借力媒體宣傳博取輿論關注。1994 年 3 月 5 日，新社噶瑪蘭歌舞第一次在花蓮縣文化中心演出。演出前，偕萬來登臺進行解說：「曾經我們到過宜蘭返鄉尋根，也去過烏來演出，現在我們被花蓮文化中心發現……今天我們要看的是白衣服！唱得很悲哀！……希望政府能認同我們噶瑪蘭族，能夠列於第十族」。〔註92〕4 月 8 日至 10 日，第一屆原住民文化會議在屏東瑪家原住民文化區舉行，因「總統」李登輝會到場，偕萬來自己因身體不適無法參會，但考慮到這是一個千載難逢的為噶瑪蘭發聲的好機會，於是委派其女婿楊功明前往，並代表噶瑪蘭族發言。楊功明在現場的講話獲得不少原住民精英的支持，當李登輝來到會場時，他抓住時機向其遞交陳情書，提出爭取噶瑪蘭為第十族的訴求。李登輝在隨後致辭時，給予了善意的回應，第一次稱「山胞」為原住民，並指臺灣原住民實際上有 10 族，等於間接承認了「噶瑪蘭族」的存在。6 月 23 日，偕萬來抱病帶領樟原的噶瑪蘭族親參加「還我土地」大遊行，這是噶瑪蘭後裔首次參與原住民運動的遊行。7 月 1 日，偕萬來以平埔族代表的身份與原住民「制憲聯盟」成員一同到「總統府」面見李登輝，再次向其重申噶瑪蘭的「復名」訴求。〔註93〕

　　1995 年 4 月 9 日，宜蘭縣舉辦「宜蘭紀念日」活動，後山噶瑪蘭後裔應邀派人前往宜蘭，並在流流社及五結鄉海邊搭蓋噶瑪蘭傳統住屋，展示噶瑪蘭美食文化。當噶瑪蘭族親在海邊拍大合照時，突然拉起事先準備好的寫有「噶瑪蘭族親請政府早日認定為第十族原住民」文字的白布橫幅，借機向「政府」和公眾表達希望「復名」的心聲。當晚，在流流社舉辦的晚會上，縣長游錫堃以慷慨激昂的陳辭表達支持噶瑪蘭族「復名」的決心，表示「願意與噶瑪蘭族親帶著飯包一起上臺北」，共同為噶瑪蘭族「復名」而努力。1996 年 4 月 26 日，新社噶瑪蘭文化展演團隊應邀到臺北「國家音樂廳」演出，象徵著歷時十年的噶瑪蘭文化復振工作獲得「國家」層面的關注和認可。偕萬來夫婦專程赴臺北觀看，其女婿楊功明為了邀請「民政司司長」到場觀看噶瑪蘭歌舞表演，拿著「國家音樂廳」的入場券直闖內政部前往邀請，獲得媒體報導。〔註94〕1997 年 4 月 7 日，新社噶瑪蘭人再次受邀於花蓮石雕

〔註92〕楊功明：《一人尋根，全族尋根》，臺灣東華大學族群關係與文化學系碩士學位論文，2011，第 87～88 頁。
〔註93〕楊功明：《一人尋根，全族尋根》，第 90～91 頁。
〔註94〕楊功明：《一人尋根，全族尋根》，第 88～89 頁。

季展演，偕萬來事先到「縣政府」拜會「縣長」王慶豐，贈予代表噶瑪蘭族的旗幟與帽子，並遞送申請「族群復名」的陳情書。王慶豐答應會將陳情書轉呈中央，因當時有媒體在場，花蓮縣官方對噶瑪蘭「復名」一事的表態隨即被廣為報導。〔註95〕

　　1999 年臺灣領導人選舉期間，民進黨籍參選人陳水扁為贏得原住民族「關鍵少數」票源的支持，將國民黨過去的民族同化政策作為議題進行政治操弄，為凸顯民進黨尊重、支持原住民的施政理念，除了當年 9 月提出《原住民族政策白皮書》，隨後更與原住民各族代表簽訂《原住民族與臺灣政府新的夥伴關係》文件。陳水扁上臺後，任命長期奉獻原運的臺灣基督長老教會牧師尤哈尼·伊斯卡卡夫特為「原民會主委」，此舉讓原已陷入低迷的原運界人士精神為之一振。〔註96〕在尤哈尼的邀請下，2002 年，潘朝成開始在「原民會」擔任兼任委員，積極為噶瑪蘭族「復名」提案。同年 6 月 13 日，「原民會」派員在新社召開「噶瑪蘭族復名意見徵詢座談會」，企劃處長林江義在會議中宣稱：「只要事前的作業提早完成，行政院原住民會必定全力配合，盡速將噶瑪蘭族的意願早日提報行政院」。2002 年 6 月，在潘朝成、偕萬來等人的召集下，「噶瑪蘭族復名推動小組」成立，潘朝成擔任召集人，楊功明擔任副召集人，並推舉各地區與各部落的調查負責人分配任務後，赴各地展開噶瑪蘭後裔民族身份認定意願的調查工作。7 月底，「總統府」派人赴新社安排陳水扁到新社參加豐年祭事宜，「復名」推動小組趁機呈交「復名」陳情書等資料，要求轉交給「總統」。8 月 9 日，陳水扁在新社豐年祭活動講話中宣布，「希望不久的將來噶瑪蘭族正式成為臺灣原住民族」，標誌著噶瑪蘭族「復名」已經勝利在望。此後，「復名」小組加快推進調查工作，至 8 月底，「自我認同噶瑪蘭族意願調查表」出爐，共統計出有 1705 人自我認同為噶瑪蘭族，無疑是噶瑪蘭後裔申請民族自決的最有力證據。〔註97〕

　　從 1981 年尋親開始，偕萬來一人尋根，帶動全族尋根，經過學者、文化人士、媒體、族親長期不懈的努力以及宜蘭縣當局的大力支持，2002 年 12 月

〔註95〕楊功明：《一人尋根，全族尋根》，第 87～88 頁。

〔註96〕施正鋒：《原住民族或其他弱勢族群的自治地位與保障》，「行政院研究發展考核委員會」，2006，第 2 頁。

〔註97〕潘朝成：《從掠奪、離散、認同、復名到主體建構》，《原住民族文獻》（電子期刊）2015 年第 19 期，http://ihc.apc.gov.tw/Journals.php?pid=626&id=828，2018 年 2 月 4 日最後訪問。

25 日，擔任行政院院長的游錫堃正式宣布，「親愛的噶瑪蘭族同胞，今天國家把你們的名字還給你們！噶瑪蘭族成為臺灣原住民族的第十一族。」這是一個歷史性的時刻，宣告偕萬來終於完成了他人生的最大心願，當他代表噶瑪蘭族上臺致辭時，激動得老淚縱橫。

「當噶瑪蘭族千百年來的傳統文化，在後山（中央山脈）的後山（海岸山脈）懷抱之下，在太平洋邊緣用他們最微弱的聲音，堅持著自己文化的同時，政府不能再漠視他們存在的事實」——潘朝成在其攝影集《噶瑪蘭族：永不磨滅的尊嚴與記憶》的自序中這樣寫道。他強調了傳統文化在噶瑪蘭族「復名」運動中所起到的關鍵性作用，而在撒奇萊雅族精英督固看來，噶瑪蘭族「復名」運動中的「人情政治」顯然也是不可或缺的要素：

> 噶瑪蘭是因為游錫堃當院長，其實噶瑪蘭很早就在走復名，可是因為他們人很少，聲音很小，然後很低調，他們會出現，可是不會很大聲。不像太魯閣人，敲鑼打鼓，弄得全世界人都知道。噶瑪蘭人很低調，他們就是用文化出現的方式去推動正名，太魯閣人不是，他們敲鑼打鼓去抗議，去示威，去砸人，用政治的壓力等等。可是噶瑪蘭不是，他們是去參與，出現，讓大家看到我們這群人，我們有我們的訴求，就這樣，（這是族群）個性的關係。當然主事者偕萬來也是比較像讀書人這樣的感覺，不想跟人大吵大鬧。……因為當時游錫堃當行政院院長，他有噶瑪蘭血統，他又是宜蘭人，所以他下令就過了嘛。副院長都講話了，他說我是噶瑪蘭人，下面的人就做了嘛，自己都不用做，下面的人都幫你弄好了。（2017/06/22 訪談督固）

噶瑪蘭族的「族群復振」運動，是在多重因素作用下的文化政治場域中興起的，如果做一個簡單的歸納，可以看到它至少與下述三個層面的因素有所牽連：一是臺灣近 30 年的政治環境變化，解嚴與隨之興起的各種本土化社會運動刺激了多元行動者展開文化尋根，並透過社會運動表達對自身處境的關切；[註 98] 二是原住民精英的意識覺醒，並成功通過社會動員發起泛原住民運動，展開一系列為原住民爭取權益的抗爭活動，使得「原住民族」作為一個重要的社會主體為臺灣民眾所重新認識；三是原住民精英作為積極的行

〔註98〕劉文桂：《偕萬來生命史與 Kavalan 文化復振》，花蓮師範學院多元文化研究所碩士學位論文，2002，第 18 頁。

動者，通過對歷史的再詮釋與再敘述，推動歷史記憶的重構與文化傳統的接續或再造，在特定的文化政治場域中成功形塑出顯明的集體記憶，並借助「國家」權力的賦權，獲得新的文化與族群身份。噶瑪蘭族復名的過程，是原住民精英在有利的外部環境下，充分發揮自身的主體性與能動性，將歷史、文化與政治等各種有利因素充分整合，形成合力促成的結果。「復名」運動中，偕萬來這種精神領袖式的領導人物斡旋於內外，發揮穿針引線的作用，推動文化作為凝聚族群認同和自我宣示族群身份的手段，是促成「復名」成功的關鍵所在。

第三節　脫離阿美族：撒奇萊雅人的「正名」運動

一、帝瓦伊・撒耘家族與撒奇萊雅人的「正名」

（一）李來旺校長的 Sakizaya 情懷與尋根之路

「加禮宛事件」後，已經「消失」在歷史長河中長達 120 多年的撒奇萊雅人為何會再度現身，重返臺灣社會的舞臺？這一切，都要從最早推動撒奇萊雅「正名」運動的精神領袖帝瓦伊・撒耘（漢名李來旺）的尋根故事說起。

生於 1931 年（昭和六年）的李來旺（為方便敘述，以下均以漢名稱呼），從小在水璉部落長大，其祖父帝瓦伊・卡浪和父親督固・帝瓦伊曾先後擔任水璉部落頭目長達 50 年之久，叔公則因祖父擔任頭目而被日本人俘至日本當人質。李來旺成長的年代，跨越了日據和國民黨統治兩個時期，因此接受了日漢雙重教育。他從小聰敏好學，14 歲便考上花蓮師專，畢業後從事教育工作 44 年，曾歷任水璉、鹽僚等地九所國小的校長，在教育界頗有影響力，平時大家都尊稱他為「校長」。上世紀 90 年代以來，在原住民運動的影響下，李來旺也積極投身於原住民文化復振活動。1994 年，在擔任花蓮縣北富國小校長期間，他成功推動將學校更名為「太巴塱國小」，這是全臺第一所以原住民部落名稱命名的國小，對於推廣原住民意識，提振原住民族自信心具有示範性的意義。在原鄉土地保護運動方面，他積極領導反對水璉設立火電廠、維護原住民居住權與道路開發等抗爭議題，這一系列為阿美族爭取權益的作為，為他贏得了「阿美族之父」的尊稱，並入選 1999 年臺灣《天下》雜誌評選的「臺灣最具影響力的 200 個人物」名單。此外，他還致力於原住民教育的推廣與族群文化的研究，出版了《牽源》（與吳明義、黃冬秋合著）、《泰雅原始文化研究》、《阿

美族神話故事》、《阿美族的諺語》等著作。〔註99〕

　　李來旺的祖母，樂朵・撒韻是「加禮宛事件」中的幸存者之一，戰爭那一年，她才13歲。在早期研究撒奇萊雅的文獻中被頻繁引用的一段關於「達固湖灣戰役」（即「加禮宛事件」）的口述歷史，便是由樂朵的口述整理而來。「達固湖灣戰役」中，清軍攻進部落後，樂朵和帝瓦伊・卡浪（李來旺的祖父）在躲避清軍追殺時，一起從部落的潛水門逃出，之後又跟隨族人一起逃到水璉，患難與共的兩人後來結為夫妻。此後，卡浪被族人推選擔任水璉部落的頭目長達26年（1862～1916），帶領族人繼續傳續Sakizaya人的血脈，而成為人母、族母的樂朵也不斷地向族人講述Sakizaya流傳千古的神話傳說以及「達固湖灣戰役」中先人們的英勇事蹟。1938年（「加禮宛事件」後60年），73歲的樂朵曾帶著愛孫帝瓦伊・撒耘（即李來旺）回到古戰場的所在地，尋訪達固湖灣和巴吉克舊部落。此後，樂朵在水璉安享晚年，持續著啟蒙後代的重任，一直到1960年過世，享年95歲。〔註100〕

　　李來旺從小在祖母身邊長大，對祖母講述的「達固湖灣戰爭」、頭目古穆德・巴吉克夫婦被清軍折磨慘死，以及祖輩逃亡至水璉新建部落的歷史都印象深刻。然而，由於日據時期族群分類的關係，水璉部落的人長期以來都認同自己為阿美族。在這種大環境下成長起來的李來旺，很自然地被形塑出阿美族的身份認同。對阿美族有著深厚民族情感的他，後來為何會發生那麼大的轉變，冒著「分裂」阿美族的風險，去為一個已經「死去」的「族群」發起正名呢？對於我的這個大大的疑問，李來旺的長子督固・撒耘從三個方面談了他的理解：

> 以我的觀察，應該是他民國60年被派到瑞穗當校長，這件事有直接的關係。他本來在水璉當校長，1971年他被派到瑞穗當創校校長，那個學校隔一條街就是馬立雲的生活圈，他開始接觸到很多撒奇萊雅人。水璉雖然有很多撒奇萊雅人，可是他們自己都隱藏起來，但馬立云是自己承認是撒奇萊雅，而且那時候部落裏面人口比較多，不像現在很少人。……這麼一群人在這，而且公開說自己是撒奇萊雅，我覺得對他影響很大。他在水璉的時候，對撒奇萊雅只是感情

〔註99〕　中華綜合發展研究院應用史研究所：《壽豐鄉志》，壽豐鄉公所，2002，第713～714頁。

〔註100〕　李秀蘭：《尋找密碼的女孩》，《原住民地區特色道路及永續造景之原住民文化宣導會議手冊》，2016。

上和記憶上的……他們（馬立雲的人）從來沒有隱藏過自己。在馬立雲我也有親戚，現任的頭目是我表哥。所以他開始覺得這個族群是活的，是在的，雖然人沒有那麼多，但基本上是在的。跟以前在水璉的時候，這個族群是死的，那種感覺是不一樣的。所以當他以一個知識分子的身份再去到水璉，是驗證了過去他印象中的撒奇萊雅，突然從記憶變成實體。我覺得這是非常重要的轉折點。如果當時沒有派到瑞穗，可能感受還沒有那麼大。所以馬立云是一個因素。

還有一個是交通。以前要去某個地方不容易。他去馬立雲那邊是 1970 年代，到 1980 年代，臺灣的基礎設施開始變得比較好，所以移動能力變好，信息也變暢通，包括文獻的流通。後來政治上開始解嚴，這些因素都是疊加的，交通克服了時間跟空間的侷限。文獻的流通讓很多印象變成文字，然後政治上開始解放。

最後在 1980 年末期，一個很重要的因素是噶瑪蘭，因為偕萬來跟我父親是同班同學。偕萬來在水璉國小的時候是他們班的班長，我爸爸是副班長。偕萬來有段時間是住在水璉，後來遷去新社。所以偕萬來的祖先不是加禮宛過去新社的，而是宜蘭人。偕萬來是噶瑪蘭族復名運動的領袖，跟我父親是住在相鄰的村，新社離水璉很近，一條路就到了。所以他們在復名的時候，我父親幾乎是全程參與。他們去哪裏他也會去。所以在 1980 年代後期，噶瑪蘭是另外一個刺激。政治開放其實只是一團空氣，沒有實體的東西，可是政治上的空氣碰到噶瑪蘭的時候會變成一個實體的東西。所以噶瑪蘭族復名運動對我爸爸來說，是影響他真正啟動撒奇萊雅正名的一個關鍵。我爸爸說，他們（噶瑪蘭人）經常笑我，「你們撒奇萊雅沒有 lanpa（閩南語發音，意為睪丸）」，他們印象中一直覺得我們人多，說我們敢正名你們都不敢正名。所以噶瑪蘭是最後一個很重要的刺激，才會在 1990 年開始醞釀正名。雖然 1990 年還沒有開始進入正名狀態，可是那種想要公開把撒奇萊雅人集合到一起那種氣氛已經到了。

（2017/06/23 訪談督固）

由於對阿美族有著深厚的感情，李來旺早期都是以「阿美族人」的身份自居，並且將大部分精力投注在阿美族的事務上。然而，隨著時間的推移，在外部環境變化以及各種因素的刺激下，對他的童年記憶影響至深的達固湖灣戰

爭中祖先犧牲、流亡、被迫隱姓埋名的歷史慢慢浮出水面，讓他開始正視自己
的 Sakizaya 身份，並逐步踏上尋找族人、搜集整理 Sakizaya 歷史文化資料之
路，最終發起「正名」運動。對於父親身上糅雜的阿美與撒奇萊雅兩種身份認
同對他自己的人生經歷產生的影響，督固總結道：

> 他（指李來旺）祖母所講的故事對他只是啟蒙，可是在他小的
> 時候並不知道民族是什麼，對於民族那種強烈的感情，他投射在阿
> 美族上。他曾經被人稱為「阿美族之父」，很多文獻上這樣寫。因為
> 他在阿美族實務上用力很多，去提出一些見解，或爭取一些權利，
> 等等。那種感覺，不管危機感也好，還是其他的，投射在阿美族很
> 多。到了晚年，他發現撒奇萊雅其實是存在的。既然它存在，虧欠
> 感就很重。（2016/09/30 訪談督固）

或許正是在這種虧欠感的感召下，1990 年 7 月 31 日，李來旺倡議一部分
撒奇萊雅後裔，在達固湖灣舊部落主出入口位置的農兵橋下舉辦了旨在緬懷
和追祭「加禮宛事件」中受難祖先的祭祖大典。這是「加禮宛事件」後，撒奇
萊雅後裔第一次舉辦以紀念祖先為名的集體活動，不過祭典只辦了一屆就沒
有再繼續。此後，李來旺繼續奔走在尋找族人的路上，試圖透過田野調查弄清
楚撒奇萊雅人的源流。他主要是從語言入手，借助各種場合去打聽族人的信
息，一旦聽說有哪裏的人會講撒奇萊雅語，他就會駕車過去拜訪，向他們瞭解
有關撒奇萊雅人的歷史與文化的蛛絲馬蹟。例如，撒固兒部落的黃金文長老，
就是在參加族語比賽的時候因為講撒奇萊雅語而被李來旺發現。後來李來旺
又通過進一步與黃金文聯繫，找到了花蓮市撒奇萊雅後裔聚居的 Cupu'（主布）
部落。〔註 101〕

經過一段時間的田野調查以及結合文獻分析，李來旺推斷撒奇萊雅與西
拉雅族可能存在親緣關係。為此，他三次前往臺南佳里鎮參加西拉雅族的祭典
活動，以瞭解西拉雅族的文化。1992 年，在接受學者潘繼道關於撒奇萊雅源
流問題的提問時，他表示：

> Sakiraya 應該就是 Siraya。「西拉雅」是漢人寫的音譯字，
> Sakiraya、Skiraya、Siraya 很多音沒有辦法咬字清楚時，最好用簡單

〔註 101〕蘇羿如：《撒奇萊雅族（Sakizaya）的生成歷程——族群團體、歷史事件與族
群性的再思考》，臺灣東華大學多元文化教育研究所博士學位論文，2009，第
146 頁。

的音來表示，因此有了「西拉雅」的名字。〔註102〕

1996 年 10 月，李來旺在「中央研究院」做了一場主題為「臺窩灣人與奇萊平原的撒基拉雅人」的報告，將他對撒奇萊雅與西拉雅族「親緣」關係的考察與研究結論進行了公開說明。雖然他所提出的結論後來被證實是錯誤的〔註103〕，但足以看出他在尋根一事上的用心。

在李來旺的影響和帶動下，一批年長的撒奇萊雅後裔逐漸形成清晰的族群認同，並紛紛加入到「族群復振」的活動中。2000 年 3 月 5 日，高幸一、徐成丸與李來旺共同發起成立「花蓮縣撒基拉雅達固湖灣部落文化重建協會」，由高幸一擔任理事長。這是「加禮宛事件」後，撒奇萊雅後裔發起成立的第一個以 Sakizaya 為名稱的組織。協會成立後，主要工作是開展田野調查搜集有關撒奇萊雅的文獻、歷史與文化，為「族群復振」工作建立基礎的檔案。

年輕學者陳俊男的碩士、博士論文都是以研究撒奇萊雅人為主題。他是在做碩士論文的田野調查過程中，與李來旺校長接觸後才知道自己有撒奇萊雅的血統。而據他在與李校長接觸過程中的觀察，校長對於 Sakizaya 是否要獨立成為一個族這件事的態度，其實隨著時間的推移經歷過一個變化的過程。1999 年，在陳俊男的碩士論文答辯會上，擔任答辯委員的李來旺校長對於陳俊男希望通過做研究，「讓撒奇萊雅找回自己的民族地位」的想法並不贊同，只是認為要恢復 Sakizaya 人的語言及文化。2000 年 7 月，陳俊男在一場報告撒奇萊雅研究成果的學術活動中，提出「撒奇萊雅與阿美族在文化上有所不同，在客觀上可以視為一獨立民族」的觀點，當時在場的李校長沒有表達反對的立場，只是在族群的起源方面持不同見解，顯示李校長對上述觀點沒有太大異議。到了 2001 年，在一場保衛大港口遺址免於被公路局破壞的部落座談會上，李校長對陳俊男表示，自己要全力投入撒奇萊雅族的文化、語言研究，並告知要到撒奇萊雅人的聚落去號召撒奇萊雅人。這讓陳俊男感覺到，李校長對於復振 Sakizaya 的態度，已經變得清晰而明確，「從一位傳承阿美族文化的研究者，轉變為撒奇萊雅族的復振者」。而這種心態上的轉變，可能與校長在領

〔註102〕潘繼道：《清代臺灣後山平埔族移民之研究》，東海大學歷史學研究所碩士學位論文，1992，第 252～253 頁。

〔註103〕蘇羿如：《撒奇萊雅族（Sakizaya）的生成歷程——族群團體、歷史事件與族群性的再思考》，臺灣東華大學多元文化教育研究所博士學位論文，2009，第 147 頁。

導阿美族社會運動過程中受挫,對阿美族人感到灰心、失望有關。〔註104〕

督固也證實,他父親並沒有一開始就要「獨立」或「正名」,而是以務實的想法、漸進的方式去推動。

> 俊男每次去問我爸爸,他都覺得校長講的這個族群的概念,好像一直在變。那也是很正常的,因為政治環境在改變,壓力在改變。比如說,噶瑪蘭還沒有正名之前,那是不一樣的階段,太魯閣還沒有啟動正名之前,戒嚴之前又是不同的階段。雖然1990年的時候,撒奇萊雅人開始聚集,但那時候還是從人跟文化這方面去處理,並沒有把正名變成一種正式的口號或者運動。雖然那時候噶瑪蘭一直在講正名,可是撒奇萊雅不太敢講。包括我父親都不太敢講,因為他是教育界的,會比較保守一點。因為國民黨以前對教育界的控制都很嚴。政府會用一些方法讓你乖一點,比如調動啊,考績啊,等等。所以早期的時候我父親對正名這件事情是保守的,雖然他感情很深,但是並沒有想要把它付諸行動。所以他還是做阿美族的工作。反而是那幾年,他五六十歲一直到七十歲,阿美族工作做太多,做到人家叫他「阿美族之父」,因為他付出了太多,大家沒有話講。沒有話講的另一個原因是因為他沒有私心啦。很多人做這種運動的時候有他自己的需求,比如說可能是學者,可能是政治人物,等等,並沒有人是真心為這個族群的前途去奮鬥。包括土地問題,包括原住民弱勢族群的問題,利用各種管道去發聲。
>
> (2017/06/22訪談督固)

2001年,邵族被「政府」認定為「臺灣原住民族」第十族,緊接著,與撒奇萊雅有密切關係的噶瑪蘭族也申請「復名」,這讓校長開始積極關注原住民族運動的「復名」、「正名」問題。尤其是噶瑪蘭族的「復名」運動,提供給他觀察和參與的實際案例,噶瑪蘭人每次在花蓮舉行的活動,他都會參加。在噶瑪蘭族「復名」運動的鼓舞下,到2002年的時候,校長已開始在一些場合透露,要推動撒奇萊雅「正名」成為獨立一族的決定。2003年2月22日,他在壽豐鄉壽豐村召集了一群通過奇萊語〔註105〕認證的族人,一起討論有關「正

〔註104〕 陳俊男:《撒奇萊雅族的社會文化與民族認定》,臺灣政治大學民族學系博士學位論文,2010,第164頁。

〔註105〕 即Sakizaya語,因當時尚未採用「撒奇萊雅」的正式譯名而翻譯為「奇萊語」。

名」的議題。同年 6 月 7 日，又在壽豐鄉水璉村的居所再次召集了一批意見領袖共同討論「正名」問題，當時參加的成員有退休警官、市民代表、醫生、大學教授和部落頭目等。會上，校長講述了達固湖灣戰爭與族群離散的歷史，並向大家闡明了推動「正名」的決心，並獲得與會代表的普遍支持。在達成高度共識的基礎上，會議最後擬定了「正名」運動的總體計劃。

　　不幸的是，2003 年李校長在參加完一場為縣長輔選的造勢演講後，突發心臟病而昏迷住院，當年 9 月 24 日撒手人寰。校長的突然辭世，使得「正名」運動的籌備工作停滯下來。雖然有徐成丸、高幸一等耆老繼續推動「正名」工作，但因為年輕人參與不多，耆老們漸感心力交瘁，希望找年輕人接棒。2004年，徐成丸耆老召集了來自馬立雲、磯崎、水璉、壽豐等地的一些耆老一起開會，並聯繫到在臺北工作的督固・撒耘前來參加，表達了希望由他來主持推動「正名」工作的意願。督固的加入，翻開了「正名」運動新的一頁，使得運動進入由年輕知識精英領導的階段。

（二）督固・撒耘夫婦帶領年輕精英接棒「正名」運動

　　在從事「正名」運動前，督固在臺北的「原民會」工作，妻子李秀蘭則是國小的老師。校長住院之後，督固辭掉了在臺北的工作，回到花蓮陪伴和照顧父親。在「族群正名」這件事情上，督固最開始的態度並不積極，甚至提出反對，因為他知道困難非常大，為此他還跟父親發生過爭吵。所以，他最後加入運動並成為主要領導者，一方面可以說是情勢所逼，另一方面也是他自己的內心發生了轉變。回憶起這段心路歷程，督固說：

　　　　事實上我爸爸給我的壓力並沒有那麼大，一直到他過世之前，我都沒有答應他我要做正名這件事。當然我知道，他過世之後，我知道這件事情是很重要的，但是我們並沒有去啟動它。是因為後來有好幾個團體同時在做這件事情，剛好我去參與他們。他們各自分開，並沒有整合……2004 年的時候，舊曆年過年後，徐成丸就把馬立雲、磯崎、水璉、壽豐的一些老人家，大概都有五六十歲以上，還有八九十歲的，就召集起來。那時候我在臺北原民會上班。他說他們想要談一些正名的事情。都是長輩嘛，所以我就去了。因為之前我父親也有跟他們討論過，開過很多次會。其實我父親在推動正名運動的過程，我從來都沒有參與過，一場都沒有參與過，因為當時在臺北工作。另外當時我是反對的，我反對並不是反對這個族群，

而是認為正名運動做不到。正名之後才是困難的，怎麼說服別人或者說服自己，後來狀況的確差不多。我那時候不大願意做，也是因為自己很不習慣，不懂撒奇萊雅族。雖然我也知道，他從小就告訴我們有不同的血統，並沒有把它當成很真實的事情，它只是一個印象，即便那個印象很強烈，它還是一個印象，它沒有辦法進入到生活裏面。在生活中你還是參與阿美族的祭典啊，活動啊，穿阿美族的服裝，唱阿美族的歌，那個是生活啊。可是撒奇萊雅沒有，我並沒有講撒奇萊雅的族語，沒有唱撒奇萊雅的歌，沒有參與撒奇萊雅的祭典，它都沒有在生活裏面，只有在記憶裏面。當時我是反對的，印象中跟他吵過三次架，爭辯正名這件事情的嚴重性，跟我自己不要做的意願，但他還是很堅持要做這件事。所以他生前我並沒有真的參與這件事情，他過世後，我還是沒有參與。徐成丸找我，我就去參加。現場那些老人家痛哭流涕，當然一部分是跟我父親的感情，都是很好的朋友、幾十年的朋友。也是因為我父親的關係，他們也覺得那個時候正名是有希望的。（2017/06/22 訪談督固）

父親驟然辭世留下未竟的「正名」事業，耆老們殷切的期盼和希望死後能夠葉落歸根的心願，讓身為長子的督固面對巨大的壓力，促使他開始重新思考自己的生命意義與生涯規劃。接棒父親留下的族群復振大業，是他義不容辭的責任。於是，他決定留在花蓮工作，並考取了花蓮縣政府的公職，同時開始接手父親未完成的族語教材編輯工作，踏出了參與「正名」運動的第一步。

督固之所以會接棒領導「正名」運動，背後有他父親長久以來對他造成的影響。正如他的妻子李秀蘭的書中說的，一切的啟蒙其實都來自於他的父親：

> 很少有父親能活在兒子的心裏，我的父親卻一直活在很多人的心裏，包括我自己。」「我們除了生老病死以外，你曾想過還有更有意義的生活嗎？」「多少才華橫溢的人都因為世俗小事的羈絆而一輩子一事無成，或者只自私地讓自己活得富有一點、舒適一點，卻不曾在生命中留下一些有意義的足跡。〔註106〕

這是督固在父親去世後，在傷痛中經歷了一番矛盾與掙扎之後得出的答案。他也試圖用這些話去說服妻子秀蘭，並得到她的支持。但事實上，李校長

〔註106〕 李秀蘭：《親親小奇萊——撒奇萊雅族正名紀事》，財團法人花蓮縣帝瓦伊·撒耘文化藝術基金會，2011，第15，17～18頁。

的人格魅力對秀蘭的影響同樣很深，可以說是她的精神導師。1989 年，當時在臺北擔任國小老師的秀蘭正積極投身於原住民草根文學的創作。在一次作家的聚會活動上，秀蘭認識了校長的前同事姜天陸。姜天陸當時調到了臺北工作，不過他和李校長一直保持聯繫，每年暑假兩個人都會見面。和秀蘭認識後，姜天陸覺得帶秀蘭去見李校長應該會對她的寫作有幫助，於是後來有一次和李校長見面就邀請她同去。在聊天的過程中，秀蘭談及自己的原住民身份和家世，引起了李校長的注意，後來校長還專程上門去拜訪秀蘭的父親。也是從兩位老人家的言談中，秀蘭得知她自己也有撒奇萊雅的血統。

> 從小也沒有聽父親說起過媽媽是撒奇萊雅的，因為是隱匿的，一直到我們正名之前，我都不知道我是撒奇萊雅。即使我知道我是撒奇萊雅，我也不會去強調。因為這個族已經死很久了，它對我來講是一個過去式，跟我的生命、我的生活從來沒有交疊過。我爸爸也不會再提起。對很多撒奇萊雅人來講這是一個非常痛苦的回憶，幹嘛要一直去想啊？會被人家取笑啊，族群之間都知道你是客家人還是閩南人，人家都知道的，你可以隱藏，不能隱藏的時候就從你的口語裏說出來了。人家還是會知道。所以儘量就不要讓別人知道。我爸知道一些撒奇萊雅口語，我們會聽得出來。我以前不會注意去聽，後來知道我們是撒奇萊雅以後，就會注意去聽。然後明白原來為什麼每次跟阿美族講話，為什麼有些字彙是不一樣的，是我們家特有的。就是意會，但不會去強調。就是知道她在講什麼話。比如阿嬤（奶奶）說吃飯，跟阿美族就不一樣，牛不一樣，雞蛋不一樣。但是她講的時候我就知道。（2016/07/22 訪談李秀蘭）

秀蘭的父親是祖籍漳州的漢人，母親則有撒奇萊雅的血統。據她介紹，祖父一輩來到臺灣後，世代娶阿美族原住民為妻，以通婚的形式獲得土地權。祖父在宜蘭有一個兄弟，繁衍了另一支姓李的家族，但那邊世代娶漢人。雖然父親這邊的家族世代娶阿美族人，但是她的外婆其實不是真正的阿美族人，而是隱藏在阿美族部落裏的撒奇萊雅人。秀蘭的父親去阿美族朋友的部落參加豐年祭的時候，認識了她的母親，後來母親從部落裏嫁過來，婚禮是在花蓮舉辦的。所以她是從母親那裡遺傳了撒奇萊雅的血統。成長在漢人父親影響下的家庭環境中以及父親因為取「番查某」（原住民婦女）而被同族人歧視的經歷，讓秀蘭很早就認識到「番」（原住民）的身份在主流社會中是「弱勢的，被瞧

不起的」，因此，她和妹妹在父親的教導下都很用功讀書，姐妹倆也很爭氣，分別考上了臺灣大學和臺灣師範大學，畢業後又雙雙進入國小當老師。

> 我們身上都有不同的族群記憶，我對漢人就有一個記憶，我爸爸到宜蘭去，就被他的同兄弟取笑，被叫做「番仔」。他的爺爺就拿著長長的拐杖戳他的兄弟，就說，怎麼可以這樣欺負同宗族的小孩。所以我爸爸那時候就覺得很委屈，說再也不想去宜蘭，覺得說原來我們是會被人家取笑的，所以更要隱匿自己的身份。……（父親覺得自己是原住民）不是很好的記憶，我為什麼要講出來。我希望我的孩子能夠正正當當地在這個社會生存，我幹嘛要讓他想起這些不好的。因為他媽媽是阿美族，所以他就有一半的阿美族血統，所以就會被笑啊，小孩子是會被笑的。我曾經告訴過爸爸說，我們可以改回原住民的姓名，但他說不要，因為他的祖先是漢人。他就很清楚地告訴我們，我們就是姓李。所以他內心裏還是有那種（漢人）意識的存在。因為他覺得，你是原住民是會被人家取笑，被人家歧視的，在別人面前是抬不起頭來的。所以他一直希望我們繼續讀書、繼續讀書，可以翻轉。（2016/07/22 訪談李秀蘭）

可以說，在加入「正名」運動之前，秀蘭的人生奮鬥目標，更多的是希望通過自己的努力，盡可能地融入漢人主流社會，過一種體面、舒適、與漢人平等、不受歧視的生活，以此為路徑去翻轉自己的命運。不過，這樣的人生設定，似乎也並未影響她在內心繼續保有對家鄉那份特殊的情懷。原住民面對都市與原鄉那種尋求融入又難以割捨原鄉的複雜矛盾的情感，大概可以從她下面這段話中體會到：

> 就好像我參加部落的豐年祭是很開心的。可是回到臺北，我幾乎不會提這件事，幾乎不提。我為什麼要提？因為我要跟你們一起，也不是要被你們認同，而是我要融入你們的生活裏面，講這件事情就是講故事了。可是我回到部落裏，就是部落的人了。所以說月是故鄉明嘛，在臺北也是看月亮啊，可是沒感覺。回到家裏就不一樣了，這是部落的月亮，特別有感情。……我生在這個社會上，我必須扮演它需要的角色我才能生存啊，就是「西瓜瓦大邊」〔註107〕啊，一定是這樣，你必須這樣，你才能生存。（2016/07/22 訪談李秀蘭）

〔註107〕閩南話俗語，意思是在做選擇時優先考慮對自己有利的資源、條件等。

在「族群復振」的事務上，秀蘭雖然很早就有參與，但早期只是做一些輔助性工作，並沒有考慮過全身心去投入，覺得那是公公在做的事業。2002年，因大兒子高飛・撒耘身體一直不太好，加上她想要換個工作環境，於是她從臺北來到花蓮，想等兒子身體調理好一些再回去。正好當時李校長組織人員編寫族語教材正缺少人手，她就被邀請進來參與。可惜，教材的第三冊還未編寫完成，校長就去世了。在一次訪談中，秀蘭回憶起當時接手編輯族語教材時的感受：

> 當時剛好跟我公公交接，我不知道我接的這個擔子有這麼重，就傻傻地回來，他說他需要一個人幫忙。我想說，要打電腦，我會啊，要編輯，會啊，其實我很想拒絕的，可是老人家都已經到你家門口了，我的行李才剛放下，他已經來叫我開會了，他就說很簡單，他真的很缺一個人，你要不要幫忙看看，很簡單，等一下就要去開會了。我以為真的很簡單，就傻傻說好，其實有點覺得好像上當了。因為我回來很忙，孩子很小，一個三歲，一個五歲，忙死了。新的學校我也不適應，還有個麻煩的婆婆累死人。（2016/07/22 訪談李秀蘭）

這段文字，透露出當時秀蘭進退兩難的矛盾心緒。當時從臺北回到花蓮的她，除了要照顧兩個稚子，新的工作環境也需要她去調整和適應，另外還要照顧已經退休的婆婆，生活並不輕鬆。這些現實生活上的壓力，讓她對參與族群事務並沒有太多的熱情。

「正名」運動成功後，秀蘭寫就了《親親小奇萊──撒奇萊雅族正名紀事》一書。在這本斬獲 2010 年臺灣文學獎「金典獎」的紀實文學作品中，她以深沉的情感和細膩的筆觸緬懷校長以赤子之心，將一生奉獻給原住民事務以及為撒奇萊雅族「正名」鞠躬盡瘁、死而後已的豐功偉績，同時也袒露了自己參與「族群正名」運動的心路歷程。從書中飽含深情的字裏行間，不難看出校長的人格魅力與精神力量是如何感染她的心靈，昇華她的靈魂並改變她的生命歷程。

> 還記得，多少年前我還坐在廳堂的一隅聆聽李校長演講時，從來沒有想過多少年後我會跟隨他走上民族復興與鄉土研究的道路。……在臺北生活的騷動年代，我一直停留在最為惶恐也焦崪的時刻，原住民社會的命運也正值穿越驚濤拍岸的年代。彎曲的生命

> 旅程，常常會被安排與許多人與事錯身而過。有些注定是淡漠的，
> 並淪為遺忘；有些則產生強烈衝擊，終致刻骨銘心。我始終無法忘
> 懷的，是李校長每每演講後帶給我的族群概念與悲切省思，那樣的
> 師承已不是任何情感所能概括，而是蘊藏著精神的昇華與救贖。這
> 一段時間，我相繼結識一些志同道合的朋友，當然也包括不期而遇
> 的外子（督固），從此，我們南北聯合一起為原住民社會分擔一些小
> 工作。這段時間，因為得到啟蒙，我的淺薄與自恃漸漸轉化成一種
> 溫柔的力量，在李校長的帶領下，得到了認同與發揮的機會。〔註108〕

這段文字，講述了秀蘭認識校長之後，原本就在關注原住民草根運動的她，是如何受到校長的影響，並在他的引領下參與到原住民運動中以及後來遇見督固，兩個人南北協作，互相配合，為原運活動服務的過程。也不難猜到，兩人正是在早期的原運工作中，由於志同道合而結為夫妻。

可以想像得到，校長的溘然離世，對秀蘭的打擊自然也是相當沉重的：

> 我想起一堆未完成的工作，不禁在夜裏倒在外子（督固）的懷
> 裏失聲痛哭。我想，年年夏末，我都無法忘記當時和他南來北往探
> 訪部落時鶯飛草長、雜花生樹間的談笑風生與佝僂垂垂老矣的背影。
> 這是一段難以忘懷的經驗，一直以為天塌了下來仍有山頂著，山如
> 果也倒了也輪不到我去撐起天下；這次我可能失算了……〔註109〕

在秀蘭心目中，校長不僅僅是作為公公的長輩，更是一位令她高山仰止的人生導師，是她精神世界裏屹立不倒的一棵大樹。校長走了，但他傾盡畢生精力所奉獻的族群復興事業，已然成為她和督固難以推卸的重任。

> 我那時候回來沒有想到這些，會一直留在這裡，做這樣的事情。
> 中間會很累啦，自己有小孩，要跟婆婆相處，又有工作不適應的問
> 題，因為城鄉是有差距的。所以我那時候一直覺得累……你有沒有
> 聽過雁鴨理論，大雁在飛的時候，他們是一群在飛嘛，前面那個人
> 辛苦的時候他就退下來，後面那個人就去替他，我們就是那樣子往
> 前走。當我累的時候，我會覺得……生命的意義很重要啦。
> （2016/07/22 訪談李秀蘭）

〔註108〕 李秀蘭：《親親小奇萊──撒奇萊雅族正名紀事》，財團法人花蓮縣帝瓦伊·
　　　　 撒耘文化藝術基金會，2011，第77～78頁。
〔註109〕 李秀蘭：《親親小奇萊──撒奇萊雅族正名紀事》，第60頁。

「他就像一個憂患的父親,在我們的心中鑴下深入皮肉的叮嚀,並使我們終生載負;他帶領我們胸懷大愛,成全一個完整待傾的自己,在一揮灑間成為歷史。歲末隆冬,我們在一段時間的哀戚後收起一群流浪異鄉的撒奇萊雅人的哀愁。」〔註110〕督固夫婦沒有沉浸在失去校長的悲痛中不能自拔,而是在校長的精神指引下,走出彷徨和猶豫,堅定信念,並肩攜手,再次扛起「正名」的旗幟,成為引領「正名運動」這艘航船繼續行駛的舵手。他們加入「正名」運動後,標誌著撒奇萊雅族「正名」運動掀開嶄新的一頁,帝瓦伊・撒耘家族作為核心策源力量繼續領導族群的重建工作。

二、離散族裔的聚合與「撒奇萊雅族」的生成

督固接棒「正名」運動的時候,已經有幾群人分別在籌劃「正名」的事情,只是他們力量分散,沒有被整合起來。第一群人主要來自花蓮南部的壽豐、水璉,馬立雲、光復、玉里等地,領導者是徐成丸。徐成丸是馬立雲人,後來住在壽豐,長期擔任牧師。徐成丸領導的這一群人,是年齡普遍在五六十歲以上的老人家,他們對撒奇萊雅的歷史文化有深刻的瞭解和認同,且很多人深受李校長的影響,「正名」的意願最為強烈。

第二群人是在花蓮市(北區),以高幸一為領導者的「花蓮縣撒基拉雅達固湖灣部落文化重建協會」成員。這個協會是 2000 年的時候由高幸一、李來旺校長和徐成丸等人共同發起成立。協會的成員基本都是北區的,當時認為撒奇萊雅後裔人數眾多,可以用達固湖灣的名字做一些文化的工作,因此協會成立後,主要是從事撒奇萊雅歷史文化資料的田野調查和建檔等基礎性工作,並沒有想要「正名」。2004 年,協會改選理事長,高幸一再次連任,將協會名稱變更為「撒基拉雅族重建發展協會」,並將「族群正名」確立為協會的目標。

第三群人主要是以知識精英為主的年輕人,包括督固・撒耘夫婦、伊央・撒耘(李來旺校長的次子)、陳俊男、撒韻・武荖等以及他們各自的朋友(一些支持他們做「正名」運動的南勢阿美族人)。這群人都是接受過高等教育,從大專院校畢業的碩博士生和文化藝術工作者,對政府的政策、法規和辦事流程都較為熟悉。2004 年,上述核心成員組成「小奇萊工作隊」〔註111〕,根據

〔註110〕李秀蘭:《親親小奇萊——撒奇萊雅族正名紀事》,第 62 頁。
〔註111〕「小奇萊工作隊」(LakalatuSakizaya),意為:「起來吧!撒奇萊雅族同胞」。

年齡比照傳統年齡階層的工作任務，定位於負責基層工作，有關「正名」運動的宣傳、聯絡、庶務、文化調查、語言傳承等事務，都由工作隊包辦，是執行「正名」運動的核心團隊。

以上三群人是跨部落的，2004 年的時候同時在推動「正名」的事情。第四群人來自撒固兒部落，以黃德勇、黃金文等耆老為代表。他們是以部落的形態要求「正名」，與前述三群人都不一樣。因為撒固兒部落的人原本就是「加禮宛事件」後建立的歸化社的後裔，他們認為自己本來就是一個「族群」。督固說，他們跟上面三群被歸入阿美族、想要「換一件衣服」的人，同樣講「正名」，但概念是不同的。撒固兒的人是「我本來就穿這件衣服，我現在把它洗乾淨了。而那三群人是我這件衣服不要了，我要換自己的衣服。」在實務上，黃德勇、黃金文等人，也很早就在推動把部落的街和道路改名為撒基拉雅街、達固湖灣大道的工作，這些都是「正名」運動的一部分。

> 所以當時同時有四群人在運動，剛好我四群人都很熟，他們就都同時找我。所以後來那段時間我的重要工作就是把他們整合起來，一直到 2005 年 4 月 16 號把這四個團體在撒固兒這邊整合起來。所以真正的族群正名運動應該是要以 2005 年 4 月 16 號這一天作為起點，之前的都算啟蒙的運動，沒有整合在一起。

> 這幾群人出來，我跟他們接觸過很多次之後，尤其剛開始的時候，大家都是比較激動的時候。我開始感覺到這個族群還是有溫度的，有人了，也有溫度，所以我才認真地去投入。那因為我自己在政府部門，我自己知道應該怎麼做才是恰當的，所以就花了一年多時間把這幾群人整合在一起。（2017/06/22 訪談督固）

2005 年 4 月 16 日，在督固、高幸一耆老的推動下，「Sakizaya 新族群運動聯盟」在撒固兒部落（花蓮市國福里活動中心）正式宣布成立。聯盟推選出由八個人組成的主席團，並確認「1013 行動計劃」，決定在 2005 年 10 月 13 日北上，向「行政院原住民族委員會」遞交正名申請書，「正名」運動由此進入高潮。

> 4 月 16 號整合完畢之後，那一天我就跟徐成丸講，我們今年就遞交正名申請書出去，不用再等了。會選 10 月 13 號，是因為那天是我父親的生日，那是故意的，給自己一種壓力。4 月到 10 月也就半年，半年要把所有的東西全部準備好，一次送進去就一次搞定。

給自己壓力，半年把它全部做完。所以那半年我們把所有的部落跑遍了，我們開了 110 幾場會議，包括說明會也好，拜訪也好，全部跑完。然後去搜集委任的同意書，等等，還有搜集很多文獻資料，還有很多要件。有些要件是去打聽別人，太魯閣、邵族、噶瑪蘭過去是怎樣正名……（2017/06/22 訪談督固）

「正名」之前，Sakizaya 後裔散居於花蓮市區和鄉鎮的不同聚落，隱藏在阿美族之下，除了少部分長者對「達固湖灣事件」（「加禮宛事件」）有所瞭解，大部分人並不知道自己有撒奇萊雅血統，甚至未曾聽說「Sakizaya」這個名詞。撒韻‧武荖調查得出的結論是，65 歲以上的老人，不論是阿美族或 Sakizaya 後裔，對歷史上存在過的 Sakizaya 是知道的，且可以通過語言（包括說阿美語的腔調）、生活習慣識別出 Sakizaya 與阿美族人的區別；50 歲左右的阿美族人和 Sakizaya 後裔對 Sakizaya 的瞭解較少，對 Sakizaya 的族群文化更是一無所知；至於 50 歲以下的人，無論是阿美族還是 Sakizaya 後裔，幾乎都不曾聽過 Sakizaya，除非家庭成員有過特別教育。由於老年群體對於兩個族群的劃分邊界非常清晰，因此能夠影響、鼓勵當代年輕族人在知道身份後投身族群「正名」的工作，文化復振運動的參與主體是 50 歲以上的群體，50 歲以下的群體，從出生起就以「阿美族」的身份活著，在父母不曾告知的情況下，完全不知道自己有撒奇萊雅的血統。〔註112〕

撒韻‧武荖是「小奇萊工作隊」的核心成員之一，雖然在她很小的時候，父親就告知她是 Sakizaya，但她並不知道 Sakizaya 和阿美族是不同的「民族」，只知道她們的語言和阿美族不同。後來是因為去「原舞者」〔註113〕工作，需要一個原住民名字，父親就讓她用祖母的名字，於是才有了「撒韻‧武荖」這個名字。〔註114〕當撒韻把自己的原住民名字報給原舞者團長的時候，她被告知這個名字不是阿美族的，可能跟李來旺校長有關係。於是撒韻去詢問父親，才知道原來她不是阿美族，而是 Sakizaya 人。此後她又去查找關於 Sakizaya 的訊息，瞭解到李來旺校長發起的 Sakizaya「正名」運動。〔註115〕2003 年，

〔註112〕撒韻‧武荖：《撒奇萊雅的精神：族群認同與文化實踐》，臺灣東華大學族群關係與文化學系碩士學位論文，2014，第 46～47 頁。

〔註113〕原住民樂舞表演藝術團體。

〔註114〕原住民取名經常會沿用父輩、祖父母輩的名字，帶有傳承、祝福之意。

〔註115〕陳俊男：《Sakizaya 族的社會文化與民族認定》，臺灣政治大學博士學位論文，2010，第 166 頁。

正是李來旺校長去世的那一年，當時撒韻結束原舞者的巡演後，開始關注失去李校長之後的 Sakizaya「正名」運動會何去何從。當時她尚未認識督固，不知道他們已經在著手推動「正名」工作。之後，透過原舞者的同事，撒韻認識了督固的弟弟伊央‧撒耘，之後才加入到「正名」團隊中，與督固、李秀蘭、陳俊男等人一起成立「小奇萊工作隊」。

> 巧妙的是，Mayaw（陳俊男）竟然是我素未謀面的表哥！原來 Mayaw 老家以前就在撒固兒部落旁邊，隨著佳山基地的徵收，他們搬到別的地方因此也就沒有機會認識了。校長逝世後，我們這幾個人時常聚在一起討論撒奇萊雅族的下一步方向。Tubah（高幸一）長老從校長在世時，積極從事撒奇萊雅族語的保存工作；Toko（督固）和 Yiyang（伊央）整理父親的眾多手稿；陳俊男透過學術研究的方式，將撒奇萊雅族的歷史保存下來。至於我能做什麼？我暗自下決定：要做族群正名的推手。〔註 116〕

就這樣，撒韻從一個探究自己族群身份的旁觀者，轉變為 Sakizaya 復振運動的行動者。她辭掉原舞者的工作，考取了東華大學族群關係與文化學系的研究生，將 Sakizaya 族群運動作為研究主題，同時加入「小奇萊工作隊」，既作為行動者參與正名工作，又以研究者的身份開展田野調查和研究，逐漸成為「Sakizaya 新族群運動聯盟」中的核心人物之一。2004 年世界盃期間，在「小奇萊工作隊」的一次聚會上，為了表達自己推進「正名」工作的決心，撒韻提出要在 108 天內完成「正名」，並當眾宣誓如果不能完成任務，就把留了十年的長髮剃光。撒韻有些衝動的想法，讓在場的人覺得是癡人說夢，遭到責備和嘲笑。後來，由於「正名」的程序繁瑣，以及文史調查的欠缺，的確未能在 108 天內獲得「正名」，而撒韻也兌現自己的諾言，剃了光頭，〔註 117〕足見她對推動「正名」成功的堅定意志與決心。

為了證明自己的決心，撒韻在立下豪言壯語後的第二天就回到撒固兒部落，留在社區內每天打掃、清潔街道，幫忙從事資源回收，逢人就宣傳 Sakizaya 族「正名」的事情。起初社區的人都不理解，認為這個女孩行為有點怪異，一度與她保持距離。直到一個多月後，部落的族人才因為她的堅持而受感動，並

〔註 116〕撒韻‧武著：《撒奇萊雅的精神：族群認同與文化實踐》，臺灣東華大學族群關係與文化學系碩士學位論文，2014，第 53 頁。

〔註 117〕撒韻‧武著：《撒奇萊雅的精神：族群認同與文化實踐》，第 167 頁。

接納她。〔註118〕

　　對於那些記憶中未曾與 Sakizaya 發生聯繫的人，如何讓他們重新「認識」Sakizaya，瞭解過去的歷史與文化，喚起他們的族群認同意識，從而支持「正名」的聯署，是擺在運動聯盟核心成員面前的一項重要任務。但這項工作的進展並不順利。2005 年 4 月 16 日「新族群運動聯盟」成立的時候，計劃收集1878 件委任同意書，從當年 8 月 8 日至 9 月 10 日，「小奇萊工作隊」帶領青年幹事，前往有 Sakizaya 族裔聚居的各部落開展巡迴宣傳。

　　在宣傳過程中，遇到過不少對族群「正名」不理解的族人。這些人對「加禮宛事件」祖輩傳下的不可洩露身份、不可以講族語的訓誡言猶在耳，難以理解為什麼要去「正名」。比如有一次在馬立雲部落宣傳，撒韻曾碰到一個叫做MuA 的族人，時年 63 歲。MuA 在日據時期接受日本教育，只會講日語，阿美語和撒奇萊雅語都不會，但他從小就知道自己是撒奇萊雅人。他說：

> 阿姨、親戚都是 Sakizaya，講的也都是 Sakizaya，我大學時代有學過阿美語啊，我就聽不懂 Sakizaya 的話。後來我回家問我爸爸，我爸爸就打我耳光，跟我說不要說自己是 Sakizaya，否則會被殺頭，然後他告訴我加禮宛事件的故事，我們很多老人家都不太想要繼續說自己是 Sakizaya。〔註119〕

　　撒韻的父親雖然認同自己是 Sakizaya 人，但卻是「正名」運動的反對者之一，他對早期一直從事阿美族復振運動的李校長發動 Sakizaya「正名」運動感到不可理解，甚至還說督固、秀蘭他們這些人是「魔鬼」，讓撒韻不要跟「魔鬼」在一起。不過，撒韻並沒有受父親的影響，照樣帶著秀蘭到她爸爸的教堂裏面發傳單。回憶起當時的情形，秀蘭說：

> ……魔鬼又怎樣？就覺得這種力量是不可忽視的。可愛的魔鬼啊，應該說是不知死活的小魔鬼，照發！我甚至被一個族人笑，「連撒奇萊雅語都不會講，憑什麼成為 Sakizaya 人？」我就說，「阿嬤，我就是因為不知道，所以我今天要開始就來得及了」，回家以後很難過啦，被這樣說……可是明天太陽升起來照樣去發。年輕人……可是現在再回頭，如果叫我再這樣子去做，我會覺得好累啊，可是那時候

〔註118〕陳俊男：《Sakizaya 族的社會文化與民族認定》，臺灣政治大學民族學系博士學位論文，2010，第 167 頁。

〔註119〕撒韻・武著：《撒奇萊雅的精神：族群認同與文化實踐》，東華大學族群關係與文化學系碩士學位論文，2014，第 163 頁。

就是剛剛好那個時勢，氣候，就到了。(2016/07/22訪談李秀蘭)

「正名」運動是聚合離散各處的 Sakizaya 後裔，重新構建族群共同體的過程。「Sakizaya 新族群運動聯盟」成立後，啟動了一系列配套活動，包括到各部落宣傳，發起「正名」聯署，舉辦年齡階層成年禮復振、聯合豐年祭、聯合祭祖大典、學術研討會以及完成編輯奇萊語第九階教材等。〔註120〕「正名」的運作，是以族群歷史文化調查的成果作為基礎，輔以社會運動的操作方式，聯絡並動員離散的族裔，透過深入基層的宣傳激發他們對族群的認同意識，再通過行政法治的程序遞交申請「正名」材料，最終獲得政府認定，成為法定的「原住民族」。

> 正名其實不是下定決心的事情，它是一個慢慢形成的過程，就好像下大雨了，地上的水會自然找到通往大海的水路一樣，然後慢慢聚集的，它不是一流而已，是匯聚成河的。各個地方都開始下起雨來，然後慢慢匯成大河通向海，那海就是我們的一個大目標，流向大海。成立一個族群就是一個大目標。它不是一個人，剛剛好，好多事情同時發生，我們就匯集在一起，你看那時候撒韻也不認識啊，黃金文也不認識，都是這樣漸漸認識的，那一年我公公帶我認識的人、事、物，我沒有想到，它就是我們匯集成河的主流之一。我沒有想到跟我只是一面之緣的人，會成為這個族的一個大助力。……我們只是一個小小小小的水滴，當我們往一個方向前進的時候，它就匯聚成河，力量就不能忽視。我就跟著他們的意象一起走，我們是一群力量，大家都往那個方向走，我覺得剛好是天時地利人和。(2016/07/22訪談李秀蘭)

截止到2005年10月13日，「Sakizaya 新族群運動聯盟」搜集到的聯署書有4863份，其中2565份係由阿美族籍的人士簽署。10月13日這一天，「正名」運動核心成員帶領著來自撒固兒、北埔、水璉、磯崎、馬立雲等地的耆老、族人，一同前往臺北「原民會」遞交「正名申請書」。當正名隊伍來到「原民會」所在地，獲時任主任委員瓦利斯·貝林接見，致詞表達支持之意。隨後，徐成丸長老與「原民會」副主委夷將·拔路兒共同簽署申請「正名」同意書，並提交族群相關文獻和文物，完成「正名」申請的最後程序。此後，「原民會」委託臺灣政治大學民族學系林修澈教授開展撒奇萊雅族民族認定調查，於

〔註120〕撒韻·武著：《撒奇萊雅的精神：族群認同與文化實踐》，第55頁。

2006 年 9 月完成《Sakizaya 族的民族認定期末報告》，並在 12 月 26 日通過「原民會」審查。2007 年 1 月 17 日，時任「行政院長」的蘇貞昌在「正名」茶話會上正式宣布撒奇萊雅族成為「臺灣原住民族第十三族」。至此，撒奇萊雅人向世人宣告，正式脫離阿美族成為「臺灣原住民族」中的獨立一族，歷時將近十年的「族群正名」運動獲得圓滿成功。〔註 121〕

〔註 121〕參見撒韻・武著：《撒奇萊雅的精神：族群認同與文化實踐》，東華大學族群關係與文化學系碩士學位論文，2014，第 56～57 頁。

第五章　當代原住民政策變遷下的族群建構

　　上世紀 70 年代中期開始，蔣經國「執政」的國民黨當局因應臺灣島內外局勢的劇變，著手推動國民黨本土化和政治民主化改革，使政治體制的形態逐步從威權體制向民主化轉型。1988 年李登輝上臺後，進一步加快了本土化步伐。1996 年政黨首次輪替，新任的民進黨籍領導人陳水扁對於本土化的呼聲愈加高漲。在政治轉型和「執政黨」更迭的歷史過程中，當局的原住民政策在不同時期均有所更動。本章試圖從 1980 年代至今的原住民政策變遷入手，在「國家與社會」〔註1〕以及文化政治互動的視角下，考察噶瑪蘭人與撒奇萊雅人在政策變遷的環境中如何透過文化的調適、重構、接續與「再發明」來推展族群復振事務，展現族群精英為維續族群發展所作出的探索。

　　在內容安排上，本章第一節主要回顧 1980 年代至今原住民政策的變遷歷程，按時間順序劃分為三個時期進行梳理。第二節內容分別選取當代噶瑪蘭人和撒奇萊雅人的兩個最具代表性的節慶和祭典活動，檢視 1990 年代以來噶瑪蘭人和撒奇萊雅人的社會與文化因應政策環境的改變和族群建構的需要而進行的調適。第三節從文化政治與原住民精英互動的角度，考察「復名」、「正名」成功後，族群精英如何在當代臺灣的政治與社會結構中，整合各種資源與力量，為維繫族群性、尋求族群發展而進行的探索。本章在書寫方式和材料的運

〔註1〕臺灣是中國不可分割的一部分，本文在此處僅借用「國家與社會」的理論視角來分析兩岸分治現狀下臺灣社會內部的政治與治理問題，並非將臺灣視為國家。

用上，力圖從微觀視角展現當代臺灣政治生活的圖景，解析原住民社會行動者的文化政治策略在建構與維續族群性實踐中的重要意義。

第一節　當代臺灣政黨政治下原住民政策的嬗遞

一、國民黨「執政」時期的原住民政策（1983～2000）

2000 年以前，國民黨「執政」下的臺灣政權，以「黨國威權體制」、大中華民族主義、地方派系間的「恩庇—侍從」關係，以及官僚主導追求經濟成長的發展型「國家」形態為主要特徵。〔註2〕從戰後開始接管臺灣至 1980 年代，國民黨政府對原住民族的施政方針主要是在「促進民族平等」的《憲法》」精神指導下，推行「山地平地化」政策，以「促進種族平等」為目標，從經濟、教育、文化各領域對「山胞」進行「扶植」，以促進其「進步」，從而達到能夠和一般民眾享受「平等權利」的目標。1951 年 1 月 19 日通過的《山地行政要點》在引言中即開宗明義寫道：

> 山地行政為省政之一重要部門，其施政最高原則，自與一般省政宜趨一致，而適應實際人地關係。目前設施，應以特殊方法為過渡，根據三民主義及政府基本決策，針對現實，本平等原則，增進山胞之智慧，扶植山胞之進步，俾能享受一切平等權利，以達全民自治之鵠的。〔註3〕

1963 年的《山地行政改進方案》也明確指出：

> 基於三民主義種族平等之基本國策，繼續保護扶植山胞，積極發展教育與經濟，以提高其文化經濟水準，增進其社會福利，使其早日與一般社會融合。〔註4〕

在國民黨政府的民族同化政策下，臺灣社會多元族群的現實被有意識地忽略。讓原住民族早日融入主流社會，被視為順服「國家」發展的必然選擇，而「《憲法》」中所謂的「民族平等」，則「成為『國家』的單方面想像與認定，原住民的感受、意志與文化主體性完全被忽略，民族的特殊性、多元性，就在

〔註2〕阮俊達：《臺灣原住民運動的軌跡變遷（1983～2014》，臺灣大學社會學系碩士學位論文，2015，第 30 頁。
〔註3〕張松：《臺灣山地行政要論》，正中書局，1953，第 61 頁。
〔註4〕臺灣省政府民政廳：《發展中的山地行政》，1971，第 28 頁。

這樣概念的誤置與模凌中被犧牲掉」。〔註5〕在「山地政策」以經濟發展為優先考量的行政措施下，原住民的社會經濟被快速地捲入資本主義體系中，其傳統的生計方式、社會文化則遭到極大的衝擊與破壞。許多原住民被迫流入都市謀生，以滿足工業化發展對大量底層勞動力的需求。由於原住民在社會分工方面處於經濟體系的末端，文化及社會地位均處在底層、弱勢的位置，一系列的社會問題也便由此滋生，尤其以經濟受剝削、教育不均衡、健康威脅、人口販賣、色情交易以及社會解組等五個方面最為嚴重。〔註6〕

　　1970 年代以來，由於內外局勢發生巨變，臺灣島內「國家認同」的問題開始浮上檯面，省籍與族群議題日益成為社會、政治領域所爭議的焦點。在文化領域，「中華文化屬於臺灣文化一部分」的觀點也逐漸取代了過去「中華文化」與「臺灣民俗」的二分法。〔註7〕然而，這一時期，國民黨的「山地發展政策」導向仍然將促進融合為終極目標，因而遭到泛原住民運動的反對。〔註8〕對於原住民族而言，正如1987年的《臺灣原住民族權利宣言》所宣示的，爭取正名、土地權與自治權等事關民族與部落生存權利的問題「入憲」，才是他們真正關心的問題。1987 年以後，泛原運的路線轉向街頭抗爭，迫使政府將原住民事務由地方提升到「中央」層級進行規劃，內涵也從「社會關懷層次提升到國家憲政層次的重構」。儘管如此，國民黨政權對於原運的訴求並未給予積極正面的回應，而是以保守、怠慢的態度應對。在原住民政策的宣示方面，仍然頻繁使用「照顧弱勢」、「經濟發展」、「族群融合」等話語，顯示其主導原住民族同化的思維並沒有發生根本性的變化。〔註9〕不過，隨著 1988 年李登輝上臺接任領導人並著手推動臺灣本土化與建構臺灣人認同，「生命共同體」、「社區總體營造」、「新（時代）臺灣人」和「多元文化」逐漸成為形塑「臺灣共同意識」的關鍵用語。〔註10〕

　　為了強化國民黨政權本土化的基礎，徹底解決強調文化的「國家模式」及

〔註5〕臺灣省政府民政廳：《發展中的山地行政》，第106～107頁。

〔註6〕徐正光、宋文禮：《解嚴前後臺灣新興社會運動》，巨流圖書公司，1990，第146～148頁。

〔註7〕陳文德：《原住民與當代臺灣社會》，《臺灣學系列講座專輯（二）》，「國立臺灣圖書館」，2009，第180頁。

〔註8〕孫大川：《夾縫中的族群建構》，聯合文學，2000年，第118頁。

〔註9〕孫大川：《夾縫中的族群建構》，第118頁。

〔註10〕陳文德：《原住民與當代臺灣社會》，《臺灣學系列講座專輯（二）》，「國立臺灣圖書館」，2009，第182頁。

其夾雜的省籍、族群問題，李登輝於 1992 年底提出「生命共同體」的理念，希望深耕「政治土壤」的「價值實踐過程」，借助公民意識與社區意識的發展實現民主、形塑民眾認同臺灣的意識。李登輝的政治理念強調應一視同仁地看待所有住民的公民身份，提出「新（時代）臺灣人」的主張，呼籲「生活在這塊土地上的人，不管先來後到，不管是原住民或外來政權，都應該認同這塊土地，以更為積極的生活意識與融合態度，從臺灣的價值觀出發，來建立對臺灣的認同感」〔註11〕。陳文德認為，這一重新定義臺灣住民身份的思維，某種程度上具有對於過去帶有成見地對待原住民及其文化的「除污名化」的意義。〔註12〕1994 年，「行政院文化建設委員會」開始推動以「社區總體營造」為核心的文化政策。這一政策預設「社區藝文活動的推展，將有助於重建社會倫理、并建立社區共同體意識」，並且認為其後可以此為基礎，「協助不同層級的社群成員塑造出全民共同意識與國家公民意識，進而提升擴大而成就生命共同體的觀念與認同」。社區總體營造自詡為一項「社會文化的改造工程、一種新的社會培力運動」，把「社區共同體」設定為一種理想的人群結合形式與生活方式，其政策目標涵蓋了文化、社會、經濟與政治等面向，初期尤其突出重建「國家」認同的政治建設目的。因此，社區共同體的營造工作，實質上是企圖建構公民社會與「臺獨」認同的一種手段。〔註13〕

社區總體營造政策在原住民領域的落實，始於 1990 年代初以來「文建會」主辦的原住民文化展示活動，大致可以分為兩類，一是「山胞藝術季」與「全國文藝季」；二是「中央部會」或是各級政府策劃、主辦、指導、贊助或審核通過的專項活動。1992 年起，文建會在「國家」層面連續舉辦「山胞藝術季」與「全國文藝季」活動，同時也接受各界提交活動計劃案，發放經費補助，支持地方社團發展藝文活動。除此之外，地方各級政府也積極行動，或向「中央」申請部分款項，或自編預算，支持舉辦與原住民文化復振、展演有關的活動，這些舉措，使得原住民文化以「文化示範」和「文化從並」的展現方式，〔註14〕

〔註11〕蝶衣：《「李登輝嘉言錄」》，臺灣李登輝之友會，http://www.taiwanus.net/roger/lee_3.htm，2018 年 2 月 11 日最後訪問。

〔註12〕陳文德：《原住民與當代臺灣社會》，《臺灣學系列講座專輯（二）》，「國立臺灣圖書館」，2009，第 181 頁。

〔註13〕羅中峰：《共同體的追尋——解析社區總體營造運動的理路》，雲南民族大學第一屆兩岸文化與族群學術研討會論文，2004 年 8 月 25 日。

〔註14〕謝世忠：《「傳統文化」的操控與管理》，《族群人類學的宏觀探索：臺灣原住民論集》，臺灣大學出版社，2004，第 116～126 頁。

被納入到「國家」的文化體系之中。謝世忠指出，這是「國家」以一種「象徵性的暴力」在指揮著原住民文化〔註15〕，在這種文化政策下，原住民的文化雖然被視為「國家」文化的一部分，但仍然處於從屬的位置。

總體而言，在 2000 年政黨輪替之前的社區總體營造政策，其根本的目標是要解決省籍矛盾和族群對立問題，並不是單獨針對原住民的族群政策。不過，由於這一政策推出後，從「中央」到地方都在努力地推展和實踐，也就慢慢形成了一種「政策方向」的傳統。由這一傳統生成的強制力，不斷地驅使各級政府保持對原住民文化活動的重視。而原住民則在這一經驗過程中，學習到有效運用政府資源，透過合法程序尋求政策扶持來發展族群文化活動的「遊戲規則」。看清政策走向的原住民，深知越可證明為傳統的文化活動，能夠獲得補助的機會就越大，於是，他們也便充分地發揮自身的能動性，在舉辦豐年祭等傳統文化活動的場合，再生產或再強化自己的文化與傳統。因此，從另一個角度來看，原住民似乎反居主位，因他們學會了有效地操用來自政治領域的資源，讓自身的文化得以傳承發展。〔註16〕

二、民進黨「執政」時期的原住民政策（2000～2008）

1990 年代中後期，泛原住民運動在內部分化、理念轉變等各種因素的影響下，逐漸步入低迷。雖然前期的抗爭取得了「修憲」、政府在「中央」層級設立「原民會」機構等成果，然而國民黨政府對於泛原運尋求土地權、民族自治等訴求仍未給出令人滿意的政策回應，而原住民在政治參與管道方面，儘管 1996 年底成立了「原民會」，卻因受到種種限制而難以發揮作用，「原運行動者能參與決策過程的制度性進路依舊相當有限。」〔註17〕在這樣的情勢之下，一部分早期的原運精英為了繼續與體制對抗，尋求進一步的突破，選擇與反對國民黨的政治勢力結盟便成為順理成章的策略。

從本文第四章對原運的回顧中可以看到，早期的泛原運與黨外政治勢力有著深厚的淵源。從 1984 年 4 月「黨外編輯作家聯誼會」成立的「少數民族委員會」（少委會）、1984 年底成立的「原住民權利促進會」（原權會）到長老

〔註15〕謝世忠：《「傳統文化」的操控與管理》，第 127 頁。
〔註16〕謝世忠：《「傳統文化」的操控與管理》，《族群人類學的宏觀探索：臺灣原住民論集》，臺灣大學出版社，2004，第 130 頁。
〔註17〕阮俊達：《臺灣原住民運動的軌跡變遷（1983～2014）》，臺灣大學社會學系碩士學位論文，2015，第 32 頁。

教會，泛原運與黨外反對勢力始終有著密切的聯繫，且在運動目標、策略選擇方面也深受黨外運動的影響。原運行動者與黨外政治勢力，尤其是日後成立的民進黨持續往來，久而久之形成了緊密的結盟關係。民進黨是第一個採用「原住民」稱呼的政黨，為了攻擊「執政黨」族群政策的缺失，凸顯其對弱勢族群的支持，關心原住民族權利的保障被民進黨視為「道德上責無旁貸的義務」[註18]，甚至將原運的訴求寫入其黨綱和組織目標。1986 年訂立的《民進黨黨綱》中明確宣示要「保障文化多元發展原則」、主張「臺灣原住民族自治權」，並「規劃臺灣原住民保留區」；1993 年民進黨《政策白皮書》中的「族群與文化政策綱領」也特別論及原住民自治；1999 年的《行動綱領》更是把「設置臺灣原住民族自治區，以保障其政治、經濟、文化等自主權，原住民族的權益應立法保障」、「國民義務教育不限單語教學，應尊重各族群語言，推動母語教育」、「尊重原住民族之固有文化、語文、宗教，並協助其發展」列為重點。[註19]

除了在政策層面作出明確而清晰的規劃，在實際行動方面，民進黨對於原運的街頭抗爭也是積極介入，或是在明面上公開聲援[註20]，或是直接組隊參加，有時則透過「民意代表」居間與鎮壓警力協調[註21]。在「國民大會」及「立法院」中，民進黨團積極協助原運團體提案[註22]，黨內組織方面，民進黨也是將原住民事務列為工作重心之一，曾邀集各族代表參加「原住民族憲法條款籌備會議」，並成立推動小組。1993 年，民進黨「中央」成立「原住民族事務委員會」，邀請泛原運各族代表擔任委員，並由資深原運領袖夷將·拔路兒擔任執行長，編列固定經費支持原運工作[註23]。

正是由於民進黨與原運組織者之間存在著如此密切的政治同盟關係，因此，在 1990 年代末原運處於低潮之際，適逢「總統大選」，「原運人士討論原住民族運動未來的發展，最後決定借助 2000 年「總統大選」的時機推動原運的訴求。1999 年 5 月，原運策略會議在臺北召開，會議達成共識：「基於原運

〔註18〕 施正鋒：《民進黨執政八年族群政策回顧與展望》，《臺灣原住民研究論叢》2013 年第 14 期，第 90 頁。

〔註19〕 施正鋒：《民進黨執政八年族群政策回顧與展望》，第 85～120 頁。

〔註20〕 夷將·拔路兒等：《臺灣原住民族運動史料彙編》（下），國史館，2008，第 961、753 頁。

〔註21〕 《原住民遊行請願　爭取三權入憲》，《聯合報》1994 年 6 月 24 日。

〔註22〕 《原住民代表昨晉見李總統》，《聯合報》1994 年 7 月 2 日。

〔註23〕 施正鋒：《民進黨執政八年族群政策回顧與展望》，《臺灣原住民研究論叢》2013 年第 14 期，第 393～405、514 頁。

長期以來與民進黨的合作關係，意識形態也較其他黨派為近，『總統』選舉支持陳水扁先生，並推動成立『原住民族阿扁之友會』」。在場人士並推舉工作小組，負責規劃詳細的工作內容及策略。工作小組經過多次討論，為了原住民族運動訴求經由『總統大選』後能於體制內實現，又兼顧原住民族主體性，在策略上決定以「簽訂條約」的方式要求『總統候選人』陳水扁簽署「原住民族與臺灣政府新的夥伴關係條約」。〔註24〕會議達成共識之後，負責起草「關係條約」的工作小組參考聯合國文件，擬定了七條要求，並透過立委巴燕‧達魯〔註25〕及長老教會牧師與陳水扁競選團隊溝通，表明「選情激烈，民進黨雖有望勝選但差距恐怕有限，假使候選人願意公開支持原運的進步主張，則長老教會願意動員助選。最後邱義仁與陳水扁直接溝通，明快地安排了在蘭嶼的簽署儀式。」〔註26〕1999 年 9 月 10 日，陳水扁來到蘭嶼與原住民各族代表們簽署了包含七項承諾〔註27〕的《原住民族與臺灣政府新的夥伴關係條約》，聲明當選後將承認原住民族的自然主權，並推動原住民族自治。〔註28〕

　　經過上述的鋪墊，2000 年的臺灣領導人大選中，與原住民族建立「新夥伴關係」便成為陳水扁競選期間及上任後的核心政策主張。為了配合選戰，陳水扁不僅提出完整的原住民族政策白皮書來呼應原運長期以來的訴求，到原住民鄉鎮拜票時，更是一再以「新夥伴關係」的口號籠絡原住民，發表「臺灣的希望在原住民，給阿扁機會，原住民才有希望」之類的言論，承諾自己當選後將是一個「最重視原住民的總統，要給原住民最多發展的空間，讓原住民有

〔註24〕 施正鋒：《民進黨執政八年族群政策回顧與展望》，第 586～587 頁。

〔註25〕 巴燕‧達魯，泰雅族人，曾代表民進黨出任第三、四屆「全國不分區立委」，擔任「立委」期間，積極運用資源協助原運發聲，不少年輕原運行動者便曾擔任其國會助理，學習法案運作、參與原運議題。

〔註26〕 阮俊達：《臺灣原住民運動的軌跡變遷（1983～2014）》，臺灣大學社會學系碩士學位論文，2015，第 39 頁。

〔註27〕 這七項承諾分別是：（1）承認臺灣原住民族之自然主權；（2）推動原住民自治；（3）與臺灣原住民族締結土地條約；（4）恢復原住民族部落及山川傳統名稱；（5）恢復部落及民族傳統領域土地；（6）恢復傳統自然資源之使用，促進民族自主發展；（7）原住民族「國會議員」回歸民族代表。參見：以撒克‧阿復：《聯合國〈原住民族權利宣言草案〉與〈原住民族和臺灣政府新的夥伴關係〉——為臺灣原住民族自治重新定調》，2000 年「原住民族和臺灣政府新的夥伴關係」簽訂週年研討會，「原住民政策委員會」，2000 年 9 月 10 日。

〔註28〕 以撒克‧阿復：《聯合國〈原住民族權利宣言草案〉與〈原住民族和臺灣政府新的夥伴關係〉——為臺灣原住民族自治重新定調》，原策會「原住民族和臺灣政府新的夥伴關係」簽訂週年研討會，2000 年 9 月 10 日。

尊嚴、有自信、有地位、更有競爭力。」〔註29〕在多重因素的作用之下，陳水扁在大選中順利獲勝，於 2000 年 5 月 20 日正式當選「總統」。不難看出，《原住民族與臺灣政府新的夥伴關係》文件的簽署，背後實際上是原運組織與民進黨為達到各自的政治目的，在選舉政治下相互利用的結果。「原運團體希望取得契約式的對等承諾，民進黨則得看見具體選票利益後才願意有所回應。雙方的政治聯盟並不如外表般堅固，而是隨著政局變化或選舉到來，逐次確認與計算利益後作出的調整。」〔註30〕

　　陳水扁政府上臺後，一些重要的社運和原運精英紛紛進入政府部門任職，長期代表基督教長老教會參與原運工作的尤哈尼・伊斯卡卡夫特牧師獲邀擔任「原民會」第二任主委。尤哈尼上任後，於 2002 年對組織條例進行修訂，「原民會」的定位轉為主管原住民族事務，設置 19 至 25 名委員，委員擁有提出建議、審查政策、研究專案等職權。對於「新夥伴關係」的落實，「原民會」大力推動自治法案、調查傳統領域、繪製部落地圖等事務，並陸續回應邵族、太魯閣族、噶瑪蘭族等族的「正名」訴求。在政策方案的規劃方面，「原民會」大量委託學者與民間團體開展或是直接執行相關調查計劃，使決策過程趨於民主化，部分原運組織也獲得財源方面的照顧。針對原住民族自治的立法，2000 年，「總統府」特別成立「人權諮詢小組」（2004 年改制為「總統府人權諮詢委員會」），委派「人權政策研議分組」負責探討原住民族自治立法的可行性。〔註31〕

　　雖然陳水扁政府上臺後，在落實「新夥伴關係」的承諾上的確做出了一些表面工作，但對於涉及原住民族根本利益的土地、自治等問題，仍然原地踏步，看不到大的進展，以至於 2002 年，在野黨原民「立委」頻頻發出質疑，認為「政府」未予兌現先前的承諾，有欺騙原住民之嫌。迫於壓力，陳水扁趕在 10 月 26 日的「原住民光復傳統領域大遊行」之前，以「國家元首」身份和原住民 12 族代表簽署了《原住民族與臺灣政府新的夥伴關係再肯認協定》，再次確認將「新夥伴關係」作為政府原住民政策核心主張。在重新肯認的協定中，除了原有的七項承諾得到確認以外，又增加了永續發展、承認原住民族自決權、

〔註29〕《陳水扁花蓮原住民後援會成立，提出「新夥伴關係」，未來將推動原住民自治》，《聯合報》，2000 年 2 月 1 日。

〔註30〕阮俊達：《臺灣原住民運動的軌跡變遷（1983～2014）》，臺灣大學社會學系碩士學位論文，2015，第 40 頁。

〔註31〕阮俊達：《臺灣原住民運動的軌跡變遷（1983～2014）》，第 40～41 頁。

支持原住民族建立族人認可的自治實體等三個原則及十二條落實方案。陳水扁表示，「未來原民會一定會密切配合，以保證協定內容的實現」〔註32〕。

　　民進黨「執政」以來，隨著「新夥伴關係再肯認協定」部分承諾的落實，在原住民族身份與權益法規的制定，原住民族群身份的認定以及部落的建設方面都取得了很大進展，重新形塑了原住民與臺灣社會的關係和面貌。法律法規方面，除了出臺《原住民身份法》（2001）、《原住民族基本法》（2005）與《原住民族傳統智慧創作保護條例》（2007），還根據《原住民族與臺灣政府新夥伴關係再肯認協定》、《原住民基本法》陸續訂立《原住民族傳統生物多樣性知識保護法》、《原住民族土地及海域法》等草案。另外，2000 年以來，「原民會」先後處理了邵族（2001 年 8 月 8 日）、噶瑪蘭族（2002 年 12 月 25 日）、太魯閣族（2004 年 1 月 14 日）、撒奇萊雅族（2007 年 1 月 17 日）與賽德克族（2008 年 4 月 23 日）的「正名」或「復名」申請，將這些族群認定為政府承認的「原住民族」。至於族群或地方部落，各族群都著手籌設民族議會，為將來可能的民族自治做準備，而「原民會」從 2002 年開始推動的傳統領域土地調查工作，也使得宣示部落傳統領域的聲浪此起彼落。

　　2000 年的臺灣，雖然成功實現政黨輪替，但在外有國際壓力、內有「國族認同」的爭議，而且沿用「中華民國國旗」、「國歌」的情況下，「文化」遂成為陳水扁政府凸顯臺灣主權的重要論述，提出「文化公民社會」、「文化公民意識」試圖解決族群與「國族主義」認同的紛爭。也就是說，「文化」成為一個具有經濟價值（文化創意產業）、人心凝聚（社區總體營造、心靈改革）和促進國際交流（文化旅遊、文化外交）等重要意涵的詞彙。〔註33〕2002 年，「文建會」提出「文化創意產業發展計劃」，文化政策思維開始考慮經濟與消費部門的關聯性；2005 年，再提出「文化公民權」概念，文化政策正式進入「文化公民」時代，開始回應臺灣多元族群與政治社會建構的展望。〔註34〕在此背景下，「原民會」也相應地推出「原住民部落永續發展計劃」。〔註35〕

〔註32〕《原住民新夥伴關係，阿扁再肯認》，《聯合報》，2002 年 10 月 20 日。
〔註33〕陳文德：《原住民與當代臺灣社會》，《臺灣學系列講座專輯（二）》，「國立臺灣圖書館」，2009，第 182、185～186 頁。
〔註34〕揭陽：《國族主義到文化公民：臺灣文化政策初探 2004～2005》，「行政院文化建設委員會」，2006，第 5 頁。
〔註35〕陳文德：《原住民與當代臺灣社會》，《臺灣學系列講座專輯（二）》，「國立臺灣圖書館」，2009，第 187 頁。

總體而言，民進黨政府首次「執政」期間，其族群政策的取向是追求多元文化主義的落實，特別是將原住民族視為「臺灣主體」論述的重要一環，一方面借臺灣漢人與原住民族的血緣關係（混血）來強調「臺灣人」與「中國人」的不同，另一方面，則基於「多元文化」的立意，將原住民族的文化視為「臺灣文化」的重要部分。

三、國民黨及民進黨重新「執政」後的原住民政策（2008～2018）

在 2000 年的大選中，陳水扁以「新夥伴關係」為口號操弄原住民政策議題，成功贏得原住民作為關鍵少數的票源，最終奪取了選戰的勝利，這無疑給以國民黨為主的泛藍勢力上了教訓深刻的一課，讓他們意識到原住民族的力量不可小覷，並著手強化其原住民政策，以便和民進黨分庭抗禮。2004 年總統大選時，國親聯盟〔註36〕一改先前鮮少具體說明原住民政策的做法，首次提出一份獨立的《原住民族政策白皮書》，以「消滅貧窮、找回希望、去除歧視、贏回尊嚴、人人有工作、人人有健保、人人受教育、人人有明天」作為政策願景，並針對願景的達成訂立「十大政策主張」。〔註37〕

從白皮書的總體內容來看，國親聯盟正視了臺灣社會是多族群社會以及原住民族處於社會邊緣地位的現實，並提出要從多元文化政策定位其原住民政策。然而其政策主軸欲以「充分發揮多族群社會的優勢建構多元一體的族群關係，將「調和臺灣社會中的族群關係，以達到扶助弱勢與和諧互利之發展」作為核心議題，並將著力點放在「確保原住民族之生存基礎，擴大其生存空間，縮短原漢之間結構性落差之上」，因此並未跳脫出過去國民黨在大漢族主義視野下「扶助弱勢」的政策思維。其政策主張中，雖然也對原運的部分訴求作出回應，如主張訂立「基本法」以推展民族權，並對原運長期爭取的民族自治、還我土地（傳統領域）等訴求表態給予支持，不過，由於國民黨對原住民族的一貫思維，白皮書雖然花費了較大篇幅宣示要在經濟、教育、文化、醫療、社福各領域給予更多優惠性的扶持政策，對於原運提出的「自然主權」訴求則未予正面回應。

〔註36〕指國民黨和親民黨組成的泛藍勢力聯盟，2004 年連戰和宋楚瑜分別代表國、親兩黨參加「總統」競選。

〔註37〕國親聯盟——《原住民族政策白皮書》，親民黨官網，2004 年 2 月 10 日，http://www.pfp.org.tw/TW/News/ugC_News_Detail.asp?hidNewsCatID=4&hidNewsID=489，2018 年 3 月 9 日最後訪問。

　　2008 年馬英九參加「總統」競選時，提出了 12 項原住民政策。第一項中，提及要依照《原住民族基本法》精神，採用更「穩健可行」而非「隨意承諾」的方式來分階段實現原住民族自治，但對於其政策理念並未做出詳細闡釋，在原住民族關心的土地議題上更是避而不談。其餘的 11 項政策，基本上也是與社會福利或經濟發展相關，如 500 億元原住民基層建設方案與 100 億元原住民綜合發展基金等。在國民黨與原運團體疏遠、競爭對手政見威脅有限下，馬英九的原住民政策更加偏向安全、保守的經濟與社會福利取向。〔註 38〕

　　回顧 30 餘年來國民黨原住民政策從「同化」、「族群融合」到著重社會福利的變化路徑，可以看到國民黨從一黨專政過渡到民主化後，面臨政黨競爭的壓力，不得不調整早期只重視經濟發展、輕忽社會福利的政策思維，轉變為同時強調兩者並行。隨著原住民議題在選舉政治中的影響力日益擴大，迫使國民黨必須改變過去忽視原住民族的理念，並針對原運的訴求作出政策回應。過去認為不可行的「正名」、自治與還我土地等訴求，都被緩慢地接受並逐漸納入其政見。儘管如此，國民黨的態度仍然是謹慎而保守的，不僅強調「務實的行政規劃來與民進黨做區隔，更避談在自然主權、民族自決等關涉「國族意識形態」的敏感詞彙，而大多把原住民議題框限在「多元文化」範疇。另一方面，為了討好選民並擴大與民進黨的區別，國民黨在貼補式社會福利上開出更多政策支票，以突顯其才是「照顧」原住民的政黨。〔註 39〕

　　國民黨在原住民政策上的轉變，看似對原運的訴求作出了「妥善」的安排，並且政策的確也能夠給予選民具體實在的好處，然而，其在「照顧弱勢族群」、「提升生活水平」的政策理念背後，依然隱含著漢人視角下的「教化」思維。這種對原住民形成的刻板印象和思維模式，使得國民黨在原住民議題及兩岸政策上的公開表態經常招致原運行動者的不滿和批判。尤其是國民黨的兩岸政策中對大陸「中華民族」的認同，更是加深了原運行動者的疑慮。國民黨反對「去中國化」的一系列作為，尤其讓缺乏「炎黃子孫」認同的原住民感到不滿。馬英九政府「執政」期間，其公開宣示的政策，在原運行動者看來是一種「施捨」式的政策，無法回應原運的真正期待，因此鮮少受到原運團體歡迎與支持。在

〔註 38〕阮俊達：《臺灣原住民運動的軌跡變遷（1983～2014）》，臺灣大學社會學系碩士學位論文，2015，第 52 頁。
〔註 39〕阮俊達：《臺灣原住民運動的軌跡變遷（1983～2014）》，第 52～53 頁。

實際施政過程中，也常導致原運與政府部門之間出現更多的摩擦。〔註40〕

2016 年的「總統大選」中，民進黨推出蔡英文、陳建仁作為候選人。在兩人的競選官網宣示的「原住民政策主張」中，首先對「原住民是臺灣原來的主人」地位予以確認，提出將以「接軌國際，保障原權」作為政策理念，「尊重並承認《聯合國原住民權利宣言》的各項規定，制定『國家』發展戰略為實施《宣言》採取具體的法律、政策和其他措施；另在制定相關法律、政策和其他措施時也必須納入《宣言》的精神。」「政策主張」聲明，要致力於「消除不平等現象的政策框架，實現原住民族永續發展的四個支柱：經濟可行性、社會包容性、環境平衡性和文化多元」。〔註41〕

在上述理念下，蔡英文提出五個政策目標和九項具體主張。其中，政策目標包括：(1)肯認原住民族固有主權，落實民族自治；(2)創造有利於原住民族的產經政策環境，促進其經濟發展；(3)消除對原住民族一切形式的不平等，增進社會包容；(4)劃設原住民族特定區域計劃，維護環境生態平衡；(5)保障原住民族教育、文化與媒體權，追求文化多元。在九項具體的政策主張中，較為引人注意的是在第一項提出「要積極實現轉型正義，『總統』代表『政府』向原住民道歉」。而所謂的「轉型正義」，包括「社會正義、司法正義、歷史正義、土地正義和分配正義等」，提出將「由『國家』設置調查和解委員會，對歷代統治者所掌控而加諸原住民族的『國家』暴力歷史進行再梳理與詮釋、發掘真相，藉以釋放被壓抑與噤聲的歷史記憶，建立具各族群共識的『共享歷史』，達致『真相追尋』、『族群承認』以及『國民和解』的目的；並對原住民族因而流失的土地、語言、文化、征戰傷亡等給予適當賠償」。其餘的八項主張，涉及原住民族主權的「《憲法》」肯認、落實推動民族自治、立法保障原住民族土地權、民族經濟發展與工作機會保障、教育文化權的保障、健康與醫療照護、公平發展機會以及平埔族群的自我認同權等。〔註42〕

2016 年 8 月 1 日，順利當選的蔡英文以「總統」身份，在臺北「總統府」迎接 16 族的原住民代表，並在現場發表向全體原住民道歉的講話。〔註43〕蔡

〔註40〕阮俊達：《臺灣原住民運動的軌跡變遷（1983～2014》，第52～53頁。

〔註41〕詳見「2016總統大選蔡英文原住民族政策主張」，蔡英文、陳建仁競選官網，http://iing.tw/posts/46，2018 年 3 月 6 日最後訪問。

〔註42〕詳見「2016總統大選蔡英文原住民族政策主張」，蔡英文、陳建仁競選官網，http://iing.tw/posts/46，2018 年 3 月 6 日最後訪問。

〔註43〕蔡英文講話內容全文見附錄 1。

英文代表「政府」向 400 年來原住民族所承受的苦痛和不公道歉，承諾為了實現屬於原住民的「轉型正義」，她將以「國家元首」的身份親自擔任召集人，設置「原住民族歷史正義與轉型正義委員會」，與原住民各族代表共同追求歷史正義，並表示該委員會將會是一個「原住民族集體決策的機制」、「可以把族人的心聲真正傳達出來」，也承諾以後每一年的原住民日（8 月 1 日），都會向「全國人民」報告各項承諾的執行進度。此外，她還表示，「會要求『行政院』定期召開『原住民族基本法推動會』，協調及處理「歷史記憶的追尋、憲法原民專章的增修、原住民族自治的推動、土地權利的回復、經濟的公平發展、教育與文化的傳承、健康的保障、都市族人權益的維護」以及平埔族群的身份及權利的認定問題。

可以看到，蔡英文「執政」後，其原住民政策的導向延續了此前民進黨「關注原住民族的主體性和社會發展」的理念，並希望在「多元、平等、包容、和解、團結」的「國家建設」理念下，進一步推進原住民族的各項權利保障。蔡英文的政策主張及道歉講話，似乎擺出一副頗有「誠意」的姿態，然而，這種充滿粉飾的政治謊言一經推出，就被深諳臺灣政治的原住民精英看穿。以所謂的「原住民族歷史正義與轉型正義委員會」為例，噶瑪蘭族領袖潘朝成便一針見血地指出，這一機構並沒有實質性權力，只有調閱權，沒有調查權和預算權，只是讓每個族群選派一名代表去跟「總統」開會，反倒會讓原住民內部為推舉人選而「傷腦筋」。〔註44〕

蔡英文向原住民道歉一週年後，據媒體報導，「原轉會」成立一年，只開過三次會。在「原民會」發布的公告中，「原轉會」一年來取得的成果包括立法完成《原住民族語言發展法》、發布《原住民保留地禁伐補償辦法》與《原住民族土地或部落範圍土地劃設辦法》，並針對《野生動物保育法》、《漁業法》和《森林法》提出解釋令。然而，在原住民最關心的「傳統領域劃分辦法」和「蘭嶼核廢料處置」上，「原轉會」則無所作為，並未發揮實質敦促轉型的作用。

關於傳統領域的定義，「原轉會」曾開會討論《傳統領域劃設辦法》，但因與會的 17 位委員對該議題缺乏共識而擱置，令外界感到失望。有原民團體批評，「原轉會沒有實質調查權，也沒有明確法源依據任務編組，因此很難進行獨立調查，形同空轉」。而媒體也質疑，「作為『總統府』直屬的機構，卻沒有

〔註44〕來自 2016 年 9 月 29 日對潘朝成的訪談資料。

權力對各機關進行監察或是司法調查，這樣的組織，要如何回歸真相？如何落實轉型正義？」〔註45〕

　　蔡英文上臺後，其政治理念維持民進黨一貫的「臺獨」立場，其族群政策也延續了過去的基調。早在 1990 年代初，民進黨面對不同文化群體認為其具有「福佬沙文主義」色彩的批評，即已認識到臺灣社會內部既存的社會群體在歷史經驗和文化記憶方面的差異所導致的族際衝突，不利於其打造新的「國族認同」。因此，民進黨在 1995 年就已提出「大和解」及「大聯合政府」的主張。〔註46〕從蔡英文上臺後的一系列作為來看，其任內繼續深耕臺灣本土文化，通過「歷史正義」和「轉型正義」等政治概念的導引，促進各族群的「和解」並深化臺灣社會「多元族群」和「多元文化」的發展，掃除打造「新臺灣民族」的障礙並藉此達成「去中國化」、形塑臺灣社會整體凝聚力和「國家認同」的政治目的將是其施政的主軸。在此背景下，雖然蔡英文聲稱其設置的「原轉會」最高度重視的「是國家和原住民族的對等關係」，但實際上，只要土地和自治權的問題沒有得到徹底解決，原住民族依然是被嵌入在「國家政治」的大框架之內，只能屈從於「國家」的各種政治安排。

第二節　噶瑪蘭人和撒奇萊雅人的文化復振與族群建構

一、文化的轉型與調適：噶瑪蘭人的 Gataban（獵首祭—豐年節）

　　Anthony F.C. Wallace 將「復振運動」（revitalization movement）定義為「一個社會的成員有計劃、有組織及有意義地努力建構一個更滿意的文化，以達到求生存的目的。」他認為，「復振」是一種特殊類型的文化變遷現象，參與復振過程的人通常是對他們所擁有的文化內容或是文化系統不夠滿意，而對文化系統內的文化特質和關係進行創新。〔註47〕噶瑪蘭族「復名」以前，之所以會被認為業已衰微或漢化，係與臺灣現代史缺乏有關他們的報導與論述相關，

〔註45〕《蔡英文向原住民道歉一週年：聲稱完成 8 項承諾，為何「這 3 項」跳過？》，The News Lens 關鍵評論，2017 年 8 月 2 日，https://www.thenewslens.com/article/75125，2017 年 3 月 7 日最後訪問。

〔註46〕王甫昌：《當代臺灣社會的族群想像》，群學出版有限公司，2003，第 160 頁。

〔註47〕Anthony F.C. Wallace, "Revitalization Movements", *American Anthropologist New Series*, Vol.58, No.2 (Apr., 1956), pp.264.

特別是在近代漢人移民變成臺灣的主流人群之後，噶瑪蘭族作為一個被邊緣化的原住民族就被忽略了。〔註48〕噶瑪蘭族群意識的凝聚與族群性（ethnicity）的形成，是從1987年前後的一連串尋根認同運動中逐漸發展起來的。〔註49〕在族群意識覺醒後，為了「恢復」自己的族名，噶瑪蘭後裔在臺灣社會張揚本土化的政治背景下，以文化展演為主要手段去證明族群存在的真實性（authenticity）。「復名」運動早期，為了破除一些學術文獻中所宣稱的「噶瑪蘭族已經完全漢化消失」的迷思，一些族人多方查考文獻資料，從部落耆老的生命經驗中尋求傳統文化，特別將焦點放在具有噶瑪蘭特色的祭儀、語言以及編織文化上，成功恢復或再造了族群歷史、圖騰、語言與傳統文化，為族群「復名」道路鋪就了基石。透過文化復振的實踐與展演，噶瑪蘭人不僅向外界證明了自己是一個活生生的「族群」，也讓散居各地的噶瑪蘭後裔建立了清楚的族群意識。隨著其文化節目在各種場合的展演經由媒體的報導而廣為人知，「噶瑪蘭族」的存在也逐漸為主流社會所接受。

　　經過30年的族群文化復振，今天新社大部分的噶瑪蘭人對於自己族群的歷史與文化特色都已非常熟悉，在前來調查的研究者或媒體記者面前可以如數家珍地介紹諸如自己的家族遷移史、花東地區噶瑪蘭聚落的分布、噶瑪蘭語言與阿美語的差別、噶瑪蘭的各項傳統祭典，例如新年祭祖的Palilin，治病儀式Kisaiizh和Pagalavi，豐年祭Gataban，海祭Sbaw to lazin等，另外還有一些歌謠舞蹈、香蕉絲編織等傳統文化以及噶瑪蘭族新的族群認同標記——Gasop（大葉山欖）等。

　　噶瑪蘭族的「復名」運動是噶瑪蘭人以文化作為武器，在自我賦權（self-empowerment）意識下伸張族群的權利，藉以對抗「國家政權」不合理的族群分類，爭取原住民族的文化公民權和相應的資源分配。然而，在長期的歷史進程中，由於受到社會變遷力量的衝擊與影響，傳統部落社會的結構已經瓦解和異質化。「國家」強權的介入使原住民族喪失自主權，西方宗教的傳播改變了其信仰體系，現代資本主義生產方式改變了其生活與生計方式，這些因素不斷使原住民社群的原生聯結越來越分歧，個人與主流社會的互動更為密切，身份認同的衝突也不斷產生。在族群復振過程中，噶瑪蘭人是如何利用既有的文化

〔註48〕陳逸君：《現代臺灣族群意識之建構——以噶瑪蘭族為例》，「行政院原住民委員會」，2002，第44頁。

〔註49〕劉璧榛：《認同、性別與聚落：噶瑪蘭人變遷中的儀式研究》，臺灣文獻館，2008，第10頁。

傳統來調適與外部世界的關係，並在新的社會脈絡中開展族群性的建構呢？以下，我將以新社噶瑪蘭人的傳統祭儀 gataban 的變遷過程為例，嘗試對這一問題進行解答。

　　Gataban 是過去新社噶瑪蘭人與太魯閣人或阿美族人征戰，獵取人頭歸來後所舉行的一種祭祀儀式，也有學者將其稱為「獵首祭」。這一儀式的祭祀對象是異族頭靈、部落有貢獻的頭目、已亡故的部落勇士以及祖靈，參與對象為部落的年齡階層組織。新社的 gataban 通常在叫做 paturisan（公眾處）的地方舉辦。paturisan 屬於禁忌之地，在非 gataban 期間禁止靠近，如果有人不遵守禁忌而隨意經過，就可能會罹患疾病或遭遇其他不測。當部落的男子外出獵取人頭歸來後，會把人頭掛在 paturisan 那裡的竹竿上。之後，要等到農曆月末看不到月亮的日子，才會舉行部落性的 gataban 祭頭儀式。當天，部落男子們會穿著蓑衣，聚集到 paturisan。獵首者立棍於場地中央，將敵人的頭插在棍子上，其他男子則持拐杖，手牽手圍成一個圓圈。儀式開始，先由獵得頭顱的勇士及老人念誦禱詞，呼喚頭靈、祖靈、部落已故頭目、已故馘首勇士的靈魂降臨。〔註50〕儀式過程中，會將每一次的獵頭事件與過去部落的重大事件連結起來，創造一種延續時空的集體記憶。由於儀式中所唱的 miomio 歌謠被認為具有「招雨」的功能，因此男子都需要穿蓑衣才能參加。Gataban 過程中舉行歌舞時，女性只能在一旁倒酒，不能與男性有身體上的接觸，更不可共舞，以避免被「污染」。

　　早期的 gataban 是一項宗教性質濃厚的儀式，由於 gataban 對於超自然力量的想像與連結，使得整個儀式過程充滿了神秘而嚴肅的氛圍。劉璧榛認為，gataban 中借由祭祀人頭這一行動實踐，將部落族人、祖靈及異族頭靈建立起聯結關係。儀式在讓人與超自然建立關係的同時，也凝聚了部落內部人與人之間的情感，並強化了部落之間的地緣衝突關係，形成區隔的主體。「gataban 中的敵人頭顱象徵我群與他群的區隔，男子身著蓑衣象徵祈雨，拐杖象徵獵首勇士與他人之間身體潔與不潔的區隔，招魂歌舞則有貶抑敵人、召靈、招雨、潔淨獵首者身體等多重象徵功能。透過這個祭頭儀式的象徵力量、相關禁忌、論述及獵頭傳說等，人、異族靈與祖靈進入一個互相依賴的想像共同體中。」〔註51〕

〔註50〕劉璧榛：《從部落社會到國家化的族群：噶瑪蘭人 qataban（獵首祭—豐年節）的認同與想像展演》，《臺灣人類學刊》2010 年第 2 期，第 43～44 頁。
〔註51〕劉璧榛：《從部落社會到國家化的族群：噶瑪蘭人 qataban（獵首祭—豐年節）的認同與想像展演》，《臺灣人類學刊》2010 年第 2 期，第 45 頁。

劉璧榛還結合新社噶瑪蘭人所處的地域族群關係進一步指出，這種儀式也可視為一種社會互動模式，透過這種互動，人的身體被嵌入一個效忠地域群體的關係網絡中。在 gataban 儀式中，獵頭勇士除了描述其驚險的獵頭征戰過程，也呈現男性的勇猛、誇耀、競爭與相互鼓舞的精神。儀式過程強化和再生產了男性的群體意識，並且把身體觀和宇宙觀放在「集體性地域意識」的脈絡下。〔註52〕

日據時期，在日本殖民者的「理蕃」政策下，因獵頭行為被嚴厲禁止，相關的 Gataban 儀式也因此中斷。國民黨政府統治初期，由於「山地政策」倡導改進「山胞不合理的生活和文化習俗」，gataban 被視為「不良習俗」也沒有恢復的機會。這一時期，由於噶瑪蘭人與周邊的阿美族人互動頻繁，彼此通婚的現象增多，文化上逐漸受到阿美族影響。1970 年代末開始，新社噶瑪蘭人開始參與豐濱鄉舉辦的聯合豐年祭和新社東興部落的阿美族 laligi（阿美語，豐年祭）。以東興部落的豐年祭為例，其舉辦時間一般在稻穀收成後。活動當天，同住新社村的噶瑪蘭人和阿美人在東興部落共同歌舞歡樂，祈求來年豐收。這種跨部族形式的豐年祭活動，噶瑪蘭族的男女都可以參加，且沒有遵守禁忌的要求，活動時也改唱阿美族的豐年祭歌謠。豐年祭活動一般為期一天，早上聚居在東興部落的空地，由村長和頭目先行致辭後，接著按照年齡長幼次序，圍圓圈牽手跳舞。中午則由婦女烹飪豬肉和野菜，按家戶聚餐，下午年輕女性也加入共舞的行列。〔註53〕

Gataban 的當代復興，始於 1987 年新社噶瑪蘭人為參加「豐濱之夜」所準備的節目。當時新社噶瑪蘭人為了突顯自身的「族群文化」異於阿美族的特色，將傳統的祭師治病儀式 kisaiiz 加以創新編排後搬上舞臺。這個節目的主體是 kisaiiz 儀式，開頭和結尾分別融入迎請頭目和傳統 gataban 儀式的歌舞環節。所唱的歌謠仍保留過去獵頭歌 miomio 的曲調，歌詞則被置換為宣示自身的族群身份、祖先的遷徙歷史等新的內容。〔註54〕通過歌謠的吟唱，噶瑪蘭人意在向公眾聲明、展示自己的族群身份，強調「我們是 Kavalan」的身份認同，

〔註52〕劉璧榛：《認同、性別與聚落：噶瑪蘭人變遷中的儀式研究》，臺灣文獻館，2008，第 293 頁。

〔註53〕劉璧榛：《認同、性別與聚落：噶瑪蘭人變遷中的儀式研究》，第 300 頁。

〔註54〕舞臺展演時所唱的 qataban 歌謠，見劉璧榛：《從部落社會到國家化的族群：噶瑪蘭人 qataban（獵首祭—豐年節）的認同與想像展演》，《臺灣人類學刊》2010 年第 2 期，第 62～64 頁。

訴說其悲情的族群歷史以博取觀眾的同情與支持。這次演出,是噶瑪蘭人首次以集體身份亮相,成功吸引了媒體和社會的關注。此次活動,也喚醒了新社噶瑪蘭人的族群意識,讓他們重新審視自己的族群身份以及長久以來被忽視的傳統文化的重要性,尤其是學者告知他們是噶瑪蘭族後裔的「啟蒙」,更使得「族群復名」的意識開始悄悄萌芽。

「豐濱之夜」的演出之後,由於邀約不斷,新社噶瑪蘭人不斷前往各地展演這套彰顯族群文化特色的節目,使得這套節目逐漸化身為建構「噶瑪蘭族群性」的一個範本以及向社會公眾及潛在的噶瑪蘭族人傳達訊息的媒介。它所傳達的訊息包括:噶瑪蘭人是有著自己獨特文化的,活生生的一群人;噶瑪蘭族的祖先受漢人壓迫而遷徙花東,今天在現代化之下處於主流社會的邊緣苟延殘喘;噶瑪蘭族在為保存即將滅亡的傳統文化而努力等。〔註55〕由於噶瑪蘭人受邀表演的場地多在象徵「國家」權力中心的博物館、劇院或地方文化中心等,重複的展演活動也使得族人的文化自信心逐漸地提升。隨著歌舞展演吸引媒體、學者和政府官員的注目,展演的模式不僅成為激發社會公眾支持的機制,更逐漸轉化為新社噶瑪蘭人對外展示文化資產與地方觀光資源的渠道,〔註56〕並自我定義了「噶瑪蘭族」作為臺灣社會一員的「族群身份」。

1990年代以來,伴隨著「族群復名」運動的進程,一些創新形式的gataban活動開始蓬勃復興並延續至今,這些活動包括:以舞臺表演模式在各地的博物館、文化中心、音樂廳展演的gataban;在新社部落,每年由天主教會主辦的gataban;在臺北都會區,由「旅北噶瑪蘭鄉親聯誼會」主辦的gataban;在新社部落主辦的紀念噶瑪蘭族「復名」成功的gataban等等。這些活動的漢譯名稱都採用與阿美族一致的「豐年祭」或「豐年節」,如1993年新社部落舉辦的gataban,名稱為「後山噶瑪蘭豐年舞節」。雖然這些活動的人群、時間、地點構成了不同的時空組合,但其流程都與傳統的gataban保留形式上的延續性,如活動開場前需要祭祀以及歌舞形式的歡慶等。目前,新社部落的gataban每年舉辦兩次,一次是在8月中旬舉行,由「新社社區發展協會」主辦,強調社區噶瑪蘭人的集體意識,近年來逐漸往觀光化的方向發展;另外一次是在 12

〔註55〕陳逸君:《族群文化的形塑與實踐——噶瑪蘭族文化復興與族群動員之檢視》,《族群意識與文化認同:平埔族群與臺灣社會大型研討會文集》,「中央研究院」民族學研究所,2003,第197頁。

〔註56〕劉璧榛:《從部落社會到國家化的族群:噶瑪蘭人qataban(獵首祭—豐年節)的認同與想像展演》,《臺灣人類學刊》2010年第2期,第57頁。

月底舉辦，以聯結跨區域的族人認同為主軸，旨在紀念 2002 年噶瑪蘭族「復名」成功。除了 gataban 之外，新社也復興海祭（sbaw to lazin）等大型祭典，這些祭典都會邀請臺東、宜蘭原鄉以及旅北族人參加。祭典每年例行舉辦，不僅成為維繫各地族人情感與認同的紐帶，也逐漸在當代社會環境下重構族群的文化傳統，加深族人對噶瑪蘭文化的認知。新社，這個挺立在東海岸狹窄臺地之上的小小部落，也在成功領導「復名」運動之後，成為當代「噶瑪蘭族新故鄉」和聯結各地噶瑪蘭人的族群中心。

　　1980 年代花東海岸公路通車以來，花蓮新社及臺東長濱的噶瑪蘭年輕人陸續北上到臺北都會區的工廠或建築工地工作，並在臺北縣、桃園縣定居。相關的人口統計資料顯示，生活在北部大都會區（臺北及桃園市）的人口數，已占噶瑪蘭總人口比例的第二位，約為該族總人口數的三成左右。〔註57〕這些移居於都會區的噶瑪蘭人於 1990 年起，自發成立了「噶瑪蘭旅北同鄉聯誼會」，以「傳承同鄉敬老尊賢、濟弱、互助、團結、和睦之優良傳統，融合現代之生活，使同鄉（鄉親）優美之文化及深厚感情長存不息」為宗旨，並將「發揚噶瑪蘭族優良傳統文化，聯絡旅北鄉親，促進族人團結合作，舉辦文化傳承活動」作為任務。〔註58〕聯誼會成立後，於每年 8 月底舉行豐年祭活動，平常則有其他形式的聯誼活動，如組織龍舟隊、歌舞隊等，除了與原鄉部落間保持密切的聯繫外，也開創了另一種形式的「都會部落」動員組織形式。

　　每年 8 月底的 gataban 活動是旅北同鄉聯誼會組織的規模最大的活動。活動的時間必須安排在新社部落舉辦 gataban 的時間之後，以表示對原鄉傳統本源的尊重。活動開始前的祭祀儀式，也都遵循新社創立的「傳統」形式舉辦，並將此視為傳承噶瑪蘭傳統文化的實踐。為了確保活動的「正統性」，聯誼會每年都會赴花蓮邀請新社部落的祭師、耆老北上協辦活動，由他們負責操持大會開場前的祭儀。而此祭祀形式之外的活動內容，則與新社舉辦的 gataban 有很多的不同。旅北噶瑪蘭人的 gataban，參加者以來自不同居住地的年輕人占多數，他們在日常生活中鮮少聯繫，大都互不相識。加上長期在都市生活，他們對父母輩的生活方式以及原鄉部落的文化都已比較疏遠，母語能力更是缺乏。活動組織者考慮到這些因素，在活動內容的設計上便主要安排趣味競賽及

〔註57〕劉璧榛：《認同、性別與聚落：噶瑪蘭人變遷中的儀式研究》，臺灣文獻館，
　　　　2008，第 27 頁。
〔註58〕劉璧榛：《從部落社會到國家化的族群：噶瑪蘭人 qataban（獵首祭—豐年節）
　　　　的認同與想像展演》，《臺灣人類學刊》2010 年第 2 期，第 70 頁。

各地婦女會的節目表演為主，整個活動比較類似運動會的表演競賽模式。不過，這種類型的 gataban 活動，仍然營造了一個具有族群邊界的空間，透過大會致辭、開場的祭祀儀式等，來強化旅北鄉親對噶瑪蘭族文化和身份的認同。

以上大概呈現了 gataban 從最早的「獵首祭」到當代「豐年祭」的變遷過程。從文化形構的角度來看，1990 年代以來復興的 gataban 活動，形式上已發生明顯的轉型（transformation），呈現出適應當代社會環境而作出自我調適的特徵。具體而言，活動舉行的時間、地點和參與者相對於過去的 gataban 儀式都已經發生很大的變化。首先，在時間安排上，當代的 gataban 充分考慮到現代生活的節奏，通常根據法定的節假日靈活調整活動舉辦的時間，即「強調與『國家』和大社會脈動的整合」〔註59〕；活動地點也不再侷限於新社部落內部的固定聚集點，而是擴散到過去宜蘭原鄉的舊社，東海岸其他地區的噶瑪蘭人聚落以及新一代年輕人聚居的臺北都會區；參與的成員也不再侷限於居住在新社的族人，而是擴大到宜蘭祖居地的鄉親、散居花蓮東部、北部以及臺北都會區的人群。Gataban 獵首祭這個「傳統儀式」，經過「去部落化、去宗教化、去儀式化、去禁忌化及去男性化後，被創新為跨宗教、跨部落、跨社群、跨地域的『豐年祭』展演歌舞活動」，〔註60〕成為當代噶瑪蘭人選擇、創造、重組時空來整合各地族人，以儀式化力量形塑、建構族群認同的文化模式。

二、斷裂與接續：撒奇萊雅人的 Palamal 火神祭與文化復振

1878 年的「加禮宛事件」中，撒奇萊雅人聚居的達固湖灣大部落被清兵火攻焚毀，幸存的人群四散逃亡。為了避免被清兵追殺，逃難人群隱姓埋名依附在阿美族聚落周邊，遵循祖先的訓誡，隱藏自己是 Sakizaya 人的身份。此後，在與阿美族人長期混居、通婚的過程中，撒奇萊雅人的文化與身份認同都逐漸與阿美族融合，形成難分彼此、交融糅雜的樣態。〔註61〕在撒奇萊雅精英推動「正名」運動之前，除了撒奇萊雅語仍在少數聚落中殘存之外，屬於撒奇萊雅特有的顯性文化已經難覓蹤跡。日據時期，日本學者在進行族群調查和分類識別時，雖注意到撒奇萊雅人的語言與阿美語存在差異，但一直到 2007 年

〔註59〕劉璧榛：《從部落社會到國家化的族群：噶瑪蘭人 qataban（獵首祭─豐年節）的認同與想像展演》，《臺灣人類學刊》2010 年第 2 期，第 58 頁。

〔註60〕劉璧榛：《從部落社會到國家化的族群：噶瑪蘭人 qataban（獵首祭─豐年節）的認同與想像展演》，第 40～41 頁。

〔註61〕王佳涵：《撒奇萊雅族裔雜糅交錯的認同想像》，東臺灣研究會，2010。

「正名」以前，撒奇萊雅都被歸為南勢阿美族的一支。因此，撒奇萊雅人在特殊歷史際遇下與阿美族形成的難分難解的關係，使得 1990 年代撒奇萊雅人的「正名」運動，更像是一場尋求從阿美族分離出來的「族群獨立」運動，在發起之初便面臨著許多困難。首先，「正名」運動的組織者必須在顧及阿美族感情的前提下，提出具有說服力的論述來說明為何要進行「正名」，從而為轉換「族群身份」作鋪墊。其次，運動組織者試圖以「自決」理念來定義撒奇萊雅作為「原住民族」獨立一族的身份，必須滿足政府和社會公眾對於「撒奇萊雅作為原住民族應該擁有自己獨特的族群文化」的心理期待，這意味著，撒奇萊雅只有展示出具有與阿美族相區別的族群文化，才能夠通過「國家」行政機構對於「原住民族」認定的合法性驗證。

2007 年 8 月舉行的一場推動「正名」運動的會議上，作為核心領導者的督固‧撒耘對與會者表示：

> Sakizaya 的文化不是慢慢流失掉，而是一夕之間忽然斷掉，很多東西都找不回來了。外界都期待我們是一個新興族群，能夠看到我們有一個完整的文化，包括語言、舞蹈、祭典、歌謠等等。我們當然也很想這些東西又「蹦」地一夕之間突然冒出來，但是這不可能。所以我們只能用拼湊的（辦法），一點點、一點點把文化找回來。〔註62〕

督固的這段話，表明他對當時「正名」運動面臨的內外情勢有著清晰的認知。面對與阿美族的曖昧關係、撒奇萊雅文化本身的歷史斷裂、族裔身份的轉換與再建構等一系列複雜問題，督固等領導「正名」運動的知識精英有效地將文化作為策略和手段，成功推動了文化傳統再造與族群建構的互動過程。這些文化策略和手段包括：基於百年來撒奇萊雅人與阿美族人混居、通婚以及共享文化所形成的親密關係，將阿美族「尊奉為永遠的母族」，從而照顧阿美族人的感情，減少「正名」運動的阻力；文化復振方面，主要透過田野調查，從耆老的生命經驗、部落生活歷史中尋找和發現撒奇萊雅文化殘存的碎片，以接續斷裂的文化傳統，再造差異性的文化來清晰化撒奇萊雅與阿美族的族群邊界；族群認同的重塑，則透過「達固湖灣事件」（「加禮宛事件」）歷史記憶的再詮釋，配合集體性祭典的舉辦，建構共享的集體記憶，形塑族人的身份認同。

「正名」運動早期，有不少耆老一再告誡督固等人不可以傷害與阿美族的關係。有一些老人對撒奇萊雅「正名」脫離阿美族更是明確表示反對。因此，

〔註62〕資料來自撒韻‧武藭 2007 年 8 月 12 日的會議記錄。

推動「正名」的首要問題，是要對族群關係的歷史與未來提出新的論述。「正名」運動領導成員從兩個方面著手，一是從外來政權（西班牙、荷蘭、日本）在臺殖民時期的歷史資料中尋找有關撒奇萊雅的稱謂，或是能夠證明撒奇萊雅不屬於阿美族的記載。這方面，他們找到了西班牙史學家 Jose Eugenio Borao Mateo 與日本學者中村孝志的研究中有關 17 世紀撒奇萊雅人在花蓮地區活動的文獻證據，能夠證明在特定歷史時空下阿美族與撒奇萊雅人的關係曾是互補和隸屬的狀態。〔註63〕二是在當代關係的處理上，基於與阿美族百年來的民族感情，尊奉阿美族為「永遠的母族」。這是一個謹慎處理與阿美族歷史感情的完美創意，它以充滿感恩的柔性方式重新定義了阿美族與「撒奇萊雅族」的關係：

> 西元 1878 年達固湖灣事件之後，撒奇萊雅人逃離故鄉、流浪天涯。阿美（Pangcah）族人包容接納無家可歸的撒奇萊雅族人，支持、保護，並提供土地讓其重建家園。百餘年來阿美族的情義滋潤了瀕臨斷脈的撒奇萊雅族。
>
> 今天，撒奇萊雅族的復名離去，乃是為民族文化及宗脈的延續找出一條生路，絕非割袍斷義。
>
> 撒奇萊雅千秋萬代，必須謹記達固湖灣的血淚及 Komod Pazik 大阿瑪的遺訓，更要將阿美族人的盛情高義、百年恩情永志於心，尊奉阿美族為撒奇萊雅族「永遠的母族」。〔註64〕

基於以上的這套論述，「正名」運動確立「臺灣 13，百年復活，母族 Pangcah，永遠莫忘！」作為文宣口號。

在文化復振方面，「正名」運動領導者們主要透過對「加禮宛事件」的歷史記憶以及既有文化傳統的重構，創設了大型的祭典 palamal（火神祭），使其成為撒奇萊雅族裔追祭祖先，凝聚族群認同，復振和展示族群文化的一項重大活動，迄今已連續舉辦了 13 年。

1990 年，李來旺校長召集了一批對撒奇萊雅有強烈認同的族人在花蓮市農兵橋下（達固湖灣舊部落主出入口位置）舉辦了首次祭祖大典，旨在緬懷和追祭在「加禮宛事件」（達固湖灣事件）中受難的先人。2003 年，李校長辭世

〔註63〕靳菱菱：《認同的路徑：撒奇萊雅族與太魯閣族的比較研究》，麗文文化，第
　　　　165～166 頁。
〔註64〕花蓮縣撒基拉雅協會自製的《Sakizaya 撒奇萊雅族簡介》序言。

後，督固‧撒耘、伊央‧撒耘兄弟以及其他幾位年輕的知識精英聯合部落耆老整合各部落力量，繼續領導「正名」運動，於 2006 年再度復辦祭祖儀式，並正式將祭儀定名為 palamal 火神祭。

　　火神祭是為了配合族群「正名」運動而建構的一個大型祭典，它脫胎於撒奇萊雅人過往舉辦火祭和祖靈祭的傳統習俗，並將「火」作為核心元素融入對「加禮宛事件」歷史記憶的論述中，希望凸顯撒奇萊雅人「因火而亡，也要因火而生」的意象。〔註65〕根據耆老的回憶，火在撒奇萊雅人過去的生活中，曾經扮演重要的角色。首先，火在傳統喪禮中，具有報告訊息和召集族人的功能。過去部落裏若有人去世，死者家就會在家屋外燃起火堆，以告知族人。晚上，頭目和耆老會來到其家中探視，大家圍坐在火堆旁，講述祖先流傳下來的故事以及和死者有關的事蹟。這樣的活動每個晚上都會舉行，一直到葬禮舉行後才熄滅火堆。其次，撒奇萊雅人有辦理「火祭」的習俗。舉辦火祭的原因，一般是由於天雨不止發生水患或是部落中發生不明原因的集體死亡（如瘟疫等）。因此，「火祭」在過去是一種祈晴止雨的儀式或是用於驅邪的祭儀。另外，撒奇萊雅人也有祭祀祖靈的習慣，這是一種在每年秋天舉辦，以家戶為單位分別舉行的例行祭祀。

　　2005 年 4 月 16 日，「Sakizaya 新族群運動聯盟」成立，聯盟核心成員開始討論以 1990 年的祭祖大典為基礎，恢復舉辦祭祖活動的可行性。在次年 4 月初舉行的一次族群會議上，撒固兒部落頭目 Tubah Kumud 提議以「火祭」的古禮追祀「達固湖灣事件」中犧牲的先人。他認為，如果要恢復祭祖，則可以把祭祖活動定為每年固定舉辦的祭典。鑒於「達固湖灣事件」中族人大量死亡，甚至「差點滅族」，符合舉辦傳統「火祭」的條件，因此可以採用「火祭」的形式。關於祭典的名稱，他認為 palamal（撒奇萊雅語，火祭）這個詞有「溫暖」、「聚集」的意思，因此建議繼續沿用 palamal 作為祭典的名稱。〔註66〕Tubah 的提議獲得了採納，經過眾人討論後，最終決議將傳統祭典中於秋季舉

〔註65〕火與撒奇萊雅人的戰爭和逃亡記憶有關。達固湖灣事件的那一場毀家滅社之火，將他們世代聚居的家園化為灰燼，也開啟了族群的離散之路。選擇火作為祭典的意象，是因為火關聯著這樣一段充滿血淚的族群集體記憶，它能夠提醒族人勿忘歷史；另一方面，對於當代的撒奇萊雅族裔而言，火神祭的火已不再是那令人戰兢恐懼的死亡之火，而是當代重聚族人、復振族群的照明引路之火，它象徵著族群在走過滅亡陰影之後的重生。

〔註66〕撒韻‧武著：《撒奇萊雅族的精神：文化與實踐》，臺灣東華大學族群關係研究所碩士學位論文，2014，第 75 頁。

辦的祖靈祭和與舉喪、除喪有關的火祭以及旨在紀念 1878 年「加禮宛事件」（達固湖灣事件）的三個祭儀結合成為 palamal。而 palamal 的中文譯名，則在後續討論中因追認「達固湖灣事件」中犧牲的大頭目 Kumud Pazik 及其夫人 Icep Kanasaw 為火神和火神太，因而定名為「火神祭」。根據決議對火神祭的內涵與功能設定，整個火神祭的程序是以祖靈祭作為主要架構，傳承傳統火祭的意義，同時結合「達固湖灣事件」歷史情境的重現，來形塑族人的族群意識。

從 2005 年 5 月 15 日開始，在撒固兒部落社區活動中心舉辦的三場火神祭籌備會議中，撒奇萊雅老、中、青三代族人共同參與，領導「正名」運動的年輕知識精英與各部落耆老經過反覆協商討論，最終確定了祭禮人員的分工與祭祀程序，祭典的總體架構基本成型。火神祭的人員構成、祭祀程序及文化元素等，如下表所示：

表 5.1　火神祭融合三大主題及傳統習俗

主題名稱	主要採用內容	意義重點
祖靈祭	迎神（召靈）、祭神（娛靈）、送神（送靈）、供奉祭品、潔淨除穢	祭祀祖靈及守護神
火祭	點火、主祭、焚燒祭屋、移靈、安靈	奉祀歷代因為戰爭、逃難、瘟疫而死亡之先民
紀念達固湖灣事件	追祀火神及火神太、五色使者、日落時刻、達固湖灣火圈突圍、清兵牆交戰、指揮官、交戰部隊、旗隊、火神之舞、火影之舞、邀請噶瑪蘭族祭師及族人參與	民族教育實境參與、凝聚民族意識
其他	訊息火、邀任監祭、請示啟禮、長老會議	傳統習俗

來源：督固‧撒耘提供

為舉辦首屆 palamal 火神祭，「撒奇萊雅新族群運動聯盟」於 2006 年 2 月開始進行籌備，先後舉辦了 14 次會議，最終確定於 2006 年 7 月 1 日在花蓮市國福大橋下的圓形廣場舉辦。同時，運動聯盟組織人員赴撒固兒（Sakul）、水璉（Ciwidian）、馬立雲（Maibul）、北埔（Hupo'）、山興（Cirakayan）等有撒奇萊雅後裔居住的部落舉行說明會。

2006 年，新創設的「火神祭」在撒固兒部落首次舉辦，共有五道程序（序

曲、迎曲、祭曲、火曲、終曲）、七道法禮（報訊、請示、啟禮、迎神、祭神、火燒、送神）。祭禮人員設主祭（sitadugusay）一位、監祭（babalaki）一位、輔祭（miedapay）五位、祝禱師（padungiay/paduduay/palungucay）一位，其中五位輔祭同時擔任紅、白、綠、黑、藍五色使者。〔註67〕主祭（sitadugusay）是祭典的總指揮和靈魂人物，由年高德劭的耆老擔任，負責調控祭祀的各個環節。在祭典過程中，主祭要帶領祭眾跨越火堆，繞境（古戰場與部落範圍）召喚亡靈到祭場參加祭典。輔祭是五個火神使者，分別以黑、白、紅、藍、綠五色代表「達固湖灣事件」前五個部落的頭目。在祭典的不同階段，他們以「輔祭」和「使者」兩種身份，交替維持祭典的進行。監祭由年齡階層最高的長老擔任，這是祭典設置的一個榮譽性職位，體現了撒奇萊雅人敬老尊賢的傳統。監祭負責督導整個祭典流程和祭祀狀況。祝禱師（padungiay/paduduay/palungucay）是為替代祭師團的空缺而設置的象徵性人物。祝禱師的身份介於平常人與祭師之間，雖然沒有通靈的能力，但是通曉祭典程序及其意涵。祝禱師的設置，是彌合傳統祭儀文化斷裂所做的創新，使祭典程序獲得了相對完整性，祭儀文化也因此有了傳承者與學習者。〔註68〕

祭典中的五道祭祀程序具體如下：

程序一：序曲（含報訊、請示、啟禮三道法禮）。祭典前45分鐘，五色使者、祝禱師、年齡階層各就各位。各部落長老和頭目到會場中央集合，舉行長老會議，商議下一年度火神祭舉辦的時間與承辦部落，隨後向族人宣布。同一時間，祝禱師預備點燃訊息火，向祖靈和族人通報祭典即將開始。接著，主祭向祭眾解說祭典的程序以及撒奇萊雅先人在「達固湖灣事件」中的事蹟。解說完畢，17時35分，主祭請示監祭，詢問祭典是否可以正式開始。監祭示意同意後，17時36分，祭典正式開始。

程序二：迎曲（迎神法禮）。隨著「咚咚咚咚」的木鼓聲響起，祝禱師面向東方，口含米酒，噴灑在祭臺上，念誦《迎靈祭辭》，迎接從東方穿越美崙

〔註67〕紅色使者額紅開眼，以紅花開啟靈魂之眼，迎接火神，傳承智慧；白色使者代表火神光照，點燃火把，代表祖先交付的薪傳，為族人點燃光明的未來；綠色使者以刺竹除穢，藉刺竹的拍打，去除舊有厄運和晦氣；黑色使者以炭黑隱身，讓惡靈、厄運無法近身；藍色使者甘露止渴，以酒水解除長久以來族人心靈與智慧的鳩渴。

〔註68〕撒韻‧武著：《撒奇萊雅族的精神：文化與實踐》，臺灣東華大學族群關係研究所碩士學位論文，2014，第79～85頁。

山來到會場的祖靈：

> 這裡有酒，
>
> 這裡有檳榔和荖葉，
>
> 這裡有米糕和很多祭品。
>
> 撒奇萊雅族因火而亡，撒奇萊雅族也因火而重生。

祝禱師祝禱完畢，圍成圓圈的族人開始以緩慢的舞步，配合略顯低沉的樂曲，展開娛靈的序曲。祝禱師繼續念誦《娛靈祈福》祭辭：

> 現在讓您們歡喜，我們現在要跳舞，我們現在要唱歌，看著我
>
> 們吧！注視著我們吧！

此時儀式轉入娛靈的環節，各部落的族人輪流將自己排練的樂舞獻給祖靈觀看。

程序三：祭曲（祭神法禮）。娛靈結束後，祝禱師接著念誦祭神祭辭：

> 讓您們吃飽，讓您們喝足，祭祀您們，向您們傾吐心事。

祭神的環節正式開始，祭眾在祭禮人員的帶領下往火場移動，族人們把準備好的祭品依序放入祭屋中，讓祖靈享用。祭品擺放完畢，由主祭、輔祭及祝禱師進行祭祀。

程序四：火曲（火燒法禮）。祭祀完畢，白領使者點燃主祭與輔祭的火把，於引火處點燃祭屋。祭屋在熊熊烈焰中燃燒、坍塌，燒盡後即宣告祭神結束，儀式開始進入送神的環節。

程序五：終曲（送神法禮）。主祭口念禱辭感謝祖靈，督促他們啟程。祝禱師口念送神祭辭，揮動刺竹，送靈上路：

> 神明啊！您們要離開了。
>
> 長輩啊！您們要離開了。
>
> 祖靈啊！您們要離開了。
>
> 出發了！神明啊！
>
> 出發了！長輩們啊！
>
> 出發了，祖靈啊！

輔祭領唱「送神曲」，祭眾牽手跳「火神之舞」，直到主祭宣布火神祭圓滿結束並祝福祭眾。

2006 年成功舉辦的第一場火神祭，確立了祭典的基本運作模式。根據祭典舉辦的實際情況，2007 年之後的火神祭，程序上一直在進行小幅調整，以

符合祭祀的需求。2006 年第一屆火神祭之後，一些長老提出，祭祀的範圍不能只侷限在撒固兒部落，而應該涵蓋整個族群的傳統領域，也即古達固湖灣部落的領地，如此才能充分表達祭祖的意義。於是，他們提議祭典增加繞祭的環節，即繞到古戰場地點和古部落的出入口去祭祀，祭完再返回祭典主會場。因此，2007 年的火神祭增加了繞祭環節。在祭典過程中，主祭和五色使者手持火吧，攜帶祭品，乘車到農兵橋、十六股城、四維高中等地祭祀。〔註69〕回來後，再環繞主祭場四周繞行除穢。不過，由於古部落範圍太大，繞祭耗時冗長，增加了整個祭典的時間。考慮到馬立雲部落族人回程遙遠，故 2010 年的火神祭又取消繞祭，挪至每年 1 月 17 日的「正名」週年紀念日辦理，只保留主祭場的繞境除穢環節。

　　2008 年的火神祭，為強化火神祭對族人，尤其是青少年的教育意義，特別加入了主祭化身古穆德大頭目，帶領祭眾衝出火場的環節，重現當年祖先逃出部落的情景。另外，還設置了清兵牆，由復振的年齡階層成員擔任軍事指揮官、弓箭手、彈弓手、擲石手等，模擬當時與清兵對戰的情境。2009 年，撒奇萊雅族與噶瑪蘭族共同舉辦「達固湖灣事件」（「加禮宛事件」）紀念活動，並埋石立約，再次確認兩族的結盟關係。同時，為因應參加祭典的政府官員、貴賓介紹與致詞禮節的需要，在祭典的間隙設定了六個祝福時間點，安排官員、貴賓以祝福和斟酒的方式進行。2010 年 10 月，火神祭在東海岸磯崎部落主辦。2011 年由北埔部落主辦，並首度邀請噶瑪蘭族時年 81 歲的潘烏吉祭師一同參加祭祀。2012 年正式於祭屋前奉祀噶瑪蘭族祖靈，並擴大邀請噶瑪蘭族祭師、頭目及族人參與祭祀，此後兩族每年皆合作完成大祭。2015 年共舉辦兩場火神祭，一場是 8 月 2 日由旅居桃園的族人在桃園舉辦；另一場則是花蓮地區的族人結合「達固湖灣及加禮宛戰役」紀念公園的落成揭幕典禮，於 11 月 14 日舉辦戰後 137 年火神祭。2017 年也舉辦了兩場火神祭，一場在壽豐鄉的水璉部落承辦，另一場由旅北的族人在桃園主辦。〔註70〕

〔註69〕據潘繼道考證，農兵橋、十六股城兩地是達固湖灣事件中族人傷亡最慘烈之處，而據部落長老說法，四維高中所在地則是古時撒奇萊雅婦女汲水之處，見潘繼道：《國家、區域與族群：臺灣後山奇萊地區原住民族群歷史變遷之研究（1874～1945）》，臺灣師範大學歷史研究所博士學位論文，2005，第 56頁。

〔註70〕督固撒耘、王佳涵：《「撒奇萊雅族火神祭 Sakizaya Palamal」儀式重建之意義與內涵》，慈濟大學兩岸鄉村部落紀錄片影展暨物質文化產業研討會論文，2015 年 12 月 9 日。

　　火神祭是撒奇萊雅族群復振運動的產物，也是目前撒奇萊雅族最具辨識度的文化復振成果，它是撒奇萊雅人對中斷了 120 多年的文化傳統進行接續、重構與「再發明」的產物。火神祭與「加禮宛事件」的歷史記憶緊密連結，儀式過程創造了一個再現「族群歷史」的神聖空間，讓參與者得以通過身體的在場而共享「族群」歷史記憶，從而形塑對族群的情感與認同。祭典也復振了撒奇萊雅的祭儀、族語、樂舞和年齡階層組織等，其策劃、籌備與實踐的過程，聯結起散居各地的族裔，知識精英、耆老、婦女以及年輕世代的族人發揮各自的力量，成為文化實踐的行動者與參與者，使得族群的邊界進一步延伸。火神祭在年復一年的實踐中，通過舉辦地點的輪替，逐漸成為建構撒奇萊雅族「想像的共同體」的媒介和紐帶。更重要的是，火神祭以對文化傳統的接續與再造，向外界彰顯了屬於撒奇萊雅族的獨特文化，成為區隔與阿美族的族群邊界的一個文化標示，為助力族群「正名」運動和族群性的建構奠定了穩固的基石。

第三節　文化政治整合與族群發展路徑的探索

一、族群精英與族群發展的文化政治路線

　　噶瑪蘭族與撒奇萊雅族的成功「復名」與「正名」，意味著兩族正式被整合到所謂的「國家多元族群體系」中。王雅萍指出，語言復振、文化傳遞、土地保障、經濟發展、民族自治等一連串民族集體權的維護，是一個新民族被認定後要面對的主要問題。〔註 71〕在自治權、土地權仍未得到真正落實的情況下，原住民族從「政府」的文化多元族群政策中爭取經費和資源來開展族群社會文化的復振工作，是謀求自身存續和發展的唯一路徑。為瞭解臺灣當局的文化政策和經濟資源落實到基層原住民社會的具體過程，我們首先要對當下臺灣原住民社會的現狀和「族群復振」的運作方式有一個基本認識。

　　在臺灣當局現行的行政治理體系下，基層沒有類似大陸的村委會，雖然有村民大會，但並不是正式的行政單位，村辦公室只是一個代辦事務的地方而已。「政府」行政體系最末端的基層單位是「里」，其管轄範圍通常包括多個原住民聚落以及漢人的聚落（如社等）。里長是市公所派駐基層負責處理「里」

〔註71〕王雅萍：《原住民文化活動觀察：談臺灣新民族認定》，《臺灣立報》，2008 年 6 月 17 日 11 版。

的事務的行政人員，整個里的發展或者建設，里長是最末端的執行者。〔註72〕
而原住民平時所稱的「部落」，是一個基於傳統部落社會的習慣沿用至今的概念，並不在政府的行政體系之內。由於目前原住民社會也已經完成現代化的轉型，現今所稱的部落雖然仍屬於原住民文化系統中的地域概念，但其意義已和過去有很大的不同。過去部落中最高的領導人是頭目，具有絕對的權威，與年齡階層組織共同構成部落的政治實體。但在現今的生活中，頭目已經變成一個只有象徵意義的頭銜，他的話不再是不可違抗的命令，年齡階層組織也已經解體，無法繼續發揮過去維繫部落社會運轉的作用。

　　以撒奇萊雅族的撒固兒部落為例，年齡組織在「正名」以前就已經斷掉很久了，目前部落耆老正在著手進行的年齡階層復振工作，由於青少年的人數太少甚至無法成立一個年齡組織，因此只能往外面去找跟部落有關係的人。這些被邀請加入年齡組織的青少年，大都住在花蓮市區、吉安鄉、美崙等地，有的則是從花蓮搬到外縣市去的，只是由於他們的父母或祖父母曾經是這個部落的一份子，所以被邀請來加入。另外也有特殊的情況，比如督固的二兒子飛亞・飛丞也在撒固兒部落復振的年齡組織裏，但他家原來是在水璉部落的，只是因為符合年齡要求，住得又離部落比較近，所以被要求加入。督固說，現在的年齡階層更像是一種聯誼性質的組織，因為不能像以前那樣採取強制的方式，而必須透過成員的力量去聯絡成員。年齡組織也不再被要求像過去那樣常駐會所，因為大部分人都在外工作或求學，只能是在寒暑假或是祭典的時候把他們叫回來做短暫的集訓，之後就去做公共服務或籌辦祭典。〔註73〕

　　　　頭目叫他一定要來，但他可以不來，為什麼要去？當然頭目可
　　　能會去跟他父母講，父母如果比較尊敬頭目或者是他們自己有親戚
　　　關係，請他們的小孩去參加。另外就是透過同儕，就是這一級的成
　　　員，如果有幾個向心力比較高的，去聯絡逼他來，利用同儕的力量，
　　　讓他參與或者讓他覺得如果沒有來會覺得愧疚，還是比較鬆散的運
　　　作啦。另外也沒有分男女，因為人實在太少，只要是屬於這個年齡
　　　層的男生或女生，都可以加進來，只是在訓練的時候會分開，男生

〔註72〕根據 2016 年 7 月 24 日筆者訪談督固・撒耘的訪談筆記整理。
〔註73〕2016 年的豐年祭，撒固兒部落的年齡階級在祭典的前一天，集體在部落的祭
　　　　祀廣場搭蓋僚棚，晚上就睡在僚棚中。在第二天祭典的開場儀式中，年齡階層
　　　　抬著柴薪、水、檳郎等豐年祭物品出場，象徵性展示過去年齡組織負責準備豐
　　　　年祭物資的職責，之後又表演戰舞等傳統舞蹈，展示文化復振的訓練成果。

> 該接受的訓練內容，比如說舞蹈，搭僚或者是野外求生，或者祭典
> 儀式，還是以男生為主，女生就不會去接受這樣的訓練。可是在一
> 些單純的集會或是表演節目的時候，就會把它放在年齡階級裏。
>
> （2016/10/02 訪談督固）

男女混合組成年齡階層的現象，是現在很多無法重建年齡組織的部落普遍的現象。由於人數參差不齊，撒固兒部落目前只復振了一個年齡組，其他的年齡組暫時空著，只有名字而沒有人。這種現象在阿美族的一些大部落也是普遍存在，例如馬太鞍部落，雖然很大，但人數也是不夠，就只能強制要求所有符合年齡的男生女生全部加入年齡組織，只不過訓練也是以男生為主，女生只負責做一些輔助性的工作。

在部落已經形同「空殼」，人口流動頻繁、文化系統與社會組織都需要重建的現實情況下，撒奇萊雅族的知識精英與部落領袖在「正名」運動的實踐過程中，逐漸發展出一套相互配合，協同推動部落復振事務發展的新模式。一方面，向「政府」申請各種經費補助和資源，需要會撰寫計劃專案，具備與公部門打交道能力的人，這方面的事情就由政治精英和知識人才負責。而經費申請下來後，相關的計劃案則需要由熟悉部落情況，具有社會動員能力的部落領袖（頭目、副頭目、耆老等）去推動和執行。尤其是部落的公共建設、文化復振的工作，基本上只能由部落頭目、耆老去具體推動。在這種情況下，頭目的地位仍然是很重要的。

> 所以頭目就變得很重要，像撒固兒部落的黃德勇頭目就是相當
> 認真的。雖然他現在卸任了，還是沒有停止。除了部落的事務之外，
> 那些公共建設也好，或者是爭取經費，他很少停下來。所以為什麼
> 撒固兒部落的基礎建設，或者是文化意象做得比其他部落做得好，
> 就是因為他的工程多，雖然都是小小的項目，但是比例上是很高的，
> 到處都看得到。那有的部落幾乎都沒有，可能十年、二十年從來沒
> 有一筆公部門的經費進去，也有這種部落啊。那是什麼原因，當然
> 有很多，有可能是因為頭目，也有可能是因為信息不充分，或者是
> 太偏僻之類的。不過像黃頭目他就是非常積極的，他的上一任和下
> 一任頭目都比他差。所以目前撒固兒部落所有你看到的文化意象的
> 建設，幾乎都是在黃德勇頭目的任內爭取到的。（2016/10/02 訪談
> 督固）

　　在現行的行政管理體制下，部落可以從多種渠道獲取「政府」經費資助，除了原民會會透過「縣政府」提供經費外，「中央政府」的各部會，如「經濟部」、「農委會」、「文化部」、「交通部」、「國防部」等也都有相應的經費。具體而言，由於每個部落的發展方向和在地資源有所不同，可能獲取經費的來源和額度也不盡相同。以農業為主的部落，可能主要經費來源就是「農委會」；如果是適合發展觀光產業的，則可以向「交通部觀光局」申請經費來做社區街道的改善、基礎設施建設等，或是用來輔導一些特定的產業推展觀光業。在一些保存有歷史文化遺址的部落，可能還會有「文化部」的經費進去，用來做遺產維護保養和修復工作等。也有一些部落是向「經濟部」申請經費補貼來發展特色產業。例如，撒固兒部落的經費既有來自「原民會」（透過「縣政府」）的，也有「市公所」的，也有「國防部」的（因為佳山基地彈藥庫在撒固兒部落附近，所以「國防部」給一些補貼），也有來自「農委會」的（推動農村再生和水土保持工作）。〔註74〕

　　經費補助進入部落有兩種方式，一種是部落自己申請，另一種是被「政府部門」選中，作為它推展相關計劃的試點。「政府部門」通過觀察，認為這個地方適合發展什麼項目，就會去跟部落談，或者是鼓勵部落來提計劃。基層單位也會宣傳這一類的信息，讓各部落瞭解各種經費補助的發展計劃，有多少錢，要做什麼事，然後由部落提交申請，由資助的部門審批後給予補助。申請經費的機構基本上是以民間社團為主，部落必須成立協會（法人），因為所有經費都必須要立案，需要跟「政府」簽定契約。所以在臺灣的原住民部落，可以看到有很多以「社區發展協會」、「文化發展協會」為名的地方社團組織。這些組織的負責人一般也都是部落的頭目、族群領袖等精英分子。這些人的政治資源和活動能力在很大程度上決定著部落從「政府」取得經費和資源的多寡，而他們發展部落、復振族群文化的積極性與責任心，也關係到這些工作的實際成效。

　　在撒奇萊雅族的所有部落中，撒固兒部落的文化復振工作是做得最好的。提起前頭目黃德勇對於族群復振工作的「認真、用心」，督固的言談中充滿了敬佩之意，認為都可以幫黃德勇立碑了，因為他確實為部落做了非常多的事情，而私底下努力的過程，有許多都是族人不知道的。撒固兒部落基本上所有的營造項目，都是由他來發動，從頭盯到尾，找到問題，他就馬上去解決。

〔註74〕根據 2016 年 7 月 24 日筆者訪談督固・撒耘的田野筆記整理。

他的弟弟和弟媳婦相對年輕，弟媳逸煒的書寫能力比較好就負責寫計劃，黃頭目自己則負責執行，去向公部門爭取經費。據督固自己透露，他在擔任「原住民行政處」任「副處長」期間，對於黃德勇提交上來的計劃，只要是有可行性的，都在職權範圍內給予優先審批，同時也積極向「中央」爭取，說服「中央」的長官資助相關計劃的經費。督固回憶起以前黃德勇來找他辦事的情景，讚歎道：

> 他以前多勤勞啊，一個禮拜至少兩次、三次到我辦公室來。他的意思很明顯啊，不會沒事來。以前也會來，但不會一直來，那後面就是一直有事一直來。而且不是只有到我這裡啊，別的單位他也會去。他會去民政處、教育處，跑到原民會去，不是只來我這裡。他願意花自己時間，車費去做這些事情。不是閒著沒事做，他也有工作。去釣魚多好啊，又不是沒事幹。所以他就是常來，我就跟他聊天，討論哪些要做的，他就會趕快著手去處理。……黃頭目真的是相當令人敬佩的，其實他文化能力不是很高，比如說部落營造，裏面有很多撒奇萊雅的文化意象，或者那些陶版畫的故事，那些大部分他其實不是很清楚，但是你講給他聽，他覺得很重要，他就要去做。他就把很重要的三個大時代，就把它弄出來讓別人知道。陶版畫也是一樣，每個小故事，我記不住，我不會寫，那我們就把它畫出來，貼在牆壁上就不會忘記。將來我從第一幅講到第八十幅，照順序一個一個講，不會漏掉啊，因為他覺得很重要，他就想盡辦法看要怎麼留下來，所以就想辦法去找錢。所以以前我也是幫他，那些經費都是偷偷給，在自己權力範圍內可以處理的就處理。但重點是它可行，你拿個計劃來，不可行的我想給都不知道怎麼給。你拿來的計劃是可行的，非常好，我們是給得心甘情願，很多長官或者審查委員都覺得很好，所以給的是名正言順的。（2016/10/02 訪談督固）

目前撒奇萊雅族每年舉辦火神祭的經費來源，主要來自「縣政府」的專項撥款。而這項經費，也是督固在任職「花蓮縣原住民行政處副處長」的時候編列進去的。

> 縣政府的錢是當時我在當副處長的時候把它編進去，以前是沒有預算，每次舉辦就四處去要錢，過去要得很辛苦。後來升副處長

以後，第一年編預算的時候我就跟處長建議，編一個固定的預算。不是完全針對撒奇萊雅啦，只是藏進去，跟對各族群壯大相關的傳統歲時祭儀我們固定補助，不是臨時補助。因為臨時補助有時候不夠用或者剩太多，剩太多或者不夠用都很麻煩。那就把它編固定，比較方便，而且，到時候程序比較好操作，因為有預算你可以直接用，如果沒有預算挪用的話，你要一關一關去處理。那就把它放進去，有一筆錢專門針對火神祭的補助，當然其他族群也各有各的。所以從那時候開始就不用再找錢了，已經編好預算可以直接用了。

（2016/10/02 訪談督固）

　　火神祭的活動經費，除了向縣政府申請資助外，也可以向其他政府部門去申請補貼。過去十年來，撒奇萊雅族的火神祭每年基本都固定在花蓮市郊的撒固兒部落舉辦。由於這個祭典規模盛大，加上撒奇萊雅族擁有獨特的歷史傳說，市公所有意將火神祭納入到整個教育與觀光體系中，並給予「輔導」和相應的支持。雖然市公所併沒有專項的經費可以直接補貼給火神祭，但它通常採用「換」的辦法來靈活處理。簡單說，就是不給經費而給予等值的利益，通過一些方式來補助活動的費用支出。例如，市公所可以承攬活動的廣告和文宣事務，並從觀光預算裏面去支付相應的費用，為活動主辦方節省這部分錢。另外，「市公所」也可以調動其行政資源來協助活動的辦理：

　　　　祭典之前街道、場地要清潔、整理，以前是一個禮拜掃一次，現在整個禮拜都幫你掃。然後傍晚之後有些垃圾，我幫你清；其他的什麼電燈那些，辦活動的時候都幫你架好。還有交通指揮，幫你找警察、義工維持秩序，這些都是附帶的，活動廁所，活動垃圾車，他都幫你出。這都是他本身就有的資源，你要叫它拿錢出來，沒有，叫他的員工去就有。他有垃圾車、有志工，有一些小設備，有水電班、除草班，都是自己的人，叫他去就去了，不用花錢，因為他們領薪水的。解決了很多場地的事情，這樣就很好。（2016/10/02 訪談督固）

　　從撒奇萊雅族申請政府經費發展族群文化的諸多例子，可以看到原住民知識精英與部落耆老在其中所扮演的主導性作用。這方面，噶瑪蘭族的情況也是大同小異。噶瑪蘭族「復名」成功後，於 2003 年在新社成立了以復振族群社會文化為目標的「花蓮縣噶瑪蘭族發展協會」，由潘朝成擔任創會會長（現

任執行長），協會中的理事、監事等主要成員則來自噶瑪蘭族各部落。協會成立後，決定將目前噶瑪蘭族獨有的香蕉絲編織作為特色產業來發展，並由會長潘朝成擔任負責人。2016 年 9 月的一天，潘朝成在他位於慈濟大學的影像工作室接受訪談時，向我介紹了新社發展香蕉絲產業的情況。

> 在草創時期是很辛苦的，因為香蕉絲編織技術本來是已經斷根了，必須透過組織的力量再做。所以 2004 年，我們就從政府申請了一點錢，做部落扎根的工作，當時弄了一個十年、五階段的發展計劃。我們歷代幾百年豐富的知識，技術、技法，可能還要牽扯到文化美學、民族美學呢，這些我們暫時還沒法深入去研究。現有經費基本上只夠工料費，而且要學習祖先的知識、技術，必須要長期，因為斷太久了。我們部落是到 90 年代要開始正名，老人家提起說我們有香蕉絲，之後才開始著手復振香蕉絲編織技術的。可是做到我們正名之後，還是一直在做很粗糙的產品，所以我當時就提出說我們是不是要發展一些更精緻的東西。剛開始就是像初學一樣，經過慢慢發展才有現在這些成果。還有很長的路要走，這個事也是要跟公部門商量。他們說，「你們老是什麼扎根……」我說扎根扎根要扎很久啊，而且年輕人都沒有做，他們也不一定要做，都是中老年婦女在做。所以就這樣每年寫計劃，申請經費，一直持續下來。
> （2016/09/29 訪談潘朝成）

目前維持新社香蕉絲工坊運轉的經費來源主要是「勞動部」補助的經費，已經申請五、六年了。前三年，工坊是以社會型企業的身份申請經費，政府補貼全部工資。工坊幾個工人加一個經理，一年總共資助 200 多萬臺幣，期限三年。第四年的時候，政府認為扶持到一定程度，就應該培育自立能力，要求工坊自己負擔一名員工的工資，一年需要 25～30 萬臺幣的費用。2016 年，新社香蕉絲工坊包括員工、經理以及在花蓮的總幹事在內，共有 12 個人，根據「勞動部」的要求，工坊需要自己負擔四個正式員工和三個兼職員工的工資，加上房屋租金、水電費、行政費等，壓力變得很大。潘朝成向我訴苦說：

> 很苦啊！明年他叫我養五個，我說那我就倒了，我今年已經養不起了。可是今年我可以過。你知道為什麼？透過關係嘛，像乞丐一樣，因為你有做事情嘛，那就可以從文化部拿到一點錢，縣政府拿到一點錢。（2016/09/29 訪談潘朝成）

　　新社的香蕉絲產業已經復振了十幾年，但就目前工坊的運作來看，仍處於盈利不足的狀態，一年只有 20 幾萬臺幣的銷售額。潘朝成無奈地說：

　　　　這種東西就是要撐嘛，這種文創品要培養喜歡的人是需要很長時間的。所以說我們做民族文化的復振，非常辛苦。……我一直覺得，如果我們沒有做下去，可能全臺灣唯一的一個香蕉絲工坊，好不容易建立起來的，就要倒了。有時候我們說，讓部落的人自己來學，自己來學，但是真的很難。……沒有人學這個東西它就失能了嘛。所以我說，這個斷了哦，不要說往前發展，要維持都很困難，這個在臺灣是個困難的點。（2016/09/29 訪談潘朝成）

　　勞動部要求工坊明年自己養五個員工，潘朝成覺得可能會承受不了，那要如何繼續撐下去呢？他想到的辦法是通過私人關係，把這個情況反映給在「國會」擔任「立法委員」的老朋友高金素梅，向她尋求幫助。

　　　　因為我是她的顧問，我跟她是 20 年的朋友了。她說這個政策是有問題的，我說你們要講嘛。……立法委員辦公室就打電話給勞動部，「你們要支持小農啊，你們這樣下去小農就死掉了」。勞動部說，「四個他們養得很好啊……」，辦公室的人就說，「養得很好？！我們在外面找錢去幫噶瑪蘭發展協會啊，要不然他們快活不下去了，你們不算一下……」。一個禮拜以後，勞動部就打來電話，說「總幹事，計劃改一下，寫三個就好了。」（2016/09/29 訪談潘朝成）

　　從新社香蕉絲工坊的例子中，可以明顯看到原住民的文化發展對政府經濟資源的高度依賴性。為了維持香蕉絲工坊的運轉，潘朝成只能靠寫報告、託關係四處去向公部門乞求經費資助。所以，他很期盼能夠早日實現民族自治：

　　　　所以我們認為還是要自治。自治才有解決這個問題的希望。自治的政府有財力，另外我們還有自然資源的採集權，我有土地嘛，我們還可以立法。現在這樣就像乞丐一樣，都是要靠關係。

　　　　（2016/09/29 訪談潘朝成）

　　長久隱藏在臺灣社會舞臺幕後的撒奇萊雅人與噶瑪蘭人，在「復名」、「正名」成功後，都面臨著在現代環境中維繫族群、復振族群文化的艱辛之路。族群精英以文化政治路線推動族群復振的方式，呈現出在當代臺灣的政治環境下文化實踐與政治緊密聯結的整合性特徵。兩族在被當局認定為「原住民族」之後，雖然能夠以新的族群身份取得各種經濟利益的「好處」，然而對於政府

經濟資源的深度依賴，也讓他們失去主導自己社會文化發展的自主權，反而更深地被嵌入「國家」體制的框架下。在自治沒有落實的情況下，原住民精英只能與體制達成妥協，並積極發揮自身的能動性在體制內「挖礦」，運用諸如權力、「關係」等手段去最大化地爭取各種資源和利益，以維繫族群事務的發展。

二、政治結構困境與族群發展的路徑探索

　　黃應貴的研究指出，在新自由主義的影響下，當代臺灣原住民的生活已逐漸呈現出新的面貌。新自由主義秩序的形成過程，改變了臺灣地方社會原有的族群、宗教、文化認同觀念以及人們的生活方式。〔註75〕在原住民社會，雖然近30年來台當局對本土文化日益重視，原住民的文化自信心也在「去污名化」過程中得到很大提升，文化復振工作也在持續地推進。然而，在當前的社會大環境下，部落生活對大部分的年輕人已經失去了吸引力。青年一代大量進入城市求學和謀生，久居於都市讓他們對自己的族群身份和原鄉的生活文化表現出越來越淡漠和疏離的心態。在部落內部，由於頭目與年齡階層制度已經瓦解，部落已經失去對其內部成員的約束力。而老年人群體的逐漸凋零，則讓傳統文化的傳承面臨著斷層和傳承無力的危機。這些擺在面前的現實問題，使得族群的維繫面臨著巨大的困境，也很難不讓人產生一些悲觀的情緒。噶瑪蘭族精英潘朝成在接受我的訪談中，曾不止一次提及他對當下年輕人的失望，認為年輕人「對族群缺乏認同感，不出來做事」，甚至說出「族群滅亡就滅亡啦……」之類的喪氣話。撒奇萊雅族領袖督固也同樣對族群未來的發展深感憂慮：

　　　　老實說我也很悲觀啊，我對撒奇萊雅也很悲觀。但悲觀歸悲觀，想過就算了，該做什麼還是去做。就現實來看，看不到很遠的前途，最多就是維持這樣的現狀，能維持就很不容易了，要有突然的發展很困難。（2017/06/22 訪談督固）

　　督固認為，當前制約原住民族發展的最大阻力是來自法令和政府，因為「國家」這個框架把原住民限制得死死的。即使是阿美族、排灣族等一些文化維持得比較完整的族群，在很多層面上也是施展不開。目前社會的界限越來越清楚，在全球化的影響日益加深的大環境下，族群如果沒有自主運轉的能力，光靠文化走不了很久。文化傳統在慢慢地消失，已經成為一種常態。

〔註75〕黃應貴：《新自由主義下的原住民社會與文化》，《臺灣原住民族研究學報》2012年第1期。

今天部落的人缺少學習族語和傳承文化的熱情，而打獵等傳統的生活方式在當代也不可能繼續下去，所以部落的文化是很難支撐長久的。督固因此強調，「族群的維繫不能只靠文化，而是要靠它自身的運轉，依照自己的制度、自己的想法去運作，讓它的文化進步，也就是實現族群的自治，才是一條可以翻轉的路。」〔註76〕

　　臺灣原住民自治的訴求，早在1980年代泛原住民族運動興起時就已經被提出作為基本目標。然而直到今天，「執政黨」已經實現了三次輪替，卻仍未能得到落實，這其中的原因在哪裏呢？督固分析指出：

> 中央政府的政策從陳水扁後期到馬英九，就是把高度拉到很低，我不要去談民族的事情，因為談民族的事情，裏面就很多意見，你想要爭取民族的地位。如果我只是處理部落的話，我有選票，因為部落的需求你滿足他，他會投給我。再來因為層次很低，不會去談到民族高度，民族地位，民族權益的事情，因為他無法解決，他也不想你提。可是層次那麼低的時候，你要路我就給你路，你要橋我就給你橋，那個我可以做，而且沒有任何法律的限制。所以中央政府就刻意把執行政策降到事務的工作，不再去提民族的事情，因為民族的事情他不是需求，它是一個政治的問題，也是權益的問題，像民進黨現在在講的轉型正義，他是一個正義的問題，甚至也是一個社會問題。但是這些都沒有辦法用預算和經費解決，必須靠法律。碰到法律，那就頭痛了，大家都頭大了，沒有人想要去推動法律。因為法律跟政治是鄰居啊，他也怕排擠嘛，我如果給原住民太高的政治地位的話，那是不是主流社會會有意見，會激起民族（原住民跟非原住民）之間的對立，他（政府）無法控制，他也不想去觸碰這樣議題。所以目前原住民事務都是很基本的工作。（2016/07/24訪談督固）

　　另一方面，由於原住民各族都有各自的需求，在爭取自治、土地權等大問題上無法形成共識，因此無法整合足夠的力量與「國家」進行對抗：

> 因為各族群的需求並不相同，平地原住民跟山地原住民不同，就算是平地原住民之間也有不同的需求。阿美族、撒奇萊雅跟噶瑪蘭的需求絕對不會一樣，因為（每個）族群面臨的問題是不同的。

〔註76〕根據筆者2017年6月22日對督固‧撒耘的訪談筆記整理。

阿美族跟泰雅族或者太魯閣族，也面臨不同的問題。所以無法整合的原因是因為需求不同。即便是同一個泰雅族，臺中的泰雅族跟新北的泰雅族也不一樣，無法整合出一個可以跟中央政府要的東西。除非把高度拉到很高，很高的情況下我可以往下處理這些事情，可是現在高度拉不高，都在庶務上的處理。還有比庶務更簡單，更繁雜的事情。反正就是需求，各地區各部落的需求，那我的需求怎麼會跟你一樣。有的人是強烈依賴土地生存，有些不是，還有都市原住民的狀況又更不同。所以就事務的部分，其實原住民本身無法有一個共識去處理一件事情，很難，光開會有時都開不下去。（2016/07/24 訪談督固）

長期以來，民進黨將「臺獨政綱」作為其執政理念，持續推進所謂「臺灣民族」的建構，並將原住民議題作為支撐這一論述的重要元素。在當局重視本土文化發展，「打原住民牌」的背景下，為什麼原住民族的發展依然困難重重呢？其根本原因主要在於政治人物的逐利性和虛偽性：

民進黨的黨綱裏面是很重視這件事情沒錯，可是當它落實下去的時候就沒有了，政治人物都是為自己啊，碰到自己的利益的時候，管你什麼理想，都不見了，這個很現實啊。他的理想落實不下來，或者說落實的很少，有些有在做，可是一直在改變，不能堅持下去，今天說好明天就反悔了……（2017/06/22 訪談督固）

由於在選舉政治中，政治人物大都只關注自己的政治利益，因此即使在倡導多元族群文化發展的大環境下，許多冠冕堂皇的政策與口號，往往只是好聽的政治謊言。

有一段時間，包括撒奇萊雅或者各族群都想要朝著這個方向去做，因為陳水扁當總統的時候，講了很多，畫了很多大餅，非常的高調，讓大家有一些幻想。所以那段時間其實大家都在做一樣的事情，就是說，啊，我終於可以出頭了，我可以做我想做的事情，中央政府會支持我，也承認我的地位，所以大家都變得很積極去做。可是到了陳水扁末期，到了馬英九，就全部停了，沒有了，中央政府不再承諾任何事情，也沒有再講以族群這個高度來。還是回到支持部落，支持部落裏面的團體，不再支持民族這件事情，所以這個高度的工作變得非常非常空泛。其實這也不是撒奇萊雅自己的問題，其實各族群都一

樣，夢破了，夢碎了，我也沒有新的著力點，不知道要做什麼。如果
再繼續把以前那個話說出來，說我們要自治，總統會支持什麼，今天
這種話大家已經聽煩了。（2016/07/24 訪談督固）

　　除了政治人物以「畫大餅」的方式欺騙原住民族，在臺當局的體制下，標
榜代表原住民利益的「原民會」，也是同樣無法真正站在原住民族的立場維護
其權益。「原民會」自從成立後，就吸收了不少早期原運的領袖前去任職。但
這些原住民精英被體制收編後，便只能在裏面「戴著鐐銬跳舞」，再也無法施
展其政治理想。例如談到早期原運的旗手之一、現任的「原民會」主委夷將・
拔路兒，督固就帶著無奈，歎氣說：

　　我也可以體會他的困難啦，（原民會）那邊哦，人家聘你來的，
隨時可以叫你走路。他可以說不幹了，可以吧？可是他不幹了，下
一個上去還是一樣，完全沒有改變嘛，所以小英總統說，你今天就
是「原住民總統」，你要決定的我不管，送上來就好，我照批，我只
框一個很大的框架，你要怎麼玩隨便你，反正我的預算就是這麼多，
這些法令全部交給你，你自己決定。（2017/06/22 訪談督固）

　　「原民會」作為「中央政府」下設的一個部會，只能在有限的職權範圍內
行事。「原民會」的最高長官由「總統」聘任，在政見方面自然是要聽命於「總
統」，這就讓「原民會」淪為以推動和執行「執政黨」原住民政策為主要功能
的機構。而由於「原民會」的這種附庸的性質，其內部各族群的專任委員當然
也不可能發揮為各自民族爭取權益的功能。倒是由於族群委員的職級很高（十
二職等），待遇優厚，成為許多有關係的人趨之若鶩的一份好差事。根據督固
的說法，很多去當族群委員的人，從小在都市裏成長、工作，從來沒有在部落
裏面出現過或者做過任何貢獻，族人甚至都不知道他是誰。這樣的族群委員其
實無法代表他的族群，甚至連部落也無法代表，然而因為他有比較好的公共關
係，就去當族群委員，這樣的人比比皆是。因為族群委員的產生沒有經過民主
推選的程序，「主委想用誰就用誰」，甚至很多人也不是主委要用的，而是比主
委更高的人要用的。〔註77〕

　　因為這樣的狀況，被用的人跟用他的人其實是上下的關係，不
是平等的關係，可以隨時讓你走的。那這樣子他怎麼可能在那個會
議裏有太多的意見？當然是以主委的意見為意見了，誰敢有意見？

―――――――――――――――――――

〔註77〕根據 2016 年 7 月 24 日筆者對督固的訪談筆記整理。

再來是主委通常沒有太授權給這些委員，沒有授權他做什麼。權力
都是在行政單位，委員沒有授權太多，那委員幹什麼？就去開會，
去剪綵，去演講，就這功能，給你這種機會去露露臉。（2016/10/02
訪談督固）

從「原民會」內部的運作情況，可以看到原住民族在當局的行政體制下，
除了基層部落能夠獲得一些經濟利益的分配之外，在涉及族群自身發展前途
和命運的大方向上，完全沒有自己的主導權和決定權。在「國家」行政體系的
框架內，原住民族的發展權受限於難以撼動的政治結構中，只要「國家」不將
自治權和土地交還給原住民族，他們也就無法改變自己被「國家」繼續統治的
命運。「唯有自治才是一條能夠翻轉的路」，這是目前絕大多數原住民精英的共
識。督固表示，雖然自治不可能解決原住民族發展的一切問題，但自治的政府
有財源，有土地，有自然資源的採集權，也可以立法，這樣原住民族就可以擺
脫對「國家」的經濟依賴，有空間去做自己想做的事情，更可以針對自身的情
況，去尋找適合的發展道路。例如，目前族群復振最重要的工作是文化推動、
維繫族群認同感的部分，族群在自治的框架下，可以全力把預算、經費放在這
些地方。族群事務的優先順序與輕重緩急各族群都可以自主決定和處理。另
外，在目前的社會環境下，頭目等部落領袖失去了管理部落事務的權力，導致
只能用道德勸說的方式去推動一些事情。而如果實現自治，這種情形就會得到
改變。因為屆時族群組織會被賦予某些公權力，從而有利於族群內部事務的執
行與推動。

衣服不合適穿，我就不穿，我自己做一件符合我需求的。只要
在預算、法律範圍內可以做的，我自己取捨。這樣子的話也許我就
可以把重點放在我想要做的工作上，不再需要去迎合你的計劃去做
這件事情。至少有三分之一也好，一半也好，我是可以去做這些事
情。（2017/06/22 訪談督固）

督固長期就職於政府部門，無論是對原住民政策還是最新的政治發展動
向都有自己的觀察。而他作為撒奇萊雅族最核心的領袖之一，對於族群自治以
及未來的發展規劃等問題，已經逐漸形成自己的思路。針對目前的現實情況，
他傾向於在把握大方向的前提下，採取務實、穩健的做法去慢慢推動一些具體
的工作。

自治其實是翻轉各族群唯一的機會，在最近的這段時間唯一的

機會。不管自治的方式是怎樣，我一直很關心，而且一直在推動，
不是推動族群內部的自治，而是去關心中央政府推動民族自治這個
大的議題。我以前常常去原民會找業務單位的長官，去跟他們瞭解
現在的狀況是怎樣，未來的發展可能是怎樣，其實我都有掌握。可
能大家都還不知道的時候，我自己已經提前知道，我去處理這個事
情，當然也會去跟他們討論。即便以前在縣府工作的時候，我也會
把很多這種東西藏在我的業務工作裏面去，去做民族自治的業務，
比如像他們的部落大選，我就要求他們通過部落大選去籌備民族事
務的政治架構也好，行政事務的推動工作也好，或者族群、部落領
域的界定也好，這些都是跟將來的自治有關係。希望我們的業務上
面開始在做自治的準備。很多中央的補助計劃裏面我也會放這個，
要求同仁把它放進去。你一定要有一部分經費跟計劃，小小的放在
裏面，針對跟自治有關的，去培育人才，或者資料的搜集，它看起
來是計劃的一部分，實際上它的目的是為以後自治做準備。實際上
我花很多精神在這上面，不是為撒奇萊雅，因為你放在撒奇萊雅是
沒有用的，因為99.9%是決定在別人手上，我沒有辦法決定。你如果
一直在處理這樣的事情是沒有用的，精神要放在可以動的地方去。
所以不是不去處理族群的自治問題，部落和族群層面只能用嘴巴講，
提醒大家，現在自治的進展到什麼程度，可能什麼時候會怎樣，法
律草擬得怎樣，各部會協商的進度，或者立法會協商的進度到哪裏，
可以贊成什麼，反對什麼，這些都會透過機會跟部落的長老說明，
但只是說明。你要讓他們知道，自治這件事情可能就在眼前，你要
做好心理準備，就這樣而已。（2016/10/02 臺北訪談督固）

　　在自治沒有實現之前，督固主張先集中精力把部落的事情做好，把時間花
在目前可以著手去做的事情上面。因為涉及民族集體權的事情，並不是一個族
群可以決定的，這些事「放在心上，關注它，不要脫隊就好」，但也不需要花
太多精力在上面，尤其不能為了這個事情一直動員族人，這樣會很容易讓他們
感到疲乏，失去參與的興趣。

　　督固表示，撒奇萊雅族目前在族群的整合工作方面沒有太多的事情，這主
要是因為「中央」層面下放給族群去推動一些工作的權限很少，所以族群可以
開展的工作很有限。剛開始正名那幾年，大概每個季度至少都開一次會，但是

到後來發現每次開會的內容都是重複談那些空泛的議題，無法解決一些實際的問題，會議常常變成只是傳達訊息的渠道。所以目前族群層面的整合（如年度會議、定期集會）工作已經停很久了。現在基本上都是透過火神祭的籌備工作來一起處理這些問題。因為火神祭是族群的祭典，在籌備會的時候就會邀請各部落派人來參加，透過會議可以通知一些跟族群有關的事情，或者形成一些重大事項的共識。在部落內部，同樣是將祭典作為整合族人的一個最直接的方式，除了最盛大的豐年祭之外，平時還有一些小的祭典。另外，部落平時也會經常舉辦一些集會或者會議，尤其是政府部門會有很多的工作需要透過部落來執行，或者召開會議來決議。這種事情很多，有時候一個月會舉辦一兩次的會議。督固認為，在當前的社會環境下，已經不太再適合用中央集權的觀念去處理族群的事情。必須給每個自主的單位足夠的權利去決定自己的事務。將來撒奇萊雅如果走向自治，可能會走集體領導的方式。因為如果是一權獨大，可能很好做事，但會造成更大的分裂。〔註78〕

為了壯大族群，獲得更多的發展資源，督固認為族群未來與外族開展合作是一定要做的事。因為自己的族群太弱小，可能不單是合作，為了生存，以及獲得某些利益或者權利，甚至還得去依附大族。因為作為弱小的族群，「沒有本事硬幹，硬幹也是沒有好處的。」只有尋求與外力的聯合，共享資源，才是明智的策略。至於合作要達成怎樣的目標，督固認為，目標的設定可以是靈活的，有短期目標和終極目標。並且對於小族來說，只能挑一些重點做。尤其是在自治的事情上面，假如未來實現了自治，成立了自己的政府，也不是把所有的自治權全部拿回來。在自己族群人才、資源有限的情況下，一些族群事務上面可以考慮跟地方政府或者別的族群合作，比如說跟噶瑪蘭、阿美族，或者是太魯閣等，互相委託一些行政業務。〔註79〕

撒奇萊雅人與噶瑪蘭人歷史上曾是盟友關係，在近年來的族群復振工作中，兩族的互動十分頻繁，也是撒奇萊雅未來考慮合作的首選外族之一。督固在被我問及將來自治是否會考慮與噶瑪蘭族進行合作時，不假思索地說道：

> 當然，那是一定的，只要我在的話，我一定跟噶瑪蘭族綁在一起，我每次都這麼講，我自己對我的族人也這麼講。撒奇萊雅再怎麼樣，就算再多 1000 人，也還是沒有辦法自立。只有結合別人，1+1

〔註78〕資料來自筆者 2016 年 7 月 24 日的田野筆記。
〔註79〕資料來自筆者 2016 年 9 月 30 日的田野筆記。

一定大於二，最起碼要拉著噶瑪蘭，拉著噶瑪蘭可能都還不夠，甚至可能還要去投靠阿美族，那是現實，不能我要怎樣就怎樣。……因為噶瑪蘭人比我們多啊，阿美族就更不用講，差那麼多。可是有時候不合作還是不行的，因為資源不夠去支撐一個族群或者一個政府。到底合作到什麼程度到時候再談……（2017/06/22 訪談督固）

　　督固告訴我，其實過去幾年很多政府的案子，撒奇萊雅與噶瑪蘭兩族都有在合作。在「原民會」，兩族的族群委員也都會互相支持各自的提案、議案。比如之前連續執行了三年的瀕危語言復振計劃就是雙方合作的一個成果。除此之外，兩族基於歷史上的盟友關係以及「加禮宛事件」的共同歷史經驗，近些年來逐漸在族群復振的互動過程中發展出新的族際關係。

　　2009 年，撒奇萊雅族和噶瑪蘭族共同舉辦了一場旨在紀念「加禮宛事件」（「達固湖灣戰役」）130 週年的大型紀念活動。據督固回憶，這次活動除了舉辦「加禮宛戰役—達固湖灣戰役」130 週年學術研討會之外，也安排了一系列配套活動，包括在縣文化中心舉辦兩族的歷史文化展覽，族群文化展演，舊部落重遊等，持續了一個多月。在系列活動的最後，兩族的多名頭目、耆老在昔日加禮宛六社附近的「加禮宛人遷徙紀念碑」前，誦讀聯合聲明，進行「埋石立約」儀式，再次宣布結盟，當時的「花蓮縣縣長」謝深山、「副縣長」張志明、「原住民行政局局長」林碧霞等官員以及「中央研究院」、東華大學等多名學者在場見證。〔註80〕

　　通過那次紀念活動，撒奇萊雅族人接觸到了新社噶瑪蘭族的祭師潘烏吉、頭目潘金榮等人。因為當時撒奇萊雅族火神祭的祝禱師沒有老師，而阿美族祭師又拒絕來指導，所以他們就邀請潘烏吉來協助舉辦火神祭的祭儀。恰好潘烏吉和頭目潘金榮都說他們自己也有撒奇萊雅血統，也想參與火神祭共同祭祀祖先，於是就把他們的族人也帶來參加火神祭。

本來是找潘烏吉來協助我們祭典，然後指導，那因為頭目說他也是撒奇萊雅，也要參與，所以就請他把族人也帶來，所以他們就開始參與火神祭。後來就每年都來，來的人越來越多。第一年第二年來的沒有那麼多，第三年開始他們就表演，還帶一群小朋友來，而且參與娛靈的表演。然後再下一年的時候，他們就要求直接參加

〔註80〕《加禮宛 130 年　撒奇萊雅、噶瑪蘭族立約紀念》，《自由時報》，2009 年 6 月 7 日。

祭典，頭目直接進到祭祀的現場，以前只有潘烏吉而已。後面的具體祭祀環節噶瑪蘭是沒有參與，只有娛靈而已。下一年的時候頭目說要參加祭祀，所以他們就進到祭祀現場去，一直到現在。

（2017/06/22 訪談督固）〔註81〕

此後每年的火神祭，撒奇萊雅族人都會邀請新社噶瑪蘭族人來參加。2013年、2015年、2017年兩族又舉辦了多次「加禮宛—達固湖灣戰役」的小型紀念活動。其中2013年是在位於花蓮新城的加禮宛舊社的紀念公園舉行祭拜儀式；2015年在撒固兒部落附近的「加禮宛—達固湖灣戰役」紀念園區落成典禮上，兩族再次宣示確認盟友關係。

從上面的討論中不難看出，雖然族群「復名」和「正名」運動的成功，使噶瑪蘭族和撒奇萊雅族分別獲得了法定的「原住民族」身份。但必須指出的是，在當下的政治環境中，由於傳統部落社會的組織方式早已經解體，在沒有土地和自治權的情況下，「族群」對於許多原住民其實只是一個表達認同意識的標籤，並沒有很大的實質性意義。對許多人來說，身份上轉變成為「噶瑪蘭族人」和「撒奇萊雅人」對他們的日常生活也沒有產生什麼很大的影響。當族群「復名」、「正名」成功後，參與族群運動的人們各自退散，回歸自己的生活，族群便逐漸成為部分具有較強認同意識的精英分子在推動和運作的一件「事情」。他們試圖通過向政府爭取資源，以「族群復振」的活動繼續維繫他們所想像的族群，並為延續族群的命脈而進行各種實踐和設想，然而，這些試圖發展族群的探索其實都面臨著現實的種種困境。如何在當下的社會情境中維繫已有的「族群性」，並在未來繼續延續族群的命脈，是擺在族群精英面前的一個難題。由此，我們也可以看到族群的建構性特質，作為人群劃分概念的「族群」並非一種以不變的樣態存在的社會實體，而是處在一種持續變動的建構過程中。

〔註81〕2016年9月11日，我和潘朝成以及撒奇萊雅撒固兒部落者老一行人一起到新社去拜訪頭目，希望邀請噶瑪蘭族人參加當年的火神祭。據說當天頭目是喝醉酒起不來，讓副頭目代替他來香蕉絲工坊跟我們會面。黃德勇長老跟副頭目說明來意之後，副頭目、潘烏吉阿嬤、潘朝成以及撒奇萊雅長老們一起在香蕉絲工坊門口舉行了簡單的祭儀。副頭目在談到去年參加火神祭的情形，表達了一些不滿。他認為撒奇萊雅族人怠慢了他們，說每人給一份便當就打發了，言下之意是說他們去參加的人沒有得到什麼好處。當時我隨口說，估計他（頭目）不太重視吧，潘朝成便附和道：「不太重視是肯定的。」上述情形從一個側面反映出，在當下的社會現實中，憂心族群未來發展命運的知識精英與基層部落族人對於族群復振的不同心態，凸顯出族群重建和復振工作的艱難。

第六章 結 論

　　「族群」是一個相當晚近的概念，1950～1960 年代才被歐美學界引入，用來區分現代多元文化社會中的人群範疇。「族群」的形成與身份認同有關，因此，圍繞族群認同的形成機制，社會人類學界歷來存在著根基論（原生論）、工具論（情境論）等關於族群是以客觀標準還是主觀認同來界定的學術論辯。1980 年代中期以來，由於研究者們開始注意到歷史與「族群認同」之間的關係，圍繞族群認同是由根基性的因素決定，還是屬於利益考量下的功利性結合的根基論與工具論之爭也逐漸平息。與此同時，隨著人類學研究作為一種文化批評範式的提出，有關族群認同背後的政治與歷史因素開始成為研究者關注的焦點。〔註1〕在這樣的背景之下，族群研究領域基於建構論視角的分析與討論，也便開始成為一種新的潮流。

　　「一個人群的血緣、文化、語言與『認同』有內部差異，而且在歷史時間中，有血緣、文化、語言與『認同』的移出，也有新的血緣、文化、語言與『認同』的移入。究竟是什麼『民族實體』在歷史中延續？」王明珂發出的這個疑問提醒我們在研究中，不能先入為主地把「族群」或「民族」視為本來就有的「歷史實體」，把它當做「歷史事實」（historical facts）與「民族志事實」（ethnographical truth）進行研究。〔註2〕本研究正是基於這樣的思考，採用了脈絡化的建構論分析視角，把「噶瑪蘭族」、「撒奇萊雅族」的生成視為歷史過程的產物進行考察與分析。

〔註 1〕王明珂：《羌在漢藏之間——川西羌族的歷史人類學研究》，中華書局，2008，前言第 4 頁。

〔註 2〕王明珂：《羌在漢藏之間——川西羌族的歷史人類學研究》，第 322 頁。

Anselm Strauss 在討論身份認同時指出，個人認同與群體認同密不可分，而群體認同則是根植在歷史中。〔註3〕由共同的祖先來源、歷史經驗、集體記憶以及共有的文化特質等元素所構成的「歷史事實」，正是族群認同的想像素材。由此出發，本研究在總體上分成兩個層面展開。第一個層面，首先對關涉噶瑪蘭人與撒奇萊雅人的一些重要「歷史事實」及其與當代的聯繫進行了梳理，以此作為理解其「族群化」（ethnicitization）過程的基本脈絡。這些「歷史事實」包括，花蓮平原上被視為噶瑪蘭族和撒奇萊雅族「先人」的早期人群的來源及其社會文化；與上述先民的社會生活有密切關聯的重大歷史事件（「加禮宛事件」）的文字記載與歷史記憶；當代噶瑪蘭後裔和撒奇萊雅後裔對於祖先歷史、文化的記憶與表述（口述史）；噶瑪蘭人和撒奇萊雅人獨特的社會組織、文化觀念與文化實踐形式；日據時期基於殖民地人類學研究形成的原住民族群分類體系，等等。這部分內容的書寫，首先以介紹東臺灣花蓮地區的自然環境和人文環境為起點，引出對當代噶瑪蘭族人和撒奇萊雅族人的「先人」，即曾經生活在花蓮平原的噶瑪蘭人和撒奇萊雅人的源流及社會文化的描述。接著，以造成這些「先民」離散遷徙的重大歷史事件──「加禮宛事件」為切入點，通過重建事件的歷史圖像，探究為何今日花東地區的噶瑪蘭後裔和撒奇萊雅後裔呈現如此的空間分布和社會文化形貌。最後，以回顧歷史上原住民族稱、族群分類體系的演變作為銜接，進入第二個層面對於當代族群建構的討論。在第二個層面，主要考察了噶瑪蘭後裔及撒奇萊雅後裔作為歷史和社會行動主體，在當代臺灣的政治結構與社會環境下展開族群建構的實踐過程。這部分內容主要是以 1970 年代末期開始的政治轉型發展過程作為背景，一是從族群運動的角度，分別對噶瑪蘭族「復名」運動和撒奇萊雅「正名」運動的源起及過程進行回顧，二是從文化政治的角度，討論當代噶瑪蘭人和撒奇萊雅人如何透過文化實踐來形塑其族群性以及如何為維繫其族群性而展開探索。

　　本研究以歷史民族志方式呈現的噶瑪蘭人和撒奇萊雅人的「族群化」過程，大致可以劃分為兩個不同的歷史階段。第一個階段以日據時期至國民黨政府統治初期為限，是臺灣原住民族群分類體系形成並固化的時期。日據時期，各原住民人群被服務於殖民統治的日本人類學者進行系統、全面的識別與分

〔註 3〕Anselm Strauss, *Mirrors and Masks: The Search for Identity*, (Glencoe, Ill., 1959), pp.164, 173.

類後，分別以族、亞族或群的名稱出現在分類體系之中。噶瑪蘭人在不同學者
的分類法中，分別以「卡瓦蘭族（Kavamalawan）」、「卡瓦蘭族（Kavalan）」、
「噶嗎朗族（Kavalan）」等不同名稱出現。日本殖民統治結束後，國民黨政府
延續日據時期的分類標準，並於 1954 年通過行政手段將原住民族分類固化為
「高山九族」。被歸類在平埔族內部的噶瑪蘭人，由於被認為「已經完全漢化」
而失去了官方所承認的「原住民族」地位。另外，這一階段花東地區的噶瑪蘭
後裔由於隱藏自己「番」的身份，大都被當成是閩南人，有的則自稱為阿美人。
而同一時期的撒奇萊雅人，自從「加禮宛事件」之後便與阿美族混居且大量通
婚，文化上逐漸失去自己的特色，只有語言還有所殘留。因此，在日據時期的
田野調查中，雖然有學者注意到他們在語言上與阿美族有所差異，但在分類體
系中，他們還是被歸為阿美族（南勢阿眉番）。從上述回顧中可以看到，日據
時期至國民黨統治初期，隨著原住民作為整體被納入殖民統治和「民族國家」
的框架下，最初由學術研究對原住民人群的區辨（命名與分類）在與統治權力
結合後，產生了前所未有的固定性與階序性。這一階段的歷史過程，可以視為
原住民命名與分類體系的「結構化過程」。在此一過程中形成的固化的族群分
類標準與結構體系，是導致日後原住民發動族群「復名」、「正名」運動的根本
原因。

　　噶瑪蘭人和撒奇萊雅人「族群化」過程的第二個階段，以 1980 年代泛原
住民運動開始以來至噶瑪蘭族「復名」（2002 年）、撒奇萊雅族「正名」成功
（2007 年）的時間為限。1980 年代初，受黨外反對運動、本土化運動的影響，
原住民族知識精英也發起為原住民爭取平等權力的政治抗爭運動。這些運動
以泛原住民的整體利益為訴求，表現在要求正名（去污名化）、爭取土地權、
自治權等方面。1990 年代開始，隨著泛原住民運動聲勢漸弱，原住民運動開
始回歸部落，在社區營造等本土化政策的刺激下，文化尋根成為一種社會現
象。學術研究的廣泛開展，交通與聯絡方式的日益便捷，使得人際交往、信息
傳播的空間和距離都大大超過以往的時代。在此期間，噶瑪蘭與撒奇萊雅的兩
位領袖人物——偕萬來和李來旺，分別開啟了自己的尋親、尋根之旅。此後，
又進一步發起以族群「復名」、「正名」為目標的社會運動。總體而言，這一階
段是噶瑪蘭後裔與撒奇萊雅後裔在特殊的政治環境變遷大背景下，萌發族群
意識並以自主行動展開族群建構，試圖突破舊有的族群分類體系的時期。我把
這一階段的尋根、文化復振、社會運動等，歸納為族群建構的「反結構」社會

行動過程。此一自主建構族群、形塑族群性的「反結構」社會實踐，又可以分別從族群意識的形成與族群運動兩個方面來加以認識。

首先是族群意識的形成。王甫昌認為，弱勢者的人群分類想像是族群的一個重要特色，而這種「分類的想像」具體又可以通過族群意識的內涵（發生機制）來加以說明。以下將根據他所總結的族群意識形成機制來分析本研究的兩個案例。

表 6.1　族群意識的內涵〔註4〕

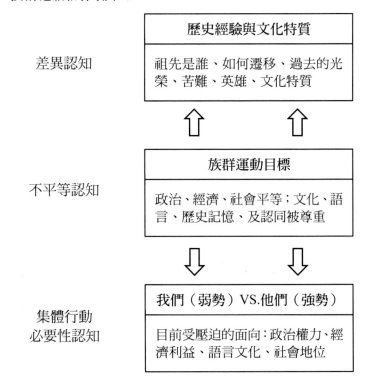

族群意識中的第一個理念因素是「差異認知」。在噶瑪蘭人的例子中，我們看到新社噶瑪蘭後裔是在阮昌銳、土田滋、清水純等學者的影響和啟蒙下，認識到自己在歷史經驗和文化特質方面的特殊性。宜蘭的噶瑪蘭先人由於漢人移墾而逐漸流失土地、被迫流離花東地區的歷史經驗以及新社的噶瑪蘭後裔依然傳承著的獨特文化習俗，這些都是激發他們產生族群身份「差異認知」的原因。對於撒奇萊雅後裔而言，他們的差異認知主要來自於「加禮宛事件」的歷史記憶。在耆老的口述史中，「加禮宛事件」前，撒奇萊雅先人聚居在達

〔註4〕王甫昌：《當代臺灣社會的族群想像》，群學出版有限公司，2003，第17頁。

固湖灣大部落，有著自己的語言與文化，是一個在奇萊平原稱雄的強勢「族群」。1878 年發生的那場戰爭導致部落被毀，「族人因此流離失散」，英勇的大頭目古穆德・巴吉克夫婦為保護族人被清軍折磨慘死……，這些有關「加禮宛事件」的歷史敘事，都是撒奇萊雅後裔的族群意識中構成「差異認知」的元素。

　　族群意識的第二個元素是「不平等認知」，指的是成員意識到自己的群體受到不平等的待遇。這種認為由於自身的文化（族群）身份受到不公正對待的「不平等認知」，通常最早是由精英或者領袖意識到，並傳遞給更大範圍內的有關成員。「當人們開始將自己所受到的苦難，或是經濟、政治與社會方面的不公平待遇，歸因到這些不能夠隨便改變的出生身份上時，族群意識才算真的萌芽。這是建立集體認知與歸因的過程。」〔註5〕在本研究的兩個案例中，發起「族群復振」運動的新社噶瑪蘭後裔，其不平等認知的產生源於「原住民族」身份的自覺和「國家」與主流社會認為其「已經漢化消失」的反差，讓他們覺得自己作為一個真實存在的「原住民族群」，卻無法享受與其他「族群」同等的待遇，在國家和社會中處於邊緣、弱勢的地位。撒奇萊雅人的不平等認知，則是透過歷史的詮釋，語言的比較，文化記憶的追溯等方式，區辨出自己與阿美族在文化上的差異性，由此提出歷史上的族群分類有誤，並以「歷史受害者」的身份強調自己的弱勢地位。

　　族群意識的第三個元素是「集體行動的必要性認知」。這種認知是在上述「差異性認知」和「不平等認知」的基礎上產生的。由於認識到有一群跟自己有共同來源、文化相似的人受到「國家」和社會不公平的對待，有些人就會認為應該採取集體行動進行抗爭，希望為自己的群體爭取平等的待遇。當人們開始考慮是否有必要採取集體行動時，一般會先對外部政治環境進行評估，以判斷集體行動成功的可能性，再就是思考如何激勵族群成員來參與行動。〔註6〕一旦集體行動的認知轉變為一種決定或共識，通過族群運動取得政治、經濟、社會的平等地位以及要求文化、語言、歷史記憶及認同被尊重便成為最終的目標。本研究中，噶瑪蘭後裔和撒奇萊雅後裔在萌發族群意識後，由於族群領袖強力的帶動，「復名」和「正名」於是成為爭取族群平等地位的抗爭目標。

　　族群運動是「反結構」社會行動過程的主要推動力，因為只有訴諸集體行動，才能集結各種力量，最終突破固化的族群分類結構。由此，「反結構」

〔註5〕王甫昌：《當代臺灣社會的族群想像》，群學出版有限公司，2003，第15頁。
〔註6〕王甫昌：《當代臺灣社會的族群想像》，第16頁。

過程其實也是族群性的建構過程。在族群運動過程中，行動者通過廣泛的群體動員，凝聚起文化、社會和政治的多重力量，隨著社會、文化各層面的復振活動全面展開，族群的面貌也漸漸清晰，具有可辨別性，這就為向執政當局申請族群認定創造了充分的條件。「族群相對於其他團體的認同，最獨特之處，在於它是以強調成員之間的『共同來源』和『共同祖先』作為區分我群與他群的標準。」〔註7〕事實上，從建構論的角度看，當集體行動的成員開始集結，成員之間對於有著「共同來源」和「共同祖先」的共同體產生想像的時候，「族群」便已經成立了。只不過這個狀態下的「族群」對於族群運動的行動者而言只是一個起點，並不是他們最終要達成的目標。因為「復名」、「正名」運動的最終目標，是要在「國家」制度框架內改變舊的族群分類，獲得官方對於其「族群」身份的認定，從而獲得法定「原住民族」的政治地位和「國家」資源的分配權利。

王甫昌指出，「族群運動是一個促成族群社會變遷的力量，它的出現需要各種文化、社會及政治環境條件的配合。」〔註8〕面對政府以語言、文化等客觀標準作為族群認定依據的現實，文化因此成為「復名」和「正名」運動能否成功的關鍵元素。因此，無論是噶瑪蘭人四處展演其「族群文化」，還是撒奇萊雅人以歷史事件為基礎「重新發明」祭典定義自己的族群身份，文化在此過程中都是作為一種柔性抗爭形式參與在族群運動中。在噶瑪蘭人和撒奇萊雅人的族群運動中，社會條件的因素體現在，分散各地的噶瑪蘭後裔和撒奇萊雅後裔由於社會動員而聯結成社會網絡，由此凝聚起強大的群體力量。各地族群成員對於「復名」、「正名」運動的聲援、聯署以及群體參與各種文化串聯活動形成的社會合力，是推進族群運動得以向前的主要動力。此外，學者透過學術研究給予族群的「專業認證」以及大眾媒體對於族群運動的廣泛報導所引發的社會關注，也一定程度上形成來自外部社會環境的支持力。最後，從兩個案例的族群運動中，我們都能看到政治因素所扮演的重要角色。政治因素大致包括政治環境和政治支持力兩個方面。臺灣於1980年代開始的「本土化」轉型過程所營造的「民主化」政治環境，是族群運動得以透過「自決」（self-determination）方式提出「復名」、「正名」訴求的外部政治條件。與此同時，一些支持原住民運動的官員以及體制內的原住民精英利用其政治影

〔註7〕王甫昌：《當代臺灣社會的族群想像》，群學出版有限公司，2003，第10頁。
〔註8〕王甫昌：《當代臺灣社會的族群想像》，第171頁。

響力和政治資源支持族群運動，也是促成「復名」、「正名」運動取得成功的關鍵因素。如時任宜蘭縣長的游錫堃對於噶瑪蘭族「復名」運動的同情與大力支持，潘朝成利用其族群委員身份在「原民會」的提案和發聲，督固·撒耘利用自己在花蓮縣政府任職的便利，給予族群復振實際的指導和資源的傾斜，都是政治力量作用於族群運動的例子。總而言之，族群「復名」、「正名」運動最終能夠獲得成功，是運動領導者整合各種文化、社會與政治資源形成合力的結果。

建構論的觀點認為，族群不是靜止不動的團體，而是一個持續進行中的過程和現象。族群「復名」、「正名」運動的成功對於噶瑪蘭人和撒奇萊雅人的「族群化」過程而言，其意義是里程碑式的。然而，獲得官方的「原住民族」身份認定，並不意味著「族群」自此固化為不變的樣態。族群的發展與族群性的維繫，隨著當下族群領袖對於文化政治路線的經營，知識精英與部落領袖協同推動「族群復振」新模式的形成以及「族群自治」、「族際合作」等議題的推進，族群的面貌將隨著政治、社會及文化領域的各種實踐而繼續處於建構、變動的過程之中。

和 2001 年邵族「正名」成功，首次打破 1954 年以來國民黨政府確立的「九族」分類格局帶來的影響一樣，噶瑪蘭族和撒奇萊雅族「復名」、「正名」的成功進一步突破了原有的族群分類結構，推動了分類秩序的調整以及分類體系的再結構化進程。尤其是噶瑪蘭族以平埔族身份「復名」成功引發的示範效應，使一些希望「正名」或「復名」的平埔社群備受鼓舞；2007 年撒奇萊雅族「正名」成功後，2008 年和 2014 年又相繼有「賽德克」、「拉阿魯哇」、「卡那卡那富」三族的「正名」申請獲得通過並加入到官方認可的族群分類體系中。2016 年 8 月 1 日，蔡英文向原住民道歉的致辭中對於處理平埔族群身份問題的表態，意味著未來還會有更多平埔族的名字出現在官方的分類體系中，「臺灣原住民族」的數量在目前 16 族的基礎上還會繼續增加。

值得注意的是，上述新「臺灣原住民族」的官方認定，絕大部分是在民進黨「執政」期間完成的〔註9〕，這與 2000 年以來民進黨主張「去中國化」，試圖以本土多元族群的特色建構「新臺灣國族」認同以凸顯「臺灣本土文化」，

〔註 9〕2001 年以來，共有「邵族」、「噶瑪蘭族」、「太魯閣族」、「撒奇萊雅族」、「賽德克族」、「拉阿魯哇族」、「卡那卡那富族」七個族群「復名」／「正名」成功，除「拉阿魯哇」、「卡那卡那富」兩族外，其餘五個都是在民進黨「執政」期間獲得認定。

尋求「臺獨」的政治圖謀有著密切的關聯。正如 Harold R.Isaacs 所指出的,「只要政治秩序處於變遷階段,每個國家都必須在族群(部落的、種族的、宗教的、民族的)衝突間找到新的平衡點。」〔註10〕臺灣雖然不是國家,但島內原住民社會在近二十年來出現的族群再分類現象,本質上也是其作為一個特殊政治實體內部秩序調整的產物,它與臺灣社會歷史發展的總體脈絡以及 1990 年代以來島內「臺獨」政黨企圖在當代國際秩序中尋求國家身份認同的理念與實踐有著密不可分的聯繫。包括「噶瑪蘭族」、「撒奇萊雅族」在內的所有「臺灣原住民族(群)」的名稱,究其本質都是歷史過程中關於人群命名、分類的權力政治協商的產物,它們在歷史發展的脈絡中產生,同時也是再創造歷史的一種過程。

〔註10〕伊羅生著,鄧伯宸譯:《群氓之族:群體認同與政治變遷》,廣西師範大學出版社,2008,第 18 頁。

參考文獻

一、中文文獻

1. 羅大春:《臺灣海防並開山日記》,臺北:臺灣銀行經濟研究室,1972 年。
2. 沈葆楨:《福建臺灣奏摺》,臺北:臺灣銀行經濟研究室,1959 年。
3. 劉良璧:《重修福建臺灣府志》,南投:臺灣省文獻委員會,1993 年。
4. 《清季申報臺灣記事輯錄》,臺北:臺灣銀行經濟研究室,1994 年。
5. 《清季臺灣洋務史料》,臺北:臺灣銀行經濟研究室,1969 年。
6. 《劉銘傳撫臺前後檔案》,臺北:臺灣銀行經濟研究室,1969 年。
7. 周鍾瑄:《諸羅縣志》,南投:臺灣省文獻委員會,1993 年。
8. 胡傳:《臺東州採訪冊》,臺北:臺灣銀行經濟研究室,1960 年。
9. 丁日昌:《奏為臺灣北路生番未靖微臣現擬力疾渡臺妥籌辦理摺》,《清宮月折檔臺灣史料》,臺北:故宮博物院,1994 年。
10. 丁日昌:《奏陳遵旨辦理臺灣番務並請豫籌餉事由片》,《清宮月折檔臺灣史料》,臺北:故宮博物院,1994 年。
11. 臺灣總督府警務局:《高砂族調查書》,臺北:南天書局有限公司,1994 年。
12. 藍鼎元:《東征集》,臺北:臺灣銀行經濟研究室,1958 年。
13. 黃叔璥:《臺海使槎錄·番俗六考(卷五,卷六,卷七)》,臺北:大通書局,1984 年。
14. 范咸:《重修臺灣府志》,臺北:臺灣銀行經濟研究室,1961 年。
15. 余文儀:《續修臺灣府志》,臺北:臺灣銀行經濟研究室,1962 年。

16. 夏獻綸:《臺灣輿圖》,南投:臺灣省文獻委員會,1996 年。

17. 盛清沂:《宜蘭平原邊緣史前遺跡調查報告》,《臺灣文獻》,1963 年第 2 期。

18. 劉益昌:《宜蘭大竹圍遺址初步調查報告》,宜蘭:宜蘭縣立文化中心,1993 年。

19. 劉益昌:《宜蘭史前文化的類型》,《「宜蘭研究」第一屆學術研討會論文集》,宜蘭:宜蘭縣立文化中心,1994 年。

20. 陳偉智:《從「茹毛飲血」到「烹調飲食」──十九世紀上半期漢人眼中的噶瑪蘭人》,《宜蘭文獻》1993 年第 6 期。

21. 陳偉智:《族群、宗教與歷史──馬偕(George L.Mackay)牧師的宜蘭傳教與噶瑪蘭人的族群論述》,《宜蘭文獻》1998 年第 33 期。

22. 佐山融吉:《蕃族調查報告書──阿眉族南勢蕃》,臺北:臨時臺灣舊慣調查會,1914 年。

23. 古野清人:《高砂族的祭儀生活》,《民族學研究》1953 年第 18 期。

24. 陳俊男:《Sakizaya 族的社會文化與民族認定》,臺灣政治大學博士學位論文,2010 年。

25. 陳俊男:《撒奇萊雅族的住屋建築調查與重現》,《民族學界》2013 年第 32 期。

26. 陳俊男:《奇萊族(Sakizaya 人)的研究》,臺灣政治大學碩士學位論文,1999 年。

27. 陳俊男:《從歷史看撒奇萊雅族的民族關係》,《臺灣原住民族研究季刊》2009 年第 4 期。

28. 陳淑均:《噶瑪蘭廳志》,南投:臺灣省文獻委員會,1993 年。

29. 陳文德:《原住民與當代臺灣社會》,《臺灣學系列講座專輯(二)》,臺北:「國立臺灣圖書館」,2009 年。

30. 陳秀珠、陳俊男:《Sakizaya(撒奇萊雅族)的家屋形制》(上)、(下),臺灣史前博物館電子報第 147、148 期。

31. 陳逸君:《現代臺灣族群意識之建構──以噶瑪蘭族為例》,臺北:「行政院原住民委員會」,2002 年。

32. 陳逸君:《族群文化的形塑與實踐──噶瑪蘭族文化復興與族群動員之檢視》,《族群意識與文化認同:平埔族群與臺灣社會大型研討會文集》,臺

北：中央研究院民族學研究所，2003 年。

33. 陳逸君：《招郎與結盟：加禮宛事件對噶瑪蘭族與撒奇萊雅族交互關係之影響》，《加禮宛戰役》，花蓮：臺灣東華大學原住民民族學院，2010 年。

34. 陳正詳：《臺灣地志》（下冊），臺北：南天書局，1993 年。

35. 吳春明：《跨文化視野下臺灣原住民的族群認知與族稱》，《臺灣研究集刊》2009 年第 4 期。

36. 黃海純：《臺灣原住民族別認定的歷史過程》，中央民族大學碩士學位論文，2013 年。

37. 王佳涵：《撒奇萊雅族裔揉雜交錯的認同想像》，花蓮：東臺灣研究會，2010 年。

38. 靳菱菱：《文化的發現與發明：撒奇萊雅族群建構的歷程與難題》，《臺灣人類學刊》2010 年第 3 期。

39. 靳菱菱：《族群認同的建構與挑戰：臺灣原住民族正名運動的反思》，《思與言》2010 年第 2 期。

40. 靳菱菱：《認同的路徑：撒奇萊雅族與太魯閣族的比較研究》，高雄：麗文文化，2013 年。

41. 羅正心：《文化的過程與能力：以撒奇萊雅族文化復振為例》，《2012WINHEC 國際學術研討會論文集》，花蓮：東華大學原住民民族學院，2012 年。

42. 黃應貴：《文明之路》（第一卷），臺北：中央研究院民族學研究所，2014 年。

43. Jacinto Esquivel 著，李毓中、吳孟真譯：〈艾爾摩莎島情況相關事務的報告（Memorial de las cosas pertenecientes a Islas Hermosa）〉《西班牙人在臺灣》（1626～1642），南投：國史館臺灣文獻館，2006 年。

44. 中村孝志：《荷蘭時代臺灣史研究》（上卷），臺北：稻香出版社，1997 年。

45. 康培德、陳俊男、李宜憲編：《加禮宛事件》，新北：原住民族委員會，2015 年。

46. 康培德：《殖民接觸與帝國邊陲：花蓮地區原住民十七至十九世紀的歷史變遷》，臺北：稻香出版社，1999 年。

47. 柯培元：《噶瑪蘭志略》，臺北：臺灣銀行經濟研究室，1961 年。

48. 揭陽：《國族主義到文化公民：臺灣文化政策初探 2004～2005》，臺北：

行政院文化建設委員會，2006 年。

49. 李來旺：《臺窩灣人與奇萊平原的撒基拉雅人》，臺灣政治大學林修澈「民族認定」課程演講稿，1996 年 10 月 17 日。

50. 李秀蘭：《親親小奇萊——撒奇萊雅族正名紀事》，花蓮：財團法人花蓮縣帝瓦伊‧撒耘文化藝術基金會，2011 年。

51. 李玉芬：《後山漢族的移墾探討》，《後山文化研討會研討資料》，臺東：臺東縣政府文化局，2000 年。

52. 連橫：《臺灣通史》（上冊），北京：商務印書館，1983 年。

53. 林朝棨：《臺灣省通志稿》（卷 1，〈土地志‧地理篇〉第 1 冊），南投：臺灣省文獻委員會，1957 年。

54. 林淑蓉、陳中民、陳瑪玲編：《重讀臺灣：人類學的視野——百年人類學回顧與前瞻》，臺北：臺灣清華大學出版社，2014 年。

55. 林子候：《牡丹社之役及其影響——同治十三年日均侵臺始末一》，《臺灣文獻》1976 年第 3 期。

56. 劉文桂：《偕萬來生命史與 Kavalan 文化復振》，花蓮師範學院多元文化研究所碩士論文，2002 年。

57. 劉秀美：《日治時期花蓮阿美族群起源敘事中的撒奇萊雅族》，《中國現代文學》，2009 年第 16 期。

58. 羅中峰：《共同體的追尋——解析社區總體營造運動的理路》，雲南民族大學第一屆兩岸文化與族群學術研討會論文，2004 年 8 月 25 日。

59. 駱香林：《花蓮縣志稿》，花蓮：花蓮縣文獻委員會，1959 年。

60. G.L.MacKay 著，周學譜譯：《臺灣六記》，臺北：臺灣銀行經濟研究室，1960 年。

61. 麻國慶：《明確的民族與曖昧的族群——以中國大陸民族學、人類學的研究實踐為例》，《清華大學學報》2017 年第 3 期

62. 明立國：《噶瑪蘭族 pakalavi 祭儀歌舞之研究》，《「宜蘭研究」第一屆學術研討會論文集》，宜蘭：宜蘭縣立文化中心，1994 年。

63. 明立國、劉壁榛、林翠娟，《祭儀的序曲——噶瑪蘭族的 Subuli》，《宜蘭文獻雜誌》1995 年第 17 期。

64. 歐洋安著，鄭偉斌譯：《殖民接觸與族群互動：17 世紀早期的淡水與基隆》，《廈門大學學報》2017 年第 1 期。

65. 潘朝成：《夾縫裏挺出的噶瑪蘭族》，劉還月主編：《流浪的土地》，臺北：原民文化，1998 年。

66. 潘朝成：《噶瑪蘭族：永不磨滅的尊嚴與記憶》，臺北：原民文化，1999年。

67. 潘朝成、施正鋒編：《加禮宛戰役》，花蓮：東華大學原住民民族學院，2010 年。

68. 潘朝成：《噶瑪蘭族香蕉絲文化情》，花蓮：花蓮縣噶瑪蘭族發展協會，2008 年。

69. 潘繼道：《清代臺灣後山平埔族移民之研究》，東海大學歷史學研究所碩士論文，1992 年。

70. 潘繼道：《花蓮舊地名探源：被遺忘的「奇萊」民族與其故事》，《歷史月刊》1998 年第 127 期。

71. 潘繼道：《清代後山平埔族移民之研究》，板橋：稻香，2001 年。

72. 潘繼道：《晚清「開山撫番」與臺灣後山太魯閣族群勢力之變遷》，《史耘》2003 年第 9 期。

73. 潘繼道：《光緒初年臺灣後山中路阿美族抗清事件之研究》，《臺灣原住民研究論叢》2008 年第 3 期。

74. 潘繼道：《國家、區域與族群：臺灣後山奇萊地區原住民族群的歷史變遷（1874～1945）》，花蓮：東臺灣研究會，2008 年。

75. 潘文富等：《臺灣地名辭書》卷二，南投：國史館臺灣文獻館採集組，2005年。

76. 潘英：《臺灣平埔族史》，臺北：南天書局，1996 年。

77. 潘英：《臺灣原住民的歷史源流》，臺北：臺原出版社，1998 年。

78. 廖守臣、李景崇：《阿美族歷史》，臺北：師大書苑有限公司，1998 年。

79. 阮昌銳：《蘭陽平原上的噶瑪蘭族》，《臺灣文獻》1965 年第 1 期。

80. 阮昌銳：《臺灣的原住民》，臺北：臺灣省立博物館，1996 年。

81. 阮俊達：《臺灣原住民運動的軌跡變遷（1983～2014）》，臺北：臺灣大學社會學系碩士論文，2015 年。

82. 撒韻‧武荖：《撒奇萊雅的精神：族群認同與文化實踐》，臺灣東華大學族群關係與文化學系碩士論文，2014 年。

83. 施正鋒：《民進黨執政八年族群政策回顧與展望》，《臺灣原住民研究論叢》

2013 年第 14 期。

84. 施正鋒：《原住民族或其他弱勢族群的自治地位與保障》，行政院研究發展考核委員會，2006 年。

85. 孫大川：《夾縫中的族群建構》，臺北：聯合文學，2000 年。

86. 臺邦・撒沙勒：《尋找失落箭矢：部落主義的視野和行動》，臺北：財團法人國家展望文教基金會，2004 年。

87. 臺灣省文獻委員會：《臺灣省通志稿》（第三冊），臺北：捷幼出版社，1999年。

88. 臺灣省文獻委員會：《臺灣史》，臺北：眾文圖書公司，1988 年。

89. 臺灣省政府：《臺灣省單行法規彙編》（第一集），臺北：臺灣省政府秘書處，1950 年。

90. 臺灣殖民總督府民政部殖產課：《臺東殖民地豫察報文》，臺北：成文出版社，1985 年。

91. 田哲益：《臺灣原住民社會運動》，臺北：臺灣書房，2010 年。

92. 汪明輝：《鄒族之民族發展──一個臺灣原住民族主體性建構的社會、空間與歷史》，臺北：臺灣師範大學地理學系博士論文，2001 年。

93. 汪明輝：《臺灣原住民運動的回顧與展望》，張茂桂、鄭永年主編：《兩岸社會運動分析》，臺北：新自然主義股份有限公司，2003 年。

94. 王甫昌：《當代臺灣社會的族群想像》，臺北：群學出版有限公司，2003年。

95. 翁佳音：《日治時代平埔族的調查研究史》，莊英章編：《臺灣平埔族研究書目彙編》，臺北：中央研究院民族學研究所，1988 年。

96. 吳春明：《跨文化視野下臺灣原住民的族群認知與族稱》，《臺灣研究集刊》2009 年第 4 期。

97. 吳贊誠：《吳光祿使閩奏稿選錄》，臺北：臺灣銀行經濟研究室，1966 年。

98. 吳光亮：《臺灣番事物產與商務、臺灣生熟番紀事》，南投：臺灣省文獻會，1999 年。

99. 臺灣總督府臨時臺灣舊慣調查會：《蕃族調查報告書（第一冊）》，臺北：中央研究院民族學研究所，2007 年。

100. 小川尚義：《臺灣高山族傳說集》，臺北：臺北帝國大學言語學研究室，1935 年。

101. 沈怡螢：《噶瑪蘭新社部落生活空間資源之利用、變遷與再發現》，臺灣師範大學地理學系碩士論文，2008 年。

102. 謝世忠：《「傳統文化」的操控與管理》，《族群人類學的宏觀探索：臺灣原住民論集》，臺北：臺灣大學出版社，2004 年。

103. 謝世忠：《認同的污名：臺灣原住民的族群變遷》，臺北：自立晚報社，1987 年。

104. 徐正光、宋文禮：《解嚴前後臺灣新興社會運動》，臺北：巨流圖書公司，1990 年。

105. 楊功明：《一人尋根，全族尋根》，花蓮：東華大學族群關係與文化學系碩士論文，2011 年。

106. 姚禮明：《在東西方的結合點上：臺灣政治體制變遷研究》，北京：中國廣播電視出版社，1994 年。

107. 夷將‧拔路兒等：《臺灣原住民族運動史料彙編》（上）（下），臺北：國史館，2008 年。

108. 以撒克‧阿復：《聯合國〈原住民族權利宣言草案〉與〈原住民族和臺灣政府新的夥伴關係〉——為臺灣原住民族自治重新定調》，原策會「原住民族和臺灣政府新的夥伴關係」簽訂週年研討會，2000 年 9 月 10 日。

109. 郁永河：《裨海紀遊》，臺北：臺灣省文獻委員會，1950 年。

110. 詹素娟：《族群、歷史與地域——噶瑪蘭人的歷史變遷（從史前到 1900 年）》，臺灣師範大學歷史研究所博士論文，1998 年。

111. 詹素娟：《臺灣原住民史‧平埔族史篇（北）》，南投：臺灣省文獻委員會，2001 年。

112. 詹素娟：《傳說世界與族群關係：加禮宛人在花蓮地區的歷史與傳說（1827～1930）》，《新史學》2006 年第 1 期。

113. 清水純原著，詹素娟主編：《噶瑪蘭族：變化中的一群人》，臺北：中央研究院民族學研究所，2011 年。

114. 張松：《臺灣山地行政要論》，臺北：正中書局，1953 年。

115. 張宇欣：《傳統？再現？Sakizaya 信仰與祭儀之初探》，臺灣東華大學族群關係與文化研究所碩士論文，2007 年。

116. 黃宣衛：《南來說？北來說？關於撒奇萊雅源流的一些文獻考察》，《臺灣文獻》2008 年第 3 期。

117. 黃宣衛、蘇羿如:《文化建構視角下的 Sakizaya 正名運動》,《考古人類學刊》2008 年第 68 期。

118. 黃宣衛、張宗智:《噶瑪蘭語:語言社會學的研究》,《宜蘭文獻雜誌》1995 年第 14 期。

119. 楊仁煌:《撒奇萊雅民族無形文化建構之研究》,《臺灣原住民族研究季刊》,2010 年第 4 期。

120. 黃嘉眉:《花蓮地區撒奇萊雅族傳說故事研究》,臺灣東華大學民間文學研究所碩士學位論文,2008 年。

121. 中華綜合發展研究院應用史研究所編:《壽豐鄉志》,花蓮:壽豐鄉公所,2002 年。

122. 林修澈:《Sakizaya 族的民族認定期末報告》,臺北:行政院原民會委託研究計劃報告,2006 年。

123. 曹匯川:《花蓮概況》,花蓮:花蓮縣政府,1949 年。

124. 陳志榮:《噶瑪蘭人的宗教變遷》,潘英海、詹素娟編:《平埔研究論文集》,臺北:中央研究院臺灣歷史研究所,1994 年。

125. 陳志榮:《噶瑪蘭人的治病儀式及其變遷》,《臺灣與福建社會文化研究論文集》(二),臺北:中央研究院民族學研究所,1994 年。

126. 陳志榮:《噶瑪蘭的海祭》,平埔研究工作會演講集,1994 年。

127. 陳志榮:《基督教會與原住民文化──以花蓮新社為例》,東方宗教學術研討會論文,1995 年。

128. 程景琦:《噶瑪蘭族的認同與實踐》,臺灣清華大學人類學研究所碩士論文,2001 年。

129. 督固撒耘、王佳涵:《「撒奇萊雅族火神祭 Sakizaya Palamal」儀式重建之意義與內涵》,慈濟大學兩岸鄉村部落紀錄片影展暨物質文化產業研討會論文,2015 年 12 月 9 日。

130. 古野清人著、葉婉奇譯:《臺灣原住民的祭儀生活》,臺北:原民文化,2001(1945)年。

131. 胡臺麗:《文化展演與臺灣原住民》,臺北:聯經出版,2003 年。

132. 黃鈴華:《臺灣原住民族運動的國會路線》,臺北:國家展望文教基金會,2005 年。

133. 張宗智:《噶瑪蘭語的未來》,臺灣大學新聞學研究所碩士論文,1994 年。

134. 黃應貴：《新自由主義下的原住民社會與文化》，《臺灣原住民族研究學報》，2012 年第 1 期。

135. 徐正光，黃應貴主編：《人類學在臺灣的發展：回顧與展望篇》，臺北：中央研究院民族學研究所，1999 年。

136. 菅志翔：《「族群」：社會群體研究的基礎性概念工具》，《北京大學學報》2007 年第 5 期。

137. 江孟芳：《族群運動與社會過程——當代「噶瑪蘭」認同現象的分析》，臺灣大學人類研究所碩士論文，1997 年。

138. 李佩容：《噶瑪蘭語的格位與焦點系統》，臺灣清華大學語言學研究所碩士論文，1996 年。

139. 李壬癸：《臺灣南島語言的語音符號系統》，臺北：教育部教育研究委員會，1992 年。

140. 李信成：《清治下噶瑪蘭族「番社」的組織及運作》，《宜蘭文獻雜誌》2004 年第 67/68 期。

141. 李信成：《清代臺灣中部平埔族遷徙噶瑪蘭之研究》，《臺灣文獻》2005 年第 1 期。

142. 李信成：《清代噶瑪蘭土地所有形態及其權利轉移》，《馬偕學報》2008 年第 5/6 期。

143. 李信成：《清代噶瑪蘭族名製初探》，《臺灣史研究》2010 年第 3 期。

144. 李信成：《清代宜蘭猴猴人遷徙與社會文化的考察》，《臺灣史研究》2012 年第 1 期。

145. 廖風德：《清代之噶瑪蘭》：臺北正中書局，1990 年。

146. 林淑蓉、陳中民、陳瑪玲編：《重讀臺灣：人類學的視野——百年人類學回顧與前瞻》，臺北：臺灣清華大學出版社，2014 年。

147. 林蒔慧：《撒奇萊雅族語初探：語言描述、參考語法》，國科會研究計劃報告，2007 年。

148. 蔡麗凰：《從線粒體 DNA 之分析看花蓮地區沙奇萊雅人與阿美族之差異》，慈濟大學人類學研究所碩士論文，2002 年。

149. 林主恩：《噶瑪蘭語的時、貌系統》，臺灣清華大學語言學系碩士論文，1995 年。

150. 劉璧榛：《噶瑪蘭人 Patohokan 儀式的記錄整理與初步分析》，《宜蘭文獻》，

1997 年第 27 期。

151. 劉璧榛：《從部落社會到國家化的族群：噶瑪蘭人 qataban（獵首祭─豐年節）的認同與想像展演》，《臺灣人類學刊》2010 年第 2 期。

152. 劉璧榛：《認同、性別與聚落：噶瑪蘭人變遷中的儀式研究》，南投：國史館臺灣文獻館，2008 年。

153. 劉璧榛：《從祭儀到劇場、文創與文化資產：國家轉變中的噶瑪蘭族與北部阿美之性別與巫信仰》，《考古人類學刊》2014 年第 80 期。

154. 劉文桂：《偕萬來生命史與 Kavalan 文化復振》，花蓮師範學院多元文化研究所碩士論文，2002 年。

155. 苗允豐：《花蓮縣志》卷 4，花蓮：花蓮縣文獻委員會，1977 年。

156. 陳偉智：《疾病、氣候與噶瑪蘭人──建構十九世紀宜蘭人文化史的一個嘗試》，《宜蘭文獻》1994 年第 9 期。

157. 陳偉智：「《龜》去來兮──龜山島與宜蘭文化史知探》，黃於玲編：《眺望海洋的蘭陽平原：「宜蘭研究」第四屆學術研討會論文集》，宜蘭：宜蘭縣縣史館，2005 年。

158. 森丑之助著，楊南郡譯：《生蕃行腳》，臺北：遠流出版事業股份有限公司，2000 年。

159. 盛清沂：《宜蘭平原邊緣史前遺址調查報告》，《臺灣文獻》1963 年第 2 期。

160. 黃士強、曾振名等：《蘇澳火力發電計劃環境質量、文化及社會經濟調查：第三篇·考古及文化篇》，臺北：臺灣大學人類學系，1987 年。

161. 陳有貝、邱水金、李貞螢：《淇武蘭遺址搶救發掘報告》（1～6 冊），宜蘭：宜蘭縣立蘭陽博物館，2007/2008 年。

162. 陳有貝：《從淇武蘭遺址出土資料探討噶瑪蘭族群早期飲食》，《中華飲食文化雜誌》2012 年第 1 期。

163. 蘇羿如：《撒奇萊雅族（Sakizaya）的生成歷程》──族群團體、歷史事件與族群性的再思考，臺灣東華大學多元文化教育研究所博士論文，2009 年。

164. 臺灣省政府民政廳：《發展中的臺灣山地行政》，臺中：編者印行，1971 年。

165. 王明珂：《華夏邊緣：歷史記憶與族群認同》，臺北：允晨文化出版公司，1997 年。

166. 王明珂:《羌在漢藏之間——川西羌族的歷史人類學研究》,北京:中華書局,2008 年。

167. 衛惠林:《埔里巴宰七社志》,臺北:中央研究院民族學研究所,1981 年。

168. 徐大智:《戰後臺灣平埔研究與族群文化復振運動:以噶瑪蘭族、巴宰族、西拉雅族為中心》,國立中央大學歷史研究所碩士論文,2004 年。

169. 徐正光、宋文禮:《解嚴前後臺灣新興社會運動》,臺北:巨流圖書公司,1990 年。

170. 伊能嘉矩著,楊南郡譯:《平埔族調查旅行:伊能嘉矩臺灣通信選集》,臺北:遠流出版社,1996 年。

171. 伊能嘉矩著,臺灣省文獻委員會編譯:《臺灣文化志》(下卷),南投:臺灣省文獻委員會,1991 年。

172. 伊能嘉矩著,溫吉編譯:《臺灣藩政志》,臺北:臺灣省文獻會,1966 年。

173. 伊能嘉矩著,楊南郡譯:《宜蘭平鋪番的實地調查》,《宜蘭文獻》1896 年第 7 期。

174. 移川子之藏等著,黃文新譯:《臺灣高砂族系統所屬之研究》,臺北:中央研究院民族學研究所,1935 年。

175. 李亦園:《南勢阿美族的部落組織》,《中央研究院民族學研究所集刊》1957 第 4 期。

176. 李來旺等:《牽源》,花蓮:交通部觀光局東部海岸風景特定區管理處,1992 年。

177. 許木柱等:《臺灣原住民史——阿美族史篇》,南投:臺灣省文獻委員會,2001 年。

178. 以撒克·阿復:《聯合國〈原住民族權利宣言草案〉與〈原住民族和臺灣政府新的夥伴關係〉——為臺灣原住民族自治重新定調》,2000 年「原住民族和臺灣政府新的夥伴關係」簽訂週年研討會,臺北:原策會,2000 年9 月 10 日。

179. 張永利:《噶瑪蘭語參考語法》,臺北:遠流公司,2000 年。

180. 張振岳:《噶瑪蘭族的特殊祭儀與生活》,臺北:常民文化,1998 年。

181. 中村孝志:《荷蘭時代臺灣史研究上卷概說·產業》,臺北:稻香出版社,1997 年。

182. 周典恩:《臺灣原住民運動的訴求與困境》,《重慶社會主義學院學報》2013

年第 6 期。

183. 周大鳴:《論族群與族群關係》,《廣西民族學院學報》2001 年第 2 期。

184. 徐傑舜:《論族群與民族》,《民族研究》2002 年第 1 期。

185. 郝時遠:《Ethnos(民族)和 Ethnic group(族群)的早期含義與引用》,《民族研究》2002 年第 4 期。

186. 常寶:《「民族」、「族群」概念研究及理論維度》,《世界民族》2010 年第 3 期。

187. 羅瑛:《族群相關概念及其理論維度綜述》,《西北民族大學學報》2016 年第 5 期。

188. 財團法人花蓮縣帝瓦伊撒韻文化藝術基金會編:《撒奇萊雅族火神祭文化護照》,花蓮:帝瓦伊撒韻文化藝術基金會,2007 年 7 月。

189. Davidson, James W. 著,蔡啟恒譯:《臺灣之過去與現在》,臺北:臺灣銀行經濟研究室,1972 年。

190. 納日碧力戈:《現代背景下的族群建構》,昆明:雲南教育出版社,1999 年。

191. 本尼迪克特·安德森著,吳叡人譯:《想像的共同體:民族主義的起源與散佈》,上海:上海人民出版社,2005 年。

192. 費雷德里克·巴斯著,李麗琴譯:《族群與邊界:文化差異下的社會組織》,2014 年。

二、外文文獻

1. Borao, Jose Eugenio, *The Aborigines of Northern Taiwan According to 17th-Centry Spanish Sources*,《中研院臺灣史田野研究通訊》,第 27 期,第 103 頁。

2. T.H.Eriksen. *Ethnicity and Nationalism: Anthropological Perspectives*, London: Pluto Press, 1993.

3. Van den Berghe, *The Ethnic Phenomenon*, London: Elsevier Science Publishing Co., 1987.

4. Ferrell, *Noteson Kkef. Falan. Hualien: Fengpin*, Raleigh, 1987.

5. Marilyn Silverman & P.H.Gulliver, *Approaching the Past: Historical Anthropology Through Irish Case Studies*, New York: Columbia University

Press, 1992.

6. Tsukida Naomi（月田尚美）: "A Brief Sketch of the Sakizaya Dialect of Amis", in *Tokyo University Linguistic Paper 13*. Tokyo: Tokyo University, 1993.

7. Anthony F.C.Wallace, "Revitalization Movements", *American Anthropologist New Series*, Vol.58, No.2 (Apr., 1956), pp.264.

三、報刊、電子文獻及其他

1.《加禮宛 130 年撒奇萊雅、噶瑪蘭族立約紀念》,《自由時報》, 2009 年 6 月 7 日。

2.《原住民代表昨晉見李總統》,《聯合報》1994 年 7 月 2 日。

3.《原住民新夥伴關係, 阿扁再肯認》,《聯合報》, 2002 年 10 月 20 日。

4.《原住民遊行請願　爭取三權入憲》,《聯合報》1994 年 6 月 24 日。

5.《陳水扁花蓮原住民後援會成立, 提出「新夥伴關係」, 未來將推動原住民自治》,《聯合報》, 2000 年 2 月 1 日。

6. 王雅萍:《原住民文化活動觀察:談臺灣新民族認定》,《臺灣立報》, 2008 年 6 月 17 日。

7.《「國家相簿訪談計劃」——深度訪談木枝‧籠爻（潘朝成）導演（上）》,《紀工報》第四十四期, http://docworker.blogspot.com/2013/07/blog-post_9293.html#!/2013/07/blog-post_9293.html

8.《臺媒揭秘阿美族服飾由黑翻紅因歌舞視覺需求而改》, 中國新聞網, 2014 年 5 月 23 日, http://www.chinanews.com/tw/2014/05-23/6204695.shtml

9. 國親聯盟——《原住民族政策白皮書》, 親民黨官網, 2004 年 2 月 10 日, http://www.pfp.org.tw/TW/News/ugC_News_Detail.asp?hidNewsCatID=4&hidNewsID=489

10. 潘朝成:《從掠奪、離散、認同、復名到主體建構》,《原住民族文獻》（電子期刊）, 2015 年第 19 期, http://ihc.apc.gov.tw/Journals.phppid=626&id=828

11. 薛雲峰:《嘗盡百年孤寂噶瑪蘭族復名》, 自由電子新聞網, 2002 年 12 月 26 日, http://old.ltn.com.tw/2002/new/dec/26/today-c5.htm

12.《蔡英文向原住民道歉一週年:聲稱完成 8 項承諾, 為何「這 3 項」跳過?》, The News Lens 關鍵評論, 2017 年 8 月 2 日, https://www.thenewslens.

com/article/75125

13. 蝶衣：《「李登輝嘉言錄」》，臺灣李登輝之友會，http://www.taiwanus. net/roger/lee_3.htm

14. 臺灣原住民委員會全球信息網：http://www.apc.gov.tw/portal/docList.html ?CID=6726E5B80C8822F9

15.「2016總統大選蔡英文原住民族政策主張」，蔡英文、陳建仁競選官網， http://iing.tw/posts/46

附錄一：田野調查圖集

撒奇萊雅撒固兒部落所在地。

花蓮市郊的農兵橋，傳說此處為撒奇萊雅達固湖灣部落（「竹窩宛」社／「巾老耶」社）的主入口。

撒固兒部落展示撒奇萊雅歷史文化的宣傳欄。

撒奇萊雅族群「正名」運動的靈魂導師——帝瓦伊・撒耘
（李來旺）校長遺照。

督固・撒耘和家人一起為母親慶祝生日。

督固‧撒耘家的樓梯轉角處掛的小黑板,上面有他當年領導族群「正名」運動的照片。

撒奇萊雅人召開族群會議。

2016 年豐年祭的前一天，撒奇萊雅族群精英、部落耆老準備帶領青少年前往舊部落所在地參觀（巡禮），希望讓年輕一代銘記「加禮宛事件」（「達固湖灣戰爭」）的歷史。

2016 年撒固兒部落的豐年祭，婦女穿著族服參加祭祀。

豐年祭開場環節，撒固兒部落的年齡階層抬著水、食物、柴薪等物品進場，展演傳統部落生活中年齡階層承擔的社會職責。

撒奇萊雅族 2016 年火神祭報訊息的通知單。

噶瑪蘭族領袖潘朝成跟隨撒固兒部落頭目、耆老一起到其他撒奇萊雅部
落邀請族人參加火神祭，這是在馬立雲部落祭拜祖靈的情景。

花蓮加禮宛大社（舊）所在地。

「加禮宛事件」的戰爭地點之一，小溪對岸不遠處便是撒奇萊雅人的達固湖灣部落舊址。

潘朝成看著加禮宛舊社的位置示意圖，陷入了沉思。

花蓮縣豐濱鄉噶瑪蘭新社部落所在地。

1987年「豐濱之夜」展示的史前石棺，現存放在新社村附近。

2016 年新社部落的「豐年祭」（Gataban）現場。

新社的噶瑪蘭文化展示中心。

新社傳承噶瑪蘭香蕉絲編織文化的工坊。

位於撒固兒部落附近的「加禮宛事件紀念園區」，內有兩座巨石雕塑，左邊雕塑象徵噶瑪蘭人和撒奇萊雅人在戰火中彼此扶持，共同面對死亡；右邊雕塑象徵兩族通過「復名」、「正名」運動獲得重生。

「加禮宛事件」紀念碑，也是當代噶瑪蘭人和撒奇萊雅人再結盟的標誌。

2009年6月，噶瑪蘭後裔和加禮宛後裔在花蓮加禮宛大社紀念碑前共同紀念「加禮宛事件」130週年，並埋石立約，延續盟友關係。

2016 年豐年祭當天，撒奇萊雅族精英攜帶油畫像送給新社的
噶瑪蘭族祭師潘烏吉。

2016 年 8 月 1 日，蔡英文代表「政府」向原住民道歉電視直播畫面。

泛原住民運動代表人物、現任「原民會主委」的夷將·拔路兒參加撒固兒部落
2016 年的豐年祭。

附錄二：2016 年 8 月 1 日蔡英文向臺灣原住民道歉演講全文

　　各位現場來賓、電視機前面的觀眾朋友、全國人民同胞，大家好！

　　二十二年前的今天，我們憲法增修條文裏面的「山胞」正式正名為「原住民」。這個正名，不僅去除了長期以來帶有歧視的稱呼，更突顯了原住民族是臺灣「原來的主人」的地位。

　　站在這個基礎上，今天，我們要更往前踏出一步。我要代表政府，向全體原住民族，致上我們最深的歉意。對於過去四百年來，各位承受的苦痛和不公平待遇，我代表政府，向各位道歉。

　　我相信，一直到今天，在我們生活周遭裏，還是有一些人認為不需要道歉。而這個，就是今天我需要代表政府道歉的最重要原因。把過去的種種不公平視為理所當然，或者，把過去其他族群的苦痛，視為人類發展的必然結果，這是我今天站在這裡，企圖要改變和扭轉的第一個觀念。

　　讓我用很簡單的語言，來表達為什麼要向原住民族道歉的原因。臺灣這塊土地，四百年前早有人居住。這些人原本過著自己的生活，有著自己的語言、文化、習俗、生活領域。接著，在未經他們同意之下，這塊土地上來了另外一群人。

　　歷史的發展是，後來的這一群人，剝奪了原先這一群人的一切。讓他們在最熟悉的土地上流離失所，成為異鄉人，成為非主流，成為邊緣。

　　一個族群的成功，很有可能是建立在其他族群的苦難之上。除非我們不宣稱自己是一個公義的國家，否則這一段歷史必須正視，真相必須說出來。然後，

最重要的，政府必須為這段過去真誠反省，這就是我今天站在這裡的原因。

有一本書叫做「臺灣通史」。它的序言的第一段提到：「臺灣固無史也。荷人啟之，鄭氏作之，清代營之。」這就是典型的漢人史觀。原住民族，早在幾千年前，就在這塊土地上，有豐富的文化和智慧，代代相傳。不過，我們只會用強勢族群的角度來書寫歷史，為此，我代表政府向原住民族道歉。

荷蘭及鄭成功政權對平埔族群的屠殺和經濟剝削，清朝時代重大的流血衝突及鎮壓，日本統治時期全面而深入的理番政策，一直到戰後「中華民國」政府施行的山地平地化政策。四百年來，每一個曾經來到臺灣的政權，透過武力征伐、土地掠奪，強烈侵害了原住民族既有的權利。為此，我代表政府向原住民族道歉。

原住民族依傳統慣習維繫部落的秩序，並以傳統智慧維繫生態的平衡。但是，在現代國家體制建立的過程中，原住民族對自身事務失去自決、自治的權利。傳統社會組織瓦解，民族集體權利也不被承認。為此，我代表政府向原住民族道歉。

原住民族本來有他們的母語，歷經日本時代的同化和皇民化政策，以及1945 年之後，政府禁止說族語，導致原住民族語言嚴重流失。絕大多數的平埔族語言已經消失。歷來的政府，對原住民族傳統文化的維護不夠積極，為此，我代表政府向原住民族道歉。

當年，政府在雅美族人不知情的情況下，將核廢料存置在蘭嶼。蘭嶼的族人承受核廢料的傷害。為此，我要代表政府向雅美族人道歉。

自外來者進入臺灣以來，居住在西部平原的平埔族群首當其衝。歷來統治者消除平埔族群個人及民族身份，為此，我代表政府，向平埔族群道歉。

民主轉型後，國家曾經回應原住民族運動的訴求。政府做過一些承諾、也做過一些努力。今天，我們有相當進步的「原住民族基本法」，不過，這部法律，並沒有獲得政府機關的普遍重視。我們做得不夠快、不夠全面、不夠完善。為此，我要代表政府，向原住民族道歉。

臺灣號稱「多元文化」的社會。但是，一直到今天，原住民族在健康、教育、經濟生活、政治參與等許多層面的指標，仍然跟非原住民存在著落差。同時，對原住民族的刻板印象、甚至是歧視，仍然沒有消失。政府做得不夠多，讓原住民族承受了一些其他族群沒有經歷過、感受過的痛苦和挫折。為此，我要代表政府，向原住民族道歉。

我們不夠努力，而且世世代代，都未能及早發現我們不夠努力，才會讓各位身上的苦，一直持續到今天。真的很抱歉。

今天的道歉，雖然遲到了很久，卻是一個開始。我不期望四百年來原住民族承受的苦難傷害，會只因為一篇文稿、一個道歉而弭平。但是，我由衷地期待，今天的道歉，是這個國家內部所有人邁向和解的開始。

請容我用一個原住民族的智慧，來說明今天的場合。在泰雅族的語言裏，「真相」，叫做 Balay。而「和解」叫做 Sbalay，也就是在 Balay 之前加一個 S 的音。真相與和解，其實是兩個相關的概念。換句話說，真正的和解，只有透過誠懇面對真相，才有可能達成。

在原住民族的文化裏，當有人得罪了部落裏的其他人，有意想要和解的時候，長老會把加害者和被害者，都聚在一起。聚在一起，不是直接道歉，而是每個人都坦誠地，講出自己的心路歷程。這個說出真相的過程結束之後，長老會要大家一起喝一杯，讓過去的，真的過去。這就是 Sbalay。

我期待今天這個場合，就是一個政府和原住民族之間的 Sbalay。我把過去的錯誤，過去的真相，竭盡所能、毫無保留地講出來。等一下，原住民族的朋友，也會說出想法。我不敢要求各位現在就原諒，但是，我懇請求大家保持希望，過去的錯誤絕不會重複，這個國家，有朝一日，可以真正走向和解。

今天只是一個開始，會不會和解的責任，不在原住民族及平埔族群身上，而在政府身上。我知道，光是口頭的道歉是不夠的，政府從現在開始，為原住民族所做的一切，將是這個國家是否真正能夠和解的關鍵。

我要在此正式宣布，總統府將設置「原住民族歷史正義與轉型正義委員會」。我會以國家元首的身份，親自擔任召集人，與各族代表共同追求歷史正義，也會對等地協商這個國家往後的政策方向。

我要強調，總統府的委員會是最高度重視的，是國家和原住民族的對等關係。各族代表的產生，包括平埔族群，都會以民族和部落的共識為基礎。這個機制，將會是一個原住民族集體決策的機制，可以把族人的心聲真正傳達出來。

另外，我也會要求行政院定期召開「原住民族基本法推動會」。委員會中所形成的政策共識，未來的政府，會在院的層級，來協調及處理相關事務。這些事務包括歷史記憶的追尋、原住民族自治的推動、經濟的公平發展、教育與文化的傳承、健康的保障，以及都市族人權益的維護等等。

對於現代法律與原住民族傳統文化，有些格格不入的地方，我們要建立具

有文化敏感度的「原住民族法律服務中心」，透過制度化的設計，來緩和原住民族傳統慣習和現行國家法律規範之間，日益頻繁的衝突。

我會要求相關的部門，立刻著手整理，原住民族因為傳統習俗，在傳統領域內，基於非交易的需要，狩獵非保育類動物，而遭受起訴與判刑的案例。針對這些案例，我們來研議解決的方案。

我也會要求相關部門，針對核廢料儲存在蘭嶼的相關決策經過，提出真相調查報告。在核廢料尚未最終處置之前，給予雅美族人適當的補償。

同時，在尊重平埔族群的自我認同、承認身份的原則下，我們將會在九月三十日之前，檢討相關法規，讓平埔族身份得到應有的權利和地位。

今年的十一月一日，我們會開始劃設、公告原住民族傳統領域土地。部落公法人的制度，我們已經推動上路，未來，原住民族自治的理想，將會一步一步落實。我們會加快腳步，將原住民族最重視的「原住民族自治法」、「原住民族土地及海域法」、「原住民族語言發展法」等法案，送請立法院審議。

今天下午，我們就要召開全國原住民族行政會議。在會議中，政府會有很多、有更多政策的說明。以後每一年的八月一日，行政院都會向全國人民報告原住民族歷史正義及轉型正義的執行進度。落實原住民族基本法，達成原住民族的歷史正義，並建立原住民族的自治基礎，就是政府原住民族政策上的三大目標。

我要邀請在場的、在電視及網路轉播前的全體原住民族朋友們，一起來當見證人。我邀請大家來監督，而不是來背書。請族人朋友們用力鞭策、指導，讓政府實現承諾，真正改進過往的錯誤。

我感謝所有的原住民族朋友，是你們提醒了這個國家的所有的人，腳踏的土地，以及古老的傳統，有著無可取代的價值。這些價值，應該給予它尊嚴。

未來，我們會透過政策的推動，讓下一代的族人、讓世世代代的族人，以及臺灣這塊土地上所有族群，都不會再失語，不會再失去記憶，更不會再與自己的文化傳統疏離，不會繼續在自己的土地上流浪。

我請求整個社會一起努力，認識我們的歷史，認識我們的土地，也認識我們不同族群的文化。走向和解，走向共存和共榮，走向臺灣新的未來。

我請求所有國人，借著今天的機會，一起努力來打造一個正義的國家，一個真正多元而平等的國家。

謝謝大家。謝謝。

附錄三:「總統府原住民族歷史正義與轉型正義委員會」設置要點

一、為落實原住民族基本法,推動歷史正義與轉型正義,並且建立原住民族自治之基礎,特設置總統府原住民族歷史正義與轉型正義委員會(以下簡稱本會),協調及推動相關事務,以作為政府與原住民族各族間對等協商之平臺。

二、本會任務如下:

(一)搜集、彙整並揭露歷來因外來政權或移民所導致原民族與原住民權利受侵害、剝奪之歷史真相。

(二)對原住民族與原住民受侵害、剝奪之權利,規劃回復、賠償或補償之行政、立法或其他措施。

(三)全面檢視對原住民族造成歧視或違反原住民族基本法之法律與政策,提出修改之建議。

(四)積極落實聯合國原住民族權利宣言與各項相關之國際人權公約。

(五)其他與原住民族歷史正義與轉型正義有關事項之信息搜集、意見彙整與協商討論。

三、本會為任務編組,置委員二十九人至三十一人。由總統擔任召集人,副召集人二人,一人由總統指派,另一人由代表原住民族之委員互相推舉之。其餘委員包括:

(一)原住民族十六族代表各一人。

(二)平埔族群代表三人。

(三)相關機關代表、專家學者及具原住民身份之公民團體代表。

前項第一款委員,指行政院核定之原住民族十六族代表各一人,由各族民

族議會依其族群內部現狀推舉之；倘該族群尚未形成民族議會，應由組成該族群之部落共同召開共識協商會議推舉之；如該族群分布所涉範圍過大，則應由組成該族群之分區部落依據各該分區內部現狀以共識協商會議推舉分區代表，再由各分區代表以共識協商會議推舉之。

第一項第二款委員，平埔族群十族應召開共識協商會議，由各族群現存部落及長期推動正名之團體共同推舉代表三人。

第一項第一款、第二款委員應於一百零五年八月一日起算四個月內完成代表推舉工作。未能如期完成代表推舉工作之族群，其代表由總統自各界推前之人選中擇一聘任。上述委員於任期中不得參與政黨活動。

第一項第三款委員，由召集人徵詢相關意見後，邀請擔任之；其中專家學者之名額中具原住民身份者應有二分之一以上。

本會委員任期年，惟第一屆委員任期至一百零七年五月十九日止，期滿得續聘（派）；委員出缺時，應依本要點規定遴聘，其任期至原任期屆滿為止。

四、本會下設土地小組、文化小組、語言小組、歷史小組、和解小組等主題小組，負責相關事項研議，提請委員會議討論本會亦得視實際工作進行之需要，另設其他臨時性之小組。各小組任務如下：

（一）土地小組：

1. 四百年以來原住民族與平埔族群各時期之土地內容、範圍、意義、遷徙史及與其他民族互動過程之集整與公布。

2. 原住民族與平埔族群各時期使用土地之規範、流失之經過、遭奪取手段、社會背景及法律、慣俗之氣整與公布。

3. 原住民族神話發源地、祖靈地、聖地、獵場、祭場、採集範圍等各種傳統領域之名稱、地點、意義、範圍及傳統規範之菜整與公布。

4. 檢視原住民族傳統領域與現行法制之衝突，並提出相關之改進建議。

（二）文化小組：

1. 原住民族與平埔族群各時期之傳統祭儀及各式生活、飲食、醫藥、宗教習慣之流失情況榮整與公布。

2. 原住民族行獵（獵人、獵具及獵物）歷史、神話、慣習、禁忌與規範，與歷來政權限制行獵相關法律之彙整與公布。

3. 原住民族採集聚史、神話、借習、禁忌與規範，與歷來政權限制採集相關法律之章整與公布。

4. 檢視原住民族傳統文化與現行法制之衝突，並提出相關之改進建議。

（三）語言小組：

1. 原住民族與平埔族群語言之流失歷史、遭禁說之手段、語言文字化與去文字化過程、重建族語情況之集整與保存裂作並出版各族族語相關影像、辭書。

2. 原住民族語言保存方法之生議。

（四）歷史小組：

1. 原住民族與平埔族群各時期歷史記載、照片、文書及圖畫之搜集。

2. 原住民族與平埔族群各時期歷史戰役，及與其他民族衝突情況之彙整與公布。

3. 原住民族與平埔族群對漢族史觀之修正，並提出建議方句。

（五）和解小組：

1. 各民族間和解方式、賠償或補償方式之規劃與建議。

2. 有利於各民族和解之相關政策及立法建議。

五、本會每三個月開會一次，必要時得召開臨時會議。會議由召集人主持，召集人不克出席時，由副召集人主持。

本會開會時，得視議題需要，邀請有關機關（構）代表、學者事家或原住民機構、團體代表列席。本會應於每年度結束前，就推動執於提出年度報告書，提供各有關機關辦理。

六、本會置執行秘書與副執行秘書，均由召集人指派。七、召集人得聘請學者專家擔任本會顧問。

八、本會所做成之行政、立法或其他措施之規劃建議，以行政院原住民族基本法推動會作為後續工作推動之議事與協調單位，該會並應於本會召開會議時派員報告工作進度。

九、本會為執行任務，得洽請政府相關機關提供必要之文書、檔案或指派所屬人員到會說明。

十、本會之幕僚業務由總統府、原住民族委員會及相關機關派兼人員辦理之。

十一、本會召集人、副召集人、委員、顧問、執行秘書、副執行秘書均為無給職。

十二、本會所需經費，由總統府及行政院相關部會編列預算支應。十三、本要點奉總統核定後施行。

後 記

  2022 年的夏日，酷熱難當。再次打開這本博論書稿來修訂和校對，距離完稿時已經過去了四年。四年來，世界局勢的變化遠超人的預料，臺海上空風雲詭譎，兩岸政治關係日漸疏離並再度走向緊張和對立，加上新冠疫情的消極影響，以至於我在做完博論研究之後，想到田野地回訪已成為一種奢侈的念想。

  翻開書稿，重新校閱其中的每個章節和字句，思緒一下子又被帶回到東臺灣花東縱谷那片熟悉的土地，我開始想念東海岸那巍峨聳立的高山和湛藍色的大海，想念炎夏裏部落豐年祭那歡愉的樂舞和美味的飯食，尤其想念我親愛的噶瑪蘭族和撒奇萊雅族親朋好友們。感恩在寶島做田野的那些時日以及期間所有的美麗邂逅，正是在寶島的所見所聞，點點滴滴，匯聚成了這本書的內容。畢業四年，學術未見長進，深感愧對長期以來關心和幫助我的老師和朋友們。時至今日，這篇博論依然是我最重要的學術代表作。在它即將付梓之際，不免百感交集。

  2016 年 6 月中旬，在我第二次赴臺做田野調查期間，臥病在床的母親病情轉入危重。赴臺十餘天後，家中便傳來母親病危的消息。我緊急中斷了田野行程飛回大陸，送母親最後一程。我辛勞一生的母親，沒能等到我畢業，便撒手人寰。為了完成學業而無法在母親人生最後的日子裏陪伴和照顧她，成為我內心永遠的痛。這本書，是一個滿心歉疚的兒子獻給母親的一份遲到的禮物，願書的正式出版，能夠告慰母親的在天之靈。

  回首自己艱辛曲折的求學和成長之路，對曾經關心、支持、鼓勵和幫助過

　　我的家人、老師以及親友們的感恩之情無以言表。感謝我的父親鄭瑤華先生，在我讀研、讀博期間獨自扛起照顧母親的重任，使我能夠專心於學業直到順利畢業。感謝我的博士生導師董建輝教授，在讀博期間悉心指導我的論文寫作，同時教給我許多為學、為人的道理。我也要特別感謝在廈大人類學系求學期間幫助過我的其他幾位老師。宋平教授在學業和生活上對我的關心、鼓勵和切實的幫助，使我渡過學業危機並走出陰霾，對她的感謝我沒齒難忘。在論文的研究和寫作方面，餘光弘教授和杜樹海副教授都曾給我提出過有益的建議。尤其是餘光弘老師透過私人關係為我引薦報導人，使我在臺灣的田野調查得以順利地開展。對余老師莫大的幫助，我只能在此報以最誠摯的謝意。

　　2017 年訪臺期間，我曾專程前往「中央研究院」歷史研究所和民族學研究所拜訪詹素娟、陳文德兩位臺灣原住民研究領域的資深學者，兩位老師對我的研究給予的指導使我受益匪淺。在田野調查過程中，臺東大學音樂學系林清材副教授、東華大學多元文化教育研究所蘇羿如博士後為我的田野調查提供了許多協助。蘇羿如博士不僅給我提供研究建議和文獻資料，還積極幫助我解決生活上遇到的困難。東華大學特殊教育學系的碩士生楊珩同學為我借閱圖書提供了許多方便，還多次為我查找、傳遞文獻資料。對這些老師和朋友們善良、無私的幫助，我除了向他們表達深深的謝意，也會永遠心存感念。

　　我也要特別感恩在田野調查過程中，待我如親人般的撒奇萊雅族和噶瑪蘭族的朋友們，沒有他們熱心、真誠、無私的幫助，這篇論文便無法完成。在花蓮調查期間，我曾兩度住宿在督固・撒耘大哥家。若沒有他和他的家人以極大的愛心接納、幫助我這位陌生的來客，並提供調查的各種便利，我對撒奇萊雅族的研究便無法展開。同樣的感謝也要送給一位真誠、熱心的噶瑪蘭族漢子 Bauki Angaw——潘朝成大叔。他不僅作為報導人積極配合我的調查，還傾其所有為我提供噶瑪蘭族研究相關的資料，並在論文完稿後對部分內容提出修改建議。此外，宋德讓、黃金文、黃德勇、李逸煒、伊央・撒耘、嚴苡嘉……這些可愛的原住民朋友們也都是我在田野中遇到的貴人，他們的友善和熱心幫助，使我的調查得以順利完成，也讓我的田野經歷充滿了樂趣和美好的回憶。

　　最後，我還要感謝這些年來如母親般關愛我的三姨鄭麗玲，如兄長般關心我的學業與生活，並資助我出國訪學的好友、前同事詹平凡大哥，以及未能一一列出名字的所有親人、老師和朋友們。也要感謝讀博期間認識的幾位同窗好

友——童芳華、楊嬌嬌、王宏濤、田沐禾、余媛媛，特別是要謝謝可愛的江西「老玩童」芳華大哥和來自新疆的才藝美女嬌嬌在論文寫作最後階段的鼓勵和陪伴，和你們一起漫步上玄場和情人谷的那些日子，是我在廈大度過的最輕鬆、最愉悅的美好時光。

2022 年 8 月於漳州寓所